U0113910

杨 雪◎编著

SONGSISANJIEMEI
ZHIJIANDE
ENYUANJIUGE

宋氏三姐妹
之间的
恩怨纠葛

中国文史出版社

前　言

　　三个女人，出生在同一个家庭，身上流淌着同一个母亲的血，却有着不同的性格，不同的生活态度，不同的政治立场，扮演着不同的社会角色，从而走上了不同的人生道路，她们在历史的舞台上演绎了一幕幕有爱有恨、有声有色的活幕剧。

　　她们就是历史上著名的宋氏三姐妹。

　　大姐宋霭龄嫁给了民国"首富"、孔子的后人孔祥熙，她敛财有道、精明能干，是陶醉于金钱的"无冕之王"，与丈夫创造了民国时期的财富传奇，有"民国第一富婆"之称。

　　二姐宋庆龄嫁给了革命领袖孙中山先生，为了到达心中那片纯净的"朝圣之地"，她倾其一生投入革命，将一切都奉献给了国家，她心系人民，善良且理智，堪称万世楷模、国之瑰宝，有"国母"之尊称。

　　三妹宋美龄嫁给了能呼风唤雨、权势显赫的蒋介石，她优雅美丽，聪明睿智，擅长外交，有"民国第一夫人"之美称……

宋氏三姐妹可谓民国当之无愧的"三朵金花"，她们嫁的三个男人主宰了大半个江山，她们也成了人们眼里最为完美的姐妹组合，她们头顶最为耀眼的时代光环，羡煞旁人，在她们面前，所有女人都变得暗淡无光。

但在这风光的背后，却也有着不为人知的辛酸，她们既是神话一般万人敬仰的女性，也是普普通通有血有肉的女人。试想，在那城头变幻大王旗的年代，三姐妹分别迈入了不同政见的婚姻，一边是一母同胞的亲生姐妹，另一边却是自己的家族和丈夫，生死皆在一念之间，哪头轻，哪头重？

本书即是从宋氏三姐妹之间的爱恨纠葛入手，描写了最真实的三姐妹曲折复杂的人生历程，独家揭秘了鲜为人知的豪门恩怨，林林总总的权场斗争，抽丝剥茧般呈现宋氏三姐妹之间最为隐秘的情感纠葛，站在全新的角度还原一段历史，为您奉上宋氏三姐妹之间赤裸真实的情感大餐……

目录

第一章

同根相生，各历风雨的三朵金花

探秘宋氏家族真实原籍

百年风云，如白驹过隙，转瞬即逝，过往的岁月渐渐被人淡忘，无数的人和事都湮没在了历史长河里。然而，却偏偏有那么一些人，到现在还被人反复提及；有一些事，历经百年仍被人津津乐道。青山无言，历史有情，在世人评说、求证与探索的过程中，历史的真相呼之欲出。

一个世纪以前，中国政治舞台上出现了一个显赫的家族——宋氏家族。这个家庭中，几个姐妹兄弟同时巨富显贵，虽不一定能说"绝后"，但绝对是"空前"。

奠定这个家族基础的人叫宋耀如，他有六个儿女，其中三个女儿宋霭龄、宋庆龄和宋美龄可称为民国"皇后"；三个儿子宋子文、宋子安、宋子良也都是中国近代史上影响深远的显赫人物。

■ 宋家全家福：右起为宋庆龄、宋子安、宋子文、宋霭龄；后排：宋美龄、倪桂珍、宋耀如、宋子良

世人难免好奇，这个家族要拥有怎样的特质与底蕴，才能培养出这么多叱咤风云的人物？让我们沿着时间的长河追溯，慢慢拨开历史的迷雾，揭开宋氏家族的神秘面纱。

❀ 宋家祖居，风水之宝地

中国人历来重视风水，据说风水好的人家，子女都是非富即贵。探秘宋氏家族，不妨先从宋家的风水找起。

位于海南省的文昌县背靠黎山，与大海濒临，因地理位置不错，成了远洋商人以及一些航海家的中歇港。由于人越来越多，以及海上贸易，原本不大的文昌县越来越繁荣。

宋氏祖居就位于海南文昌县内，这座曾孕育过民国最出色人物的安静祖居，与普通住宅有何区别？祖居及其先祖墓葬地的风水带给了宋家风光无限的背后，又隐含着怎样的玄机？

宋家祖居于 1821 年始建，1866 年，时值韩姓一族迁琼第二十三世，宋氏家族的奠基人宋耀如便出生在这里。

宋家祖宅一向被人们认为是风水宝地，被五指山围绕，且门前还有一个浅水湾，显示出了"左青龙、右白虎、前朱雀、后玄武"的架势，这样的风水乃是中国风水学上的上乘宝地。

五指山素有"海南屋脊"之称，是海南省的最高山，山峰呈锯齿状，形似五指，因而得名。五指山位于海南省西南方位，向东北直指宋宅。西南端的五指山十分高大，雄峙排列于宋宅之后。

五指山自西南而始，气势宏大，朝东北绵延而去。地势呈逐级递降的趋势，龙脉显示出此起彼伏的态势，及至文昌县，后过宝芳水库，越过文教河，直至古路园村天然大结。龙脉的"磅礴"有两种情况：一是高、中山的行度连绵不断，且呈现出起伏顿挫的态势；二是高山忽起沉于平洋，随后一路牵连而至。宋宅俨然是后者。

宋宅数百里来龙，覆盖逾千里，且不局限于一方山水，如此大的堂局，乃是风水大师认为的上品风水宝地。

■ 宋耀如的三个爱女：宋霭龄（中）；宋庆龄（左）；
宋美龄（右）

沿着龙脉往东北，绵亘20余里的笔架岭出现了。笔架岭海拔63米，自得一番独特的风景；陆地至海洋的将尽未尽处，也耸立起一座山岭，叫做铜鼓岭。铜鼓岭被誉为"天下奇峰翠此中"。笔架岭、铜鼓岭的位置、状貌等流露出龙气聚钟与龙脉尽结的信息。

铜鼓岭位于宋宅的东南方，在八卦中称为巽位。巽位在古时称女山，女山高大，显示出女贵。巽山高过了坎、乾诸山，且虎强龙弱，透露出女强男弱的征兆。

奇妙的是，宋家的情形也正如此，宋氏姐妹个个光彩照人，风光无限，宋氏兄弟虽然在当时也极为出名，但比起她们，仍有差距。

总的来看，宋家的风水属于上乘风水，呈现出一种非凡的气象。一个世纪过去了，这个家族依然像一块巨大的磁石，吸引着无数历史学家与风水师对其祖居地、祖宅、风水以及围绕祖宅的种种事件进行研究和挖掘，寻找着这个家族的最神秘最悠远的往事。

❀ 姓"韩"还是姓"宋"，宋家原籍考证

1985年，美国作家斯特林·西格雷夫出版了一本红极一时的书，名叫《宋家王朝》。这本书一出版，即引起了海外华人的高度关注，香港《百姓》、《南北极》争相连载，美国《纽约时报》、《华盛顿邮报》、《北美时报》等也发表了各种评论。

《宋家王朝》一书耗费了斯特林·西格雷夫15年的心血。西格雷夫在书

中写道，宋耀如之所以姓"宋"，完全是由阴差阳错的误会造成的。据西格雷夫所说，20世纪30年代末，一位名叫詹姆斯·伯克的新闻记者在为其父步惠廉写传记时，发现了一些父亲与宋耀如的信件。步惠廉老先生是个传教士，是宋耀如的终生好友。

翻看那些信件可以发现，信件内容明显是一个初学英语者所写，英文语法中有不少错漏。当时名叫查理的宋耀如在信中写道，自己的父亲住在"中国东南广州省的孟寿县"。广州省指的应是广东省，但从广东省地图上却根本找不出"孟寿"这个县。

除此之外，宋耀如还将父亲的名字拼为"韩宏焦"。西格雷夫认为"他不知道怎样把这个名字音译成英语，于是他便胡乱地按海南岛方言的发音拼成 Hann Hong Jos'k。宋耀如最后还在一页信纸的下面写下了其父的中文名字。

经过一番研究后，西格雷夫得出了结论："当我第一次把这些片断凑到一起时，答案便显而易见了——原来查理的真实姓名是在美国发音不清的情况下走了样，他之所以姓宋，完全是缉私船上的差错造成的。这样，宋就成了查理的美国化名……如果宋查理根本就不姓宋，那么他的子女当然也不姓宋。蒋介石夫人的真名不叫宋美龄，应该叫韩美龄。"

但到了1987年4月，一本名叫《文昌文史》的书否认了这种说法。在《纪念宋庆龄同志专辑》里有这样一段话："宋庆龄同志的父亲实际上姓韩，原名韩教准，英译韩乔荪，又名宋嘉树，别名宋耀如，系海南岛文昌县昌洒镇古路园村韩鸿翼的第二个儿子。"

另外，据考证，宋家人的远祖乃是北宋时期的三朝贤相韩琦。《宋史》卷三百一十二有《韩琦传》，里面称他"相三朝，立二帝，厥功大矣"。

韩姓当时是当地的一个大户，有一位族人名叫韩显卿。韩显卿十分有才，但未受多大重用，于南宋时代担任过浙江会稽县尉和广东廉州太守两职。1197年，韩显卿带领族人与家谱来到当时被称为"蛮荒之地"的海南岛，并在文昌县的锦山区定居。据史料考证，大约有10万宋代汉人曾迁入海南，这部分人中除一小部分为商人，绝大多数都是来此避乱的中原难民。

1987 年，韩拱丰等执笔写过一本《宋庆龄原籍考实》，其中谈道："宋庆龄的先辈是客家人，原住河南相州之安阳，早在南宋（1126—1279）时期，由于受中亚部族侵入时南迁。有一个叫韩显卿，到浙江会稽县任县尉，又入粤任廉州太守，公元一一九七年渡琼定居文昌锦山所蕃衍之后代，清朝时宋庆龄祖上居罗豆市圮乌坡村……"

《宋庆龄原籍考实》里还有韩裕丰的口述："1861 年，宋庆龄的父亲在古路园村老屋内诞生，家境并没有富裕起来（一些美国人的书说宋耀如出生于富商之家，这是不确切的）。约在 13 岁那时，教准和他的哥哥政准到东印度群岛（现属印尼），在一个亲戚家中当学徒。不久，父母亲决定将教准送给婶母的弟弟收养（其实是过嗣），婶母的这个弟弟（韩教准称其为舅父）姓宋，在美国马萨诸塞州的波士顿开了一家茶丝商店。少年的教准是由这位姓宋的舅父带到美国去，并且随舅父姓宋的，名字也改为嘉树，又名耀如。"

宋庆龄有位三叔名叫韩致准，生有三个儿子，大儿子韩乾丰，早已故去；二儿子韩德丰，也已过世；小儿子韩裕丰，后居住在海南岛古路园村。

韩裕丰也就是宋庆龄的堂弟，他曾说过："我家的祖坟都在，老屋西北400 米的牛酸树林中，墓碑中间刻有'韩妣王氏之墓'，她便是宋庆龄和我的祖母。左下方刻有一行小字：'男政准、教准、致准；孙乾丰、裕丰'等字样。祖父的墓也在，位于本县宝芳区大品坡上，落款也完全相同，因此墓碑上的韩教准又名宋嘉树。"

很多史料都显示，宋耀如及其子女都承认他们乃海南岛文昌人，也有不少证据都能证明，其中的证据之一就是，宋耀如于清光绪年间曾回过文昌老家。

当时，宋耀如的母亲与婶婆都健在。很多文昌的老人们都对宋耀如印象很深。宋耀如较胖，很怕热，手中常拿着一把扇子，喜欢坐在家门前的大树下纳凉。宋耀如在家期间，还发生过一件事。弟弟韩致准偷拿了他准备给家中盖房的钱去赌博，宋耀如十分愤怒，很快离家回了上海，盖房一事也因此落空。

1936 年，宋耀如的长子宋子文也曾回过文昌。当时，军人与学生们在道路两旁夹道欢迎，当地乡绅们还为其举行了宴会。宋子文在宴会上发表了讲话，后在文城镇文庙旁捐款修建了一所名为子文小学的学校。不久，"西安事变"爆发，宋子文便离开了文昌，之后再未回去过。但据资料所示，宋子文后曾委托一位国民党军队的师长代他回乡扫墓。

宋庆龄自己也承认海南岛文昌县是她的祖籍。据《宋庆龄年谱》记载："父亲宋嘉树（1866—1918 年），原名乔荪，字耀如，西名查理琼斯宋。原姓韩，是客家人韩鸿翼之子，由于 12 岁时过继给宋姓舅父，遂改姓宋。"

20 世纪 50 年代中期，文昌县北发生旱灾，宋庆龄不但写信给县政府表示慰问，还从自己的收入中拿出几百元赈济灾民。

此外，宋家人还极有可能是客家人。台湾学者陈运通主编出版过一本名为《客家菁英》的书，里面有内容专门介绍到宋美龄，书中写道："现任台北市北区客家会会长刘兴明证实：当年刘兴明会长考上圆山饭店电工，慢慢培养成为高级主管，都是由于蒋夫人的提拔，蒋夫人叫他小刘，有空会找他用客家话聊天……"可见，宋家是客家人的说法，并非空穴来风。

培育凤仪的宋家王朝"奠基人"：宋耀如

宋耀如，一个精明能干的商人与实业家，中国近代史上有名的四大家族之一宋氏家族的奠基人。美国作家斯特林·西格雷夫曾给宋氏家族很高的评价："自鲍奇亚家族（指 15、16 世纪西班牙的权门）以来，还没有什么家族在人类命运方面能起这样的作用。他们在形成亚洲和世界历史的将近一世纪的局势发展中起了关键作用。"

宋耀如被称为革命的"隐君子"，他不但是国父孙中山的岳父，同时也是孙中山的亲密战友。宋耀如曾用大量的资金支持孙中山进行国民革命，是孙中山重要的财力支柱。

宋耀如的人生神秘而复杂，是那个时代产生的特殊人物。没有他，或许中国近代史将会呈现另外一种局面。

❖ 家族奠基人，谜般出生日期

海南文昌籍的韩姓中产生过不少德才兼备的人物，而在近代历史中出现的最出色的人物莫过于宋耀如。

宋耀如的祖父名叫锦彝，有两个儿子，长子鸿翼，也就是宋耀如的父亲，娶王氏为妻；次子名鹏翼，后娶宋氏。

韩鸿翼出生于1829年，与妻子王氏生有三子，长子韩政准，次子韩教准，三子韩致准。

因为贫困，韩政准终生未娶。他19岁到马来西亚谋生，以养鸡为业，病逝后葬在马来西亚的麻坡，享年82岁。

三子韩致准一直待在家乡，靠种田为生，偶尔外出补锅。34岁那年，为给家里盖房，终日操劳，竟活活累死了。

次子韩教准，即宋耀如，是一个富有传奇色彩的人物，关于他的出生日期一直是个谜，至今仍有多种说法，未能形成统一的答案。

1980年，《中国名人录》（美国哥伦比亚大学出版）里将他的出生日期定为1866年；1985年，斯特林·西格雷夫的《宋家王朝》里提到："一九一八年五月三日，五十二岁的查理溘然长逝。"由推算即可得知，西格雷夫也将宋耀如的出生日期定为1866年。

1975年，罗比·尤恩森在其所著的《宋氏三姐妹——宋霭龄、宋庆龄、宋美龄》一书中谈道："1866年，宋耀如出生于海南一个贫穷的商人家庭。"

翻开韩（宋）氏家谱，便看到了与以上不同的答案。1880年续修的《韩氏家谱》里曾记有韩鸿翼三个儿子的生辰，将次子教准的生辰记为咸丰辛酉年九月十四卯时，也就是1861年10月17日。

2006年，由盛永华主编的《宋庆龄年谱》也采用了这种说法，认为宋耀如于"清咸丰十一年九月十四日（1861年10月17日），生于文昌县昌洒镇古路园村。"

除了以上提到的1866年和1861年两种说法外，还有其他的说法也经常被提及。

1986年，于醒民等著《宋氏家族第一人》里提及："一八六三年二月，文昌县治所在的文昌市，一个普通小商人的家中传出了添丁的喜讯。而羸弱的小生命被起了一个威风凛凛的乳名——阿虎。"

1990 年，《宋氏家族第一人——宋耀如》里记载："1860 年（另有 1861年、1863 年和 1866 年三种说法）出生于海南省文昌县昌洒镇古路园村。"

1999 年，《追随国父革命群英小传》（台湾"国立国父纪念馆"编印）里将其生卒年份定为"1864—1918"。

此外，专家们还从宋耀如的亲笔信中找到了一些端倪。1881 年，身在美国的宋耀如曾给上海的林乐知写信："我想请你帮个忙。我离家大约六年了，我希望我父亲知道我现在哪里，在干什么。"

宋写信时是 1881 年，称自己已离家约有 6 年，也就是说，他离家时的时间是在 1875 年左右。很久以前，他回忆自己去爪哇的时间是"一八七五年夏满九岁时"。由此推算，这个日期与上面提到的日期是一致的，往后再推 9 年，也就是 1866 年。

宋耀如所说的 1866 年与《韩氏家谱》中所记载的 1861 年不同，该家谱是 1880 年续修，距宋耀如的出生应不会超过 20 年，又怎么可能会弄错呢？这一切都让人感到匪夷所思。

历史的真相总是被一层似假似真的迷雾围绕，历史专家们也只能在迷雾中摸索、探寻，只有等到迷雾散尽的那天，人们才有可能得知真实的答案。

❀ 勇敢小男孩，不甘平庸多拼搏

不管宋耀如出生的真实年份到底是哪年，有一点可以肯定，他出生于一个动荡不安的年代。当时英国人的大炮轰开了中国闭关锁国的大门，上海、广州、厦门等城市被迫开放。英国已将香港收入囊中，葡萄牙则将澳门占据，俄国正对中国的西北等地虎视眈眈。那个时期的中国政治危机一年比一年糟糕，国内局势十分混乱。

1875 年，慈禧太后在外界开明人士的舆论压力

■ 年轻时的宋耀如

下，公派一部分学生去到美国、欧洲和日本，留学和考察兼而有之。

这一举动使一部分中国人能有机会走出国门，接触并学习西方发达国家的学问与技术。

宋耀如就是那时出国的，年仅九岁的他跟着哥哥韩政准去了马来西亚，在一个亲戚家里做佣人，并与对方签了三年合约。

1878年春季，宋耀如的堂舅回到文昌老家，见到了宋耀如的父亲韩鸿翼。这位堂舅是早年赴美修铁路的广东移民，后来靠着钻营生意的本事，成为了华人中较为富裕的有钱人。

据资料所示，1863年，不少参加修筑中央太平洋铁路的白种人因受不了苦累而纷纷辞职，中央太平洋公司在不得已的情况下，便打算招一些廉价的中国劳工。当时的中国劳工工资很低，且不能享受免费食宿，工作还很危险。但当时为生计所迫的一些贫苦人，仍然愿意远渡重洋。宋耀如的堂舅就是在中央太平洋公司招募华工的"自由移民时期"，渡海到了美国。

堂舅颇有能力，存了一笔钱后开了一家茶丝商店，据说他还是第一位在美国开茶丝店的华人。

堂舅向韩鸿翼提及，自己在美国过得还不错，但是没有孩子，缺少一个帮手。韩鸿翼听后，为了让孩子有个好的前途，便决定将二儿子过继给他，堂舅高兴地答应了。不久，堂舅返回美国，途经马来西亚时，与12岁的宋耀如见了面。堂舅十分喜爱机灵的宋耀如，便将他带到了波士顿。

人的命运就如一条条锁链，一环环紧紧相扣连接而成，也许真的是每个人都有其既定的命运。如果不作改变，那么这个人的一生就此定格，如果有人对此做出了改变，哪怕只是命运链中的其中一小环发生了改变，这个人的整个人生都会随之改变。

对于当年只有12岁的宋耀如来说，去美国，成为改变他一生的转折点。

与当时许多在美国做苦力的劳工相比，宋耀如能在铺子里工作，还能衣食无忧，他算得上是幸运的。因此到了波士顿后，他非常努力地工作。堂舅因为没有子嗣，又很喜欢他，便将他收为养子，希望他将来能继承自己的铺子。

如果宋耀如按照堂舅规划的那条路走下去，也许他奋斗到最后，充其量不过是美国一个富裕的华商，也就不可能有后来赫赫有名的宋氏家族。可是命运的安排常常会出人意料，没过多久，宋耀如平静的生活节奏又一次被意外打破了。

在美国波士顿，华人并不多，但宋耀如因在华人铺子里工作，能经常看到一些赴美留学的中国留学生。当时能到美国留学的多是来自中国富裕家庭的青年，宋耀如结识了其中的两位——温秉忠和牛尚周，这两个人对他的一生产生了决定性的影响。

这两人经常到宋耀如的店铺里喝茶，偶尔会与宋耀如聊天。他们都是热血青年，表示回国以后，要全心为改变中国的落后而努力。宋耀如从来没有接触过这样的人，听他们提起学校里的生活与活动，便对他们丰富多彩的生活非常向往，常常听得入了迷。

渐渐地，宋耀如的内心涌起了一股冲动，他也想去学校学习，改变命运，就像这些华人留学生们一样。但他的请求被养父毫不犹豫地拒绝了，养父没读过多少书，且以钻营生意起家，自然是"读书无用论"的坚定拥护者。在他看来，宋耀如的想法太过荒诞，而且没有意义，他认为只有成为一个会赚钱的商人，才是一条靠谱的路。

宋耀如对养父的拒绝感到很失望，经过一番激烈的思想斗争，他决定离家出走。那天，堂舅派他到另一家商店办事，他表面上装作若无其事，却偷跑到了波士顿码头，然后爬上了一艘开往北卡罗来纳州的船。

这一幕就像好莱坞电影里的经典镜头。一个不甘平庸的孩子为了改变命运，不假思索地选择了叛逆与逃离，将成年人看来重要的孝顺、乖巧等统统抛诸脑后。在宋耀如的心里，有一团火在熊熊燃烧，这团火像许多怀揣美国梦试图不断向上攀登的激情一样，能照亮前程，还能福荫后代。

那时的他可能也不清楚接下来应该做什么，但丝毫不后悔做了这件事。因为骨子里的倔强与躁动不安的因子，使他甘愿过冒险的海上生活。

宋耀如爬上的是一艘缉私船，没过多久，躲在甲板后侧的他就被船员们发现了。他被带到船长查理·琼斯面前。他很幸运，遇到的是一位难得的好船长。琼斯船长听完这个男孩的经历后，对他十分同情，同意将他留在船上，并在花名册上为他谎报年龄，改为当船员的最低合法年龄——16岁。

就这样，宋耀如开始了船员的生活。他为人低调、勤快，很快赢得了船员们的喜爱。据说，之前每次轮船快在波士顿靠岸时，他常常因为担心别人会把他送上岸而躲藏起来。船长将这一切看在眼里，但故意装作视而不见。

琼斯船长见他勤奋，且为人可靠、踏实，便决定帮助他。于是，宋耀如成了这艘名叫"考尔法克斯"号的船上的一名杂工，还能领工资，生活有了保障。

宋耀如经历了一年多的海上漂泊生活，不但开阔了眼界，还从船员们身上学到不少知识，收获颇丰，他的命运也在因他的努力而悄悄发生着改变。

❖ 受洗成基督徒，获得学习机会

"考尔法克斯"号的船长琼斯是一个虔诚的基督教徒，他希望这个勇敢、富于冒险精神的小男孩也能皈依基督教。因此，他经常对宋耀如讲《圣经》里的故事，比如上帝创世，人死后可以进天堂等故事。才十几岁的宋耀如听着听着，不禁对基督教产生了兴趣。

琼斯船长常常带他去卫理公会教堂做礼拜，让他感受体验教堂里的神圣氛围。渐渐地，宋耀如的心与基督教靠得越来越近。

在船上生活了一年多后，好心的琼斯船长被调往北卡罗来纳州的威尔明顿。船长在临行前曾写信给在华盛顿的上司，希望他能安排宋耀如退役。在琼斯船长的安排下，1880年，宋耀如退役后，到了威尔明顿的另一条船上的食堂打杂，而他的好运也从这时真正开始了。

一个偶然的机会，宋耀如被一位当地卫理公会教堂的上等人物罗杰·穆尔上校看中，并将他介绍给第五街教堂的里考德牧师。里考德牧师很看好宋耀如，认为这是"一个给基督带来的机会"。他决定将宋耀如培养成为一名传教士，一个胸怀使命感的上帝使徒，让他以后回国向中国人传教。

1880年11月7日，威尔明顿《明星报》刊登了一则简短的通知，这份通知由第五街卫理公会教堂发布：

今天上午的洗礼仪式将在本教堂举行。一位中国皈依者将是享受这项庄严权利的人之一，他也许是迄今为止在北卡罗来纳州接受基督洗礼的第一位"天朝人"。里考德牧师将主持仪式。

这位"天朝人"便是宋耀如。到了预定日期，宋耀如在肃穆庄严的教堂接受了洗礼，正式成为一名基督教徒，同时拥有了一个教名——查理·琼斯·宋。

洗礼过后没多久，宋耀如有了上学的机会。为了给他筹集学费，罗杰·穆尔上校写信给北卡罗来纳州达勒姆的朱利安·卡尔。朱利安·卡尔是南方最有钱的人之一，也是杜克大学的创建人之一，还是当地的大资本家之一。他曾帮助过不少南方阵亡军人的孩子入学，这次，他也答应了支持宋耀如上学。

卡尔夫妇与宋耀如共同度过了几个星期，之后每逢假期，宋耀如便会在卡尔家中度过。宋耀如甚至将卡尔称为"卡尔父亲"。与卡尔共处，使宋耀如受益匪浅。他从卡尔身上学到了商业教育和做生意的判断能力，为未来从商打下了良好的基础。当然，这跟他本人颇具经商头脑也有很大的关系。

1881年夏，宋耀如进入杜克大学圣三一学院，成了这所学校唯一一名外国留学生，并接受了"压缩学习"方案。教授们让他去上预备班，课程安排得很紧，重点教他学英语，此外，他还需苦读《圣经》。宋耀如的学习任务很重，其他学生要花十年时间学完的读写算等功课，全被压缩到几个月的时间内，需要他来学完。

在圣三一学院学习期间，他过得颇为愉快，如饥似渴地学习之余，他还给家中的父亲写了一封信，对于中文不大熟悉的他是用英文写的信，译文如下：

亲爱的父亲：

我写这封信是要让你知道我现在在哪里。我于1878年在东印度群岛，离开哥哥来到了美国，幸运的我找到了耶稣基督——我们的救世主。为基督之故上帝满足了我的要求，与我相会。

现在达勒姆主日学校和圣三一学院在帮助我，我正加紧读书，以便能回到中国，向你叙说达勒姆朋友们的厚道和上帝的恩惠。上帝派他亲生的儿子到尘世来替所有有罪的人赎罪。我是一个罪人，但由于上帝的恩惠而得救了。

我记得小时候你带我到一所大庙拜木头菩萨。父亲啊，拜木头菩萨是没有什么好处的，你就是拜一辈子也不会有一星半点好处。过去，人们对基督毫无所知，但是现在我已找到了一位救世主，不管我走到哪里，他都来安慰我。请你倾耳聆听，你就能听到神灵在说话；请你抬头向上看，你就能看到上帝的荣光。

我信赖上帝，我希望凭上帝的意志再次在这里看到你。现在我们正在度假，住在达勒姆卡尔先生的家里。接到我的信请马上回信，我将很高兴听到你的情况。

请把我的爱转达给母亲、哥哥和姐姐妹妹以及你自己。我以后再写信的时候会告诉你们更多的情况……

宋耀如慢慢地长大了，他开始与女孩子有了来往。在众多的女孩中，他对一位叫做埃拉·卡尔的女孩很有好感。埃拉·卡尔的父亲在圣三一学院教希腊文和德文，是卡尔将军较穷的堂兄弟之一。

宋耀如经常去听埃拉弹钢琴，慢慢地，两人间产生了微妙而朦胧的感情。有一天，当两人情不自禁地亲吻时，被埃拉的母亲发现了。埃拉的母亲十分生气，将宋耀如赶了出去，警告他再不许到自己家来。

这件事在当时产生了不小的轰动，1936年，《新闻观察家报》上还曾转载过卫理公会关于此事的解释：

为了传教事业，曾多次与之长谈的克雷文博士向卫理公会布道团理事会提出了这个问题。他们向他建议，这位年轻的中国人在范德比尔特会取得更大的进步，他在那里既能够继续受教育，又能够通过同在纳什维尔的理事会理事和回来的传教士接触，从而接受传教方面的训练……

发生了这件事后，宋耀如已无法继续留在圣三一学院，他只能转学进了范德比尔特大学。

由此可以看出，虽然卫理公会的人支持他上学受教育，并向他提供简单衣食等供给，并不表示他们能接受他进入自己的生活领域，更不会允许这个中国小子与他们的女儿产生某种亲密感情。

宋耀如和埃拉的感情，是他一生经历的美好感情之一。他曾在达纳什维尔的照相馆拍过一张照片，然后托朋友辗转交给埃拉了。这张照片在埃拉的手中保存了半个多世纪，是她一生最珍贵的东西之一。

❖ 完成美国学业，历尽风险回国

1883 年，宋耀如进入范德比尔特大学学习。代理院长及教会的负责人对他没有什么好感，宋耀如却对此毫不理会，他将这些都抛到了一边，一心一意地学习。几年下来，他的学业有了很大的进步，同时也用诚心结交了不少朋友。

他的同班同学约翰·奥尔牧师对他的评价颇高，认为他机智幽默，脾气好，此外，他所有的考试都合格，"毕业时，在神学方面是班上的优等生"。

同宋耀如保持友谊最长久的是同学步惠廉。他们的友谊从步惠廉到上海进行传教开始，一直持续到宋耀如病逝。

在神学院的最后两年，宋耀如对宗教事务十分热心。他经常帮助福音传教士举行南方各地的信仰复兴大会，有时还进行演讲。宋耀如那时的演讲水平比最初已有了很大的提高。他还曾给教会报纸《基督教倡导报》写文章宣传关于南方信仰复兴所取得的成就，因文笔流畅，还赢得过该报主编的赞赏。

1885 年，宋耀如即将毕业，霍兰·马克谛耶主教，也就是范德比尔特大学的校长，决定将他派去上海，并将这个决定告知了上海的林乐知。林乐知提议，让宋耀如在教会办的英华大学里当一名老师。

宋耀如得知此事后，便提笔给林乐知写了一封回信，部分内容如下：

亲爱的林乐知博士：

接奉手书已有数日，确实不胜欣慰。我看到你完全把你的工作、生命和精神奉献给了上帝。我希望上帝恩赐，让我尽快见到你。我不知道我在美国还要逗留多久，但只要这次机会允许我这样做，我将设法尽量使自己彻底作好准备。在我结束学业后，我希望我能把光明带给中国人。我生活的目的是行善、敬和、赞美上帝；对别人行善，拯救他们免遭永恒的惩罚。但愿上帝帮助我。

几天前有一个卫理公会的女教友问了我一个不平常的问题，她说：松兄弟，你是一个传教士，你会不会为了任何信念受苦，会不会为了基督的事业牺牲？我当时想，这对我来说是一个奇怪的问题，但是为了表示我的真心诚意，我按照我的感受作了回答。我说，是的，夫人，我愿意在任何情况下为基督受苦，如果上帝帮助我。她又说，那正是我们应该有的感受，因为上帝会帮助我们，如果我们信赖他的话。愿上帝帮助我们大家，把我们的财富置于天国，以最大的热情伺候他，最后我们才能够说：我已忠于信仰，我已进行了尽力的战斗，因此今后，我将接受生活的荣光……

这封信写于1885年7月，信中的"松"即是指"宋"。宋耀如此时还不是特别想离开美国，他还想去学医。尽管卡尔表示愿意继续支持他，但主教马克谛耶却不同意，他曾给林乐知写过这样一封信：

亲爱的林乐知博士：

我们希望今年秋天把松同伯乐文博士一起派到你那里。我相信你会立即派他从事巡回布道区工作，即使不是坐车去，也要步行去。松希望再逗留一两年学医，使自己具备更有益于人的能力。他慷慨的赞助者朱利安·卡尔先生也不是不愿意继续帮助他。

但我们认为最好是：不应该在他还没有在中国人当中努力工作之前就把他身上那个中国佬的精力耗竭用尽。他早已"尝过了安乐椅的滋味"——而且并不反对享受高级文明的舒适。这不是他的过错。……

马克谛耶不同意的原因，归根结底在于，宋耀如的导师们希望他能尽快回到中国去传教，达到他们最初培养他的目的。当然，他们之所以希望他不要在美国久待的另一个原因是怕他过于留恋美国的舒适生活，不愿离开。

1885年7月，宋耀如正式毕业。尽管他的心中可能充满了苦闷和无奈，但时年已经19岁的他不得不离开美国，于同年12月坐上了前往堪萨斯城的火车，再从堪萨斯改乘横贯大陆的火车。

宋耀如的回国旅程充满了惊险。美国历史上曾发生过"黄祸"运动，成千上万的华人开始逃离美国。由于经济衰退，许多商人资本家开始倾向于雇佣廉价华工。这样一来，就造成了美国当地人就业困难等多种问题。由此引发了当地人对华人的仇恨情绪，唐人街被人放火，更有甚者，白人治安维持会成员组织"剪辫子会"，不但剪华人的辫子，还要剥掉华人们的头皮盖。一时间，血腥杀戮，疯狂驱赶，乱成一团。

宋耀如当时正在回国途中，目睹了种种惨状，吓得心惊肉跳，生怕一不留神就被卷入这场可怕的血腥运动中。幸而他的运气还不错，最终顺利到达旧金山，乘上了太平洋邮船公司回国的轮船。此时，他离开中国差不多已有10年的时光。

1886年，宋耀如乘坐的轮船驶入黄浦江，他终于踏上了祖国的土地。

宋耀如第一件事就是去拜见大名鼎鼎的林乐知。

林乐知于1860年来到中国，在上海创办《万国公报》和英华大学，在苏州还创办过东吴大学。他本人不做深入广大群众的传教工作，他传教的主要范围是中国的知识界。他的地位比较优越，是美国卫理公会的大人物，自视甚高，对布道团的教士傲慢、专横，因此一些受不了他的传教士都要求调离中国。

林乐知不喜欢宋耀如，曾公开表示过对他的不屑。曾经表示安排宋耀如去英华大学教书的诺言也没兑现。另外，他还把宋耀如的薪水压得低至15美元，宋耀如因此感到十分不满。

早在宋耀如回国之前，林乐知已经给马克谛耶主教和纳什维尔的布道团董事会写了一封信，表示宋耀如仍是中国人，不应享受更好的待遇。他在信中谈道：

> ……再过两天他就到了，而董事会准备给他什么待遇，我还一无所知。对他的职位、薪俸作何安排？此事颇令人为难。我们中西书院的青年学者比他要强得多了——我指的是学得好的人——他们学贯中西，在写作和翻译方面，他们不仅能够做，而且实际上已经在担任工作。在公开会议上评议时，他们的作品曾得到我们最年高博学的传教士的赞扬。宋查理是永无指望成为这样的中国学者的，他充其量只是一名失去民族特征的华人。……

可以说，林乐知给了宋耀如一个很低的评价，并在他还未到来之前就已决心排挤他、打压他。宋耀如曾要求请假回老家探亲，也被他一口回绝，令宋耀如失望不已。

宋耀如给美国友人写过一封信，诉说心中的苦闷，也提到了他没有"反抗"的原因：

> 我对这种专横深感不快，但我必须忍耐。如果我真的采取鲁莽的行动，家里的人（特别是我在达勒姆的朋友们）会认为我是一个不忠诚的卫理公会的教徒，一个不守法纪的人，因此我像老鼠一样忍气吞声。……

林乐知给宋耀如安排的第一份工作是去上海近郊吴淞传教与教学。宋耀如到了一个贫穷的小乡村，开始了牧师生涯。起初，他作为一个不土不洋的中国传教士，无法顺利地与当地农民们打交道，还常常受到教会学校里孩子们的戏弄。但是后来，他用诚意与努力感动了这些孩子们，成了学校最受欢迎的老师。

在这期间，他经过不懈地努力，终于获得了回老家海南文昌探亲的许可。当他回到家中时，亲人们感觉就像做梦一样，差点没认出他来，当确认是他回来了，全家都欣喜万分。也是这次探亲，宋耀如才得知，林乐知并没把他六年前写给父亲的信转寄过来。

✢ 娶得良配，时来运转

在吴淞待了六个月后，宋耀如又被派到昆山当巡回传教士。在昆山，除了有以宋耀如为代表的南方卫理公会外，还有南方浸礼会和法国天主教两个布道团。这里的大部分居民都比较传统，信奉佛教、道教等。

宋耀如当时过得很不好，因为薪水很低，所以只能租小房子过生活。生活上的拮据令他很狼狈，但更令他烦恼的是，当地的中国人与外国人都不喜欢他。农民们觉得他不伦不类，外国人觉得他不是本国人，不会成为皈依者，且是竞争对手，所以不愿与他来往。因此，宋耀如不但贫困，还很孤独，他常与美国友人们通信来排解郁闷的情绪。

就在他感到最沮丧的时候，一件意外的事发生了。某日，他在街上散步时遇到了一位多年不见的老朋友牛尚周。牛尚周是他当初在美国堂舅的店里认识的中国留学生。两人聊了一会儿，牛尚周对他的遭遇表示很同情。

这次见面对宋耀如来说非常重要，如果没有与牛尚周的重逢，就没有后来的叱咤风云的宋氏三姐妹。

当牛尚周得知宋耀如还未结婚时，便热心地将自己的妻妹，19 岁的倪桂珍介绍给他。倪桂珍便是后来大名鼎鼎的宋氏姐妹们的母亲。

牛尚周和他的表兄温秉忠回国后，分别娶了倪桂珍的大姐和二姐，两人都极力撮合倪桂珍与宋耀如。于是在一个周日，在牛尚周与温秉忠的安排下，宋耀如见到了教堂里的倪桂珍。

正值青春妙龄的倪桂珍有一双明亮的眼睛，乌黑的头发梳在脑后，额前留着一排刘海，再加上她温柔恬静的性格，整个人散发出一种大家闺秀特有的气质，令宋耀如一见便生好感；而倪桂珍也对温文尔雅的宋耀如颇有好感。

两个人交往没多久，宋耀如便亲自去拜访倪桂珍的父母。这对和气的老人见宋耀如一表人才，也都非常满意。一段观察期过后，宋耀如与倪桂珍的婚事便定了下来。

1887年，宋耀如与倪桂珍成婚，并举行了一场传统的上海家宴。婚后，两人一起回到昆山。宋耀如的薪水依然很低，如果没有倪桂珍带来的嫁妆，两个人的日子大概会过得比以前他一个人时更加艰难。

但是，宋耀如此时的传教士生涯已比从前有了很大进步，1888年被提为正式牧师，1889年被调往上海专区，1890年当上了上海市郊嵩泽的牧师。

此时的宋耀如回国已有数年，他对继续做传教士的想法产生了动摇。也许是因为天生的冒险精神，也许是因为薪水的微薄，也许是因为别的，他觉得，自己应该干点别的什么才对。

1889年年底，宋耀如在美国《圣经》出版协会谋了个兼职，他的主要工作是售卖《圣经》（英文版）和《新约全书》（中文版），也就是"书贩"一类的工作。

当时只有中产阶级才买得起这些书，书籍的成本很高，宋耀如很快想到办法改善这种状况。他曾在威尔明顿印刷厂当过学徒，对西方先进的机械化印刷术比较了解。此外，由于有过销售美国《圣经》的经验，他也学到了一点经济学方面的知识。

那时，虽然出版《圣经》获得的利润很有限，但因获得了西方传教组织和宗教机构的资金与技术支持，宋耀如很快展开了新的事业旅程。他为一些布道团承印书刊，还翻印一些西方历史、科学等书刊，增加了不少利润，有时还会印制一些政治性小册子等，专供给一些秘密社团。

就这样，他通过翻译、印刷大量的外国书刊起家，正式迈入了上海商界。由于他实在太忙，只能去做业余牧师。到了1892年春，他正式向南方卫理公会中国布道团辞职。这一举动引起了一场不大不小的风波，北卡罗来纳州传来了一些风言风语。宋耀如感到很愤怒，盛怒之下，他给《基督教倡导者》编辑部写信，一挥而就：

亲爱的里德兄：

你是否可以高抬贵手，借我贵栏一席宝地，让我说几句话，以正北卡罗来纳某些人士的视听。我从朋友来信获悉，在他居住的城市有报道说，我"已重返异教徒偶像崇拜的习俗中去了。"我特写此信申明，此话毫无事实根据。自我信奉基督以来，从未想到要背弃我虔诚信奉的救世主耶稣，而去顶礼膜拜那没有生命的木、石之神。舍永生而求永灭，这简直是太傻了。

但谣言的制造者也许会说，所罗门是古今世界智慧最高的人，而他后来不也崇拜起偶像来了吗？他尚且如此，难道别人就不会这样干？我的回答是，我既不如所罗门那样聪颖，也不像他那样愚蠢。但笔者声言，他的见识足以使自己竭尽全力充当主的奴仆，直到离开人世为止。

我之所以离开布道团，是因为它给我的（薪金）不足以维持生活。靠每月十五美元的薪水，我养不活自己、妻子和孩子。我希望我的朋友能够明了，我离开布道团，并不是说我放弃了信奉基督和受难的我主。

目前，我一面跟美国《圣经》出版协会共事，一面仍在做跟我们的宗教有关的事业。跟我一起出版《主》、《兄弟山》以及《波奈尔》等书的工友们可以为此作证。所以，我脱离布道团，毋宁说倒是成了布道团的单干成员，或可说我是一名竭力为布道团办事而又不依赖美国国内教会支持的布道人。

我现在执掌着我们新的卫理公会教堂，这是美国堪萨斯城摩尔兄弟的捐赠，是中国国内最好的一座教堂。

我们在这所教堂里开办了一所很火的主日学校，有一个很不错的教员班子，我本人也教课。学生有老有小。我们非常喜欢这个"国际主日学校"。你们若有谁能在星期日上午来看看，我们将给予难以忘怀的欢迎，并让你们看看，孩子们的功课念得多好。

我希望，那些听说我"已重返异教徒偶像崇拜的习俗"的人发发慈悲，读一读这几行字，请他们自己作出判断，我宋查理究竟立足何方。我喜爱我所信仰的宗教，也希望我的朋友也喜爱他们的宗教。……

就这样，宋耀如很有尊严地离开了布道团，努力从事他的新事业——出版业。同时，他还在一家面粉厂当经理，薪资极为丰厚。他经营有道，这家面粉厂发展极好，后来竟成为亚洲最大的面粉厂之一。同时，他还是几家工厂的英语总经理，凭借着流利的英语和精明的头脑，无论是同西方人谈判，还是充当购买美国机器时的中间人，他都游刃有余。

后来，他在曾经资助他求学的美国恩人卡尔的协助下从事进口机器的生意，成了中国最早做进口重型工业机器的商人之一。

渐渐地，宋耀如不但摆脱了贫困的生活，还在圈内出了名。他能说一口流利的英语，又擅经商，还是一名杰出的牧师，成了当时上海交际圈的知名人物。

✤ 结识国父孙中山，做革命"隐君子"

宋耀如发迹后，一路顺风顺水，事业家庭两得意。就在他大笔吸金的时候，遇到了一个改变他生活轨迹的人，这个人就是后来做了他二女婿的国父孙中山。

1894年，孙中山写了一篇《上李鸿章书》，他拿着这封书信到天津求见李鸿章。途经上海时，在公共租界的卫理公会教堂内，第一次与宋耀如相见。他们都是广东人，讲同种方言，都能说英语，都有出国留学的经历，且同是基督徒。如此等等，让两人一见如故。

认识孙中山以后，宋耀如的生活与思想都发生了很大转变。孙中山对革命事业的热忱与不懈奋斗的精神深深影响了他，他对孙中山不同寻常的勇气十分钦佩，并热情地邀请孙中山住在自己家。

尽管宋耀如对孙中山的勇气十分钦佩，却不大赞同他的做法，认为他上书成功的可能性不大。果然，孙中山吃了个闭门羹。政务繁忙的李鸿章没空见他这个无名小卒，孙中山失望而归。宋耀如不忍看孙中山无功而返，便想方设法将孙中山的这篇文章刊登在了林乐知办的《新教会报》上。

宋耀如与孙中山相识后，为他提供过不少帮助，比如让他在上海的家中居住，将书房让出供他们召开各种秘密会议，还主动掏钱支持孙中山进行各种革命活动。

第一次广州武装起义失败后，宋耀如与孙中山的关系更紧密了。孙中山流亡海外时，宋耀如继续经营他的出版事业，而且越做越好。华美书馆出版了不少宗教、世俗书籍，还历史性地出版了中国最早的方言《圣经》之一——《苏州方言圣约书》。

当时宋耀如在上海的名气可谓如日中天，他与别人投资合作创办了上海商务印书馆，这家印书馆是中国最古老出色的出版社之一。在恩人卡尔的支持下，他还投资创办了香烟厂、棉纺厂，这时的他已经相当富有。

■ 成熟而稳健的实业家宋耀如

宋耀如在经商的同时，并未忘记与孙中山共同的革命理想，他为革命事业投入了相当多的金钱。比如创建了上海华人基督教青年会，目的是为了帮助革命者拥有秘密而安全的活动场所，同时还将自己在虹口的住宅和山东路的老印刷所提供给革命党的高级领导人开会。

这时的宋耀如已人近中年，他一方面拥有富足的生活和较高的名望，另一方面又时刻在为革命事业而牵挂。他清楚革命活动是危险的，为了保险起见，他还曾为自己购买过一张葡萄牙护照，上面写着他的出生地为澳门，葡萄牙国籍的护照可以避开新颁布的《排华法》。他是怕万一哪天出了什么事，可以凭这个护照带着老婆孩子一起去美国避难。

1905年，为革命继续奔走的宋耀如还曾千里迢迢去美国募捐，这是他毕业离开美国后首次踏上美国的土地，心中不禁感慨万分。当初离开的时候，他仍然是个落魄的穷小子，现在则是以体面的商人身份重新到美国。

当他乘坐的大型轮船驶入旧金山码头时，受到了前来迎接的"致公堂"成员们的欢迎。"致公堂"是美国的一个华人组织，又称为"世界华人自由共济会"。通过"致公堂"成员们的介绍，他认识了不少华人银行家与实业家。

在美的许多华人虽然一直在异国打拼，可都没有忘记过祖国，每时每刻都在关注祖国的消息，他们渴望祖国能快些强大与繁荣起来，使他们在国外也能扬眉吐气。当听说宋耀如赴美的目的后，这些富裕的华人们纷纷表示愿意慷慨解囊。没过多久，宋耀如就筹到了一笔很可观的捐款。

宋耀如在美期间，还专程去了北卡罗来纳州与恩人朱利安·卡尔见面。不论是在宋耀如求学，还是之后在上海为事业打拼，朱利安·卡尔都为他提供过无私的帮助，对宋耀如来说，他不仅仅是恩人，更是自己的人生导师与最重要的朋友。

两人在达勒姆火车站见面后，便激动地紧紧拥抱在一起。当卡尔看到昔日傻傻的穷孩子变成了精明能干的实业家时，十分欣慰。

随后的几周，宋耀如一直住在卡尔家中，两人经常促膝长谈。宋耀如谈到了来美的真实目的，并对他说起中国国内的形势，比如清政府腐败无能，起义失败等事，并提到起义失败是因为准备不足，经费不够等等。卡尔听到不少革命党人遭到残酷杀戮，如活埋、砍头等，愤怒至极。

卡尔是个大慈善家，又与宋耀如相识多年，对他非常信任，听说革命缺乏资金，当即表示会拿一笔钱捐献给革命事业，宋耀如对卡尔越发充满了感激之情。

告别卡尔后，宋耀如北上纽约，随后无人知晓他的去向。他在北美待了半年多，为革命事业筹集了 200 万美元的经费，其中很大一部分来自宋耀如的老朋友以及卡尔的慷慨资助。

这笔数目庞大的经费给予了革命事业很大的帮助，孙中山领导的同盟会特地任命宋耀如为司库。实际上，他过去也曾担任过这一职位，只是当时是非正式的。与此同时，他仍兼任孙中山在上海党部的执行秘书。

可以说，宋耀如是孙中山事业的紧密追随者，是孙中山的重要财力支柱。他经常自掏腰包支持孙中山，确保其经济上无后顾之忧。也许，正是因为与孙中山紧密地联系在了一起，便注定了宋耀如的一生是传奇的一生。

民国"皇后"们的慈母：倪桂珍

倪桂珍是清末民初杰出的女性人物之一，也是民国最优秀的母亲之一。她一生最大的成就就是养育了三个异常优秀的女儿——宋霭龄、宋庆龄和宋美龄。姐妹三人在中国近代史上留下了浓墨重彩的一笔，使人们对她们的母亲充满了好奇。

究竟是什么样的杰出女性能培养出如此优秀的女儿？这位女性身上又有着什么特质能深深影响这些民国"皇后"们呢？答案似乎就在静静流淌着的历史之河的细石深处……

❀ 名门闺秀，才华横溢

倪桂珍出身名门，其先祖可以追溯到明末科学家、农学家和政治家徐光启。1601 年，徐光启在著名传教士利玛窦的介绍下，正式皈依基督教，成为基督教徒。据说上海徐家汇的天文台，就是以他的家族命名的。

徐光启曾担任过崇祯皇帝的礼部尚书，兼任东阁大学士，且是教会台柱。他翻译过多部欧洲著作，种类繁多，包括三角学、水力学、天文学，甚至还有欧几里得的几何学等，是一个极富才学的人。徐光启后来离开北京，回到家乡上海，上海天主教最大的教堂，便设在徐家汇徐光启的故居。

倪桂珍的母亲就属于徐氏家族，出生在上海西郊的徐家汇，成年后嫁给了其家庭教师倪韫山。倪韫山是美国圣公会的教徒，在他的带动下，倪桂珍的母亲也信奉起了圣公会。

1869 年，一个漂亮可爱的小女婴出生了，她便是倪桂珍。对倪桂珍来说，生在这样的家庭是一种幸运，她的父母十分民主，不重男轻女。她的父母共有三女一子，分别是倪桂清、倪桂殊、倪桂珍和倪锡庆，倪桂珍是老三，从小聪明活泼，深受父母喜爱。

倪桂珍三四岁时就开始在私塾念书，5 岁时跟着家庭教师学习汉字、书

■ 宋氏姐妹们的母亲倪桂珍

法等，8 岁时进入由上海妇女联合救济机构开办的布里奇曼女子学校读书，14 岁时被保送到上海西门的佩文女子中学，17 岁时从中学毕业。在校期间，她成绩优异，擅长数学，喜欢弹钢琴，毕业后留校任教员。

倪桂珍从小就胆大过人，处事不惊，倪家后人们曾提及关于倪桂珍小时候的故事。有一次，倪桂珍与二姐桂殊在上海斜桥边玩，没想到遇到了小混混。那小混混牵着恶狗，带着恶仆，意图非礼她们。倪桂珍挺身而出，对其厉声斥责，几人对峙间，校警闻讯赶来，小混混见势不妙，赶紧灰溜溜地跑掉了。

由于生在一个颇为民主的家庭，倪桂珍从小就敢作敢为，有主见，能大胆冲破封建礼教的束缚。当时的女性都必须缠足，可倪桂珍小时候因为对缠足不适应，发起了高烧。她对缠足十分抵制，使父母最终放弃了让她缠足的打算。

成年以后的倪桂珍，就因为缠足的问题在婚姻问题上遇到了麻烦。当时人们比较保守，价值观、审美观被严重扭曲，一个没有缠过足的女孩很难受到别人的青睐；再加上她受过良好的西式教育，可谓才华横溢，在推崇"女子无才便是德"的时代显得较为异类，许多保守的家庭都不愿向其提亲。

如此种种，使得倪桂珍便成了一个 19 岁还未嫁出去的"老姑娘"。恰逢此时，牛尚周向其父母推荐了宋耀如。尽管宋耀如后来做事业做得风生水起，可在未发迹时很难找到适合的对象。他不中不西的模样，以及国人看来很怪异的传教士身份，再加上当时穷困潦倒，没几个条件好的姑娘能看得上他。

幸而倪桂珍的父母"慧眼识英雄"，与宋耀如见过面之后，便同意了两人的婚事。婚后没过多久，倪桂珍随同丈夫一起回到祖籍余姚老家，拜会了同乡族邻后在余姚城区参加了布道活动。活动结束后随夫离开上海，赴昆山布道。

在昆山，她与丈夫一边布道，一边经商，同时开始独立传教。那时，他们的生活过得很辛苦，倪桂珍甚至在冬天时买不起一条围巾，只能把旧毛巾围在脖子上。虽然生活很贫困，但因为夫妇俩信仰、性格和兴趣契合，日子仍过得很愉快。

倪桂珍全力支持丈夫的事业，甚至为他脱离倪家信奉的宗派伦敦会，转而进入宋耀如所在的美国监理会。她曾说："我遵从上帝的启示，上帝指引我来到查理身边，我要辅佐他，支持他，为他的事业献出我的一切！"

倪桂珍的父亲曾一度为她的决定感到震惊，一个人脱离了原本的教会而转而信奉其他教会，无论在哪个时代都会引起人们的震惊。宋耀如则是被她深深感动，他曾这样谈论过妻子："桂珍是生活在东方的坚强女性，她的伟大在于敢自己选择爱人，这在东方、在中国简直是不可思议。"

1889—1907年间，宋耀如夫妇共生了六个孩子，分别是大女儿宋霭龄、二女儿宋庆龄、三子宋子文、四女儿宋美龄、五子宋子良和六子宋子安。

比起丈夫宋耀如，倪桂珍为家庭付出了更多的精力。宋耀如是个商人，除赚钱养家外，还要忙于各种社会活动，所以家中事几乎全由倪桂珍包办。可以说，在宋家，并非是中国传统家庭那样的"严父慈母"，而是"母代父职"。

倪桂珍对家庭、孩子都有高度的责任感，对他们要求很严格。她按照清教徒禁欲主义的规范生活，绝对不允许孩子有酗酒、赌博等行为，要求孩子们在上帝面前必须虔诚规矩，她认为溺爱会使孩子们有依赖性，将来难有作为。

除了在家中做合格的妻子与母亲外，倪桂珍还对社会福利事业十分热心。据她的儿女回忆说："母亲料理家务，设法量入为出。凡是省吃俭用节余下的钱，她即捐赠给革命事业。她也接济穷人，并且是学校和教堂的赞助人。"可见，母亲在孩子心目中的形象几近完美。

❖ 贤良淑德，世间罕有

倪桂珍教育子女的方式，被人们评价为"斯巴达克式"教育。斯巴达克人勤劳、刻苦，吃苦耐劳，而倪桂珍也一直在有意识地培养孩子们各种能力与吃苦的精神。

她极重视女儿们的实际生活能力。她教女儿学做饭、学煮菜，以及学着做针线活。宋庆龄和宋美龄针线活学得还不错，唯独宋霭龄没法学好，后因父亲说情，才免去了学习针线活这一苦差事。

倪桂珍对子女们进行了最初的民主启蒙教育，经常从美国购买原版的幼儿读物，带领他们合编《上海儿童报》，督促他们学中英文、演讲、打字、书法、弹钢琴等，促进了他们才智的发展。她有时还会为孩子们讲述历史故事，使他们从中受益。

她的子女们在传记中提到："母亲单独教我们阅读和演奏音乐，和我们一起吃了无数的苦，但她心平气和地忍受了这一切。那时人们刚刚开始认真对待女孩子的教育问题，而母亲却早已打定主意：她的所有女儿都应该到国外去学习。"

那个年代，是一个严重重男轻女的年代，并崇尚"女子无才便是德"的思想，但受过西学教育的倪桂珍抛弃了这种封建思想，对女儿们的学业极为重视。在女儿们还很小的时候，她就同丈夫一同把她们送进寄宿学校去读书；待她们再大一点时，又将她们一个个送到国外留学，使她们接受美国精英教育。

那时的倪桂珍大概未曾想到，正是因为他们夫妇二人的这一举动，才有了日后的宋氏"皇后"们。若三姐妹没有海外留学背景，没有接受过西方民主教育，没有具备国际化视野，以及不能说一口流利英文的话，她们未必能有日后的辉煌成就。

大女儿宋霭龄是宋家第一个出国留学的孩子，17岁就远渡重洋到美国求学，年纪轻轻就必须面对与从前完全不同的生活方式、气候、生活习惯等，但倪桂珍相信她能适应这一切；几年后，15岁的宋庆龄和11岁的宋美龄也到美国求学，一去便是多年，后都取得了学士学位。

倪桂珍不仅是位良母，还是位通情达理的贤妻。她虽然有时不懂丈夫及儿女们在做什么，也不懂他们从事的革命事业，可出于对丈夫的信任，她仍始终支持、帮助丈夫。

她曾与丈夫冒着生命危险在家中成立了第一个民主主义组织"兴中会"，建立同盟会的联络总部，还曾同丈夫一起数次支援孙中山及黄炎培等人东渡日本。1913 年，袁世凯篡夺大总统之位，倪桂珍跟着丈夫，与全家一起流亡日本，在那里待了两年才返回上海。在颠沛流离的逃亡生活中，她既没有责备丈夫，亦没有任何怨言，而是全心全意照顾家人，其贤良淑德实为世间罕有。

在婚姻问题上，除了大女儿宋霭龄之外，宋家女儿们的婚事几乎都遭到了父母的反对。但是，父母始终拗不过女儿，还是让她们分别与孙中山、蒋介石结婚。尽管在婚姻的想法上与母亲的意见相左，但姐妹们一直与母亲的关系很好。

宋庆龄在上海的故居一直挂着倪桂珍的遗像，在其北京的故居里还放着其赠送的结婚礼物，百子图缎绣被面、咖啡具、宝石别针等。宋庆龄晚年时曾这样描述母亲：她仍然端庄高贵，娴静美丽，没有一个画家能画出她的神韵。

■ 宋庆龄、宋霭龄和母亲倪桂珍的合影

宋美龄也曾表述过对母亲的情感。1955 年的台湾《读者文摘》杂志上曾发表过宋美龄的一篇名为《祈祷的力量》的文章，文章中写道：

在母亲看来，祷告上帝不仅是请求他祝福她的子女，乃是等候他的旨意。对于她，宗教不是单行道。她按照他的箴言生活，公正行事，爱慈悲，谦卑地与他同行。她常向我强调这一点：我们不应当要求上帝做任何可能伤害别人的事。她的去世对于她的子女是极惨重的打击，可是对于我的打击也许比较更重，因为我是她最小的女儿，曾十分依靠她而不自知。

1931 年 7 月，身在青岛的倪桂珍突然听说儿子宋子文在上海北站遭到枪杀的消息，血压顿时升高。尽管宋子文躲过一劫，但倪桂珍终因抢救无效过世，享年 63 岁，后与丈夫同葬于上海万国公墓，宋庆龄、宋美龄、宋子文、蒋介石、孔祥熙等人都参加了她的葬礼。

纵观倪桂珍的一生，她虽只是一位将大部分时间花在家中的贤内助，但其温柔优雅的气质，通情达理的情性，吃苦耐劳的品格，深深影响了每一位家庭成员。可以说，若没有这位伟大的母亲，就没有后来光彩夺目的宋氏三姐妹。因为，母亲的重要性永远无可取代。

宋霭龄的精彩留美生涯

■ 年轻时的宋霭龄

宋霭龄是宋耀如与倪桂珍的长女，她不像二妹庆龄与三妹美龄那样是政坛上光芒四射的人物，而是躲在幕后暗暗操纵着这一切。

有人说，宋霭龄是宋氏家族崛起后的真正领袖，是操纵指挥弟弟妹妹及丈夫的垂帘者。她外表温柔文雅，内在却工于心计，是一个既深受西方文化教育影响又深谙中国人情世故的未加冕的女王。

《纽约时报》曾在她去世后这样描述她："这个世界上一个令人感兴趣的、掠夺成性的居民昨天在一片缄默的气氛中辞世了。这是一位在金融上取得巨大成就的妇女，是世界上少有的靠自己的精明手段敛财的最有钱的妇女，是介绍宋美龄和蒋介石结婚的媒人，是宋家神话的创造者，是使宋家王朝掌权的设计者。"

❖ 快乐无忧，最是难忘的童年

1889 年 7 月 15 日，宋霭龄出生，她的到来令父母欢喜不已。为了让孩子接受更好的教育，度过一个快乐的童年，发迹后，宋耀如特地在上海市郊的虹口地区找到一块地，盖起了一幢中西合璧式样的房子。

宋耀如认为，最好的教育方式应符合孩子的天性，他的童年、少年及青年时期是在乡村度过的，童年时的海南岛的文昌，少年、青年时的印度尼西亚的爪哇岛以及美国北卡罗来纳州的乡村地带等优美的田园风光带给了他很多美好的回忆，使他养成热爱冒险、追求自由，胆大、独立的性格，这种性格使成年后的他在事业上受益良多。

宋耀如认为，城市生活过于压抑、沉闷及刻板，不适合孩子天性的发展。他在上海市郊的房子修得很漂亮，有绿树、小溪、菜园还有草地，十分适合孩子欢快地玩耍。霭龄从这幢乡村别墅里找到了很大的快乐，她爬树、捉虫、摘花等，夏天的夜晚与父亲一起看星星，冬天的夜晚在火炉旁听父亲讲故事。

宋霭龄 10 岁时，父亲从美国订购了一辆自行车送给她，霭龄兴奋极了。在当时，自行车极为罕见。埃米莉·哈恩在《宋美龄传》里提到，宋耀如是上海第一个有自行车的人，而宋霭龄则是中国女孩中第一个拥有自行车的人。霭龄常常骑着自行车四处乱转，开心地大笑，心中满满的都是愉悦。

霭龄不喜欢学女红、烹调，不喜欢循规蹈矩，自我意识较强。宋母倪桂珍曾请来一位刺绣女工教女儿们学做女红。宋霭龄不喜欢刺绣，偶然发现"女工伙计"在上海方言里与"女叫花子"的发音很接近时，灵机一动，便决定与那位女红师傅开个玩笑。她约上两个妹妹，第二天学做刺绣时，她们便将这位女红师傅全叫做"女叫花子"，故意问这个或问那个，每人叫上一次，然后，姐妹们笑个不停。

后来，女红师傅发现了这个秘密，气冲冲地告诉了倪桂珍。倪桂珍很生气，不但严厉地训斥了女儿们，甚至还要打宋霭龄。宋耀如回家后得知此事，倒未多责怪女儿，而是对夫人说，刺绣针线活儿之类的，不学也罢，倒不如腾出时间让孩子多学点有用的东西，倪桂珍听从了他的建议。

　　霭龄虽不喜欢做针线活，但她很喜欢上学。她五岁就进入马克谛耶卫理女校学习，还是自己主动要求去的。

　　有一天，她的父亲带她去吉伯路上的教堂参加教会服务工作时，她被唱诗班充满情感与神秘宗教色彩的歌声吸引住了。后来，当她听说唱诗班的女学生都是来自马克谛耶卫理女校时，便提出了想去这所学校读书的想法。

　　父亲很快就答应了，但母亲却有些忧虑，她担心孩子太小无法适应学校生活，父亲却认为这是锻炼女儿独立能力的一个很好的机会，便说服了母亲。

　　马克谛耶卫理女校是南方卫理教会于 1892 年 3 月在中国开办的第一所女子收费学校，授课内容以西学为主，如语文、英语、历史、地理等，除了语文外，其他的科目全用英语讲授，历史、地理等科目的课本是在美国出版的，并且由美国老师授课。

　　父亲带着小霭龄去了学校，以诚意感动了校长。校长同意让霭龄入学，并单独为她开设课程，由校长亲自授课，两年后再跟班学习。

　　由于年龄太小，小霭龄遇到了很多困难，比如桌椅过高，吃饭时手够不着桌上的饭菜，晚上一个人睡觉时还会感到寂寞与害怕等。但不管遇到多少困难，她都从未想过要放弃，而是咬牙坚持下来。两年后，她被编入正常班级跟班学习，终于走过了那段最艰难的求学时光。

　　霭龄在马克谛耶女校学习生活了十年，其间，她的两个妹妹庆龄和美龄也陆续进入这所学校读书。她是老大，俨然成了两个妹妹的保护人和监护人，虽然那时她只不过 15 岁。

　　时间一天天流逝，宋耀如开始考虑霭龄的留学事宜。他曾在因缘际会下得到了在美国受高等教育的机会，从而改变了后半生的命运，因此也希望女儿接受美国精英教育。他找到好友步惠廉，步惠廉当时是正在上海传教的美国牧师，希望他能帮忙联系霭龄留学一事。

热心的步惠廉立刻答应了，然后写信给佐治亚州梅肯市威斯里安女子学院的校长杜邦·格利，向他介绍了宋耀如及其女儿霭龄的情况。

不久，步惠廉收到了杜邦·格利的回信，这位好心的校长同意了霭龄的入学请求，并提议其可以作为一名预科生入学。同时，热心的格利还表示，霭龄来美后可以先住他家，待其对环境适应后再在学校住读。

格利同意霭龄入学并非偶然。一是他与步惠廉牧师是多年的好友，二是美国人很看重通过艰苦奋斗获得成就的人，而宋耀如恰恰就是这类"个人英雄"的代表，出于内心的赏识，格利自然愿意他的女儿来这所女子学院读书。

接到肯定的回复后，宋家人感到很兴奋，尤其是父亲宋耀如。他在短暂的高兴过后，开始积极为女儿留学作精心准备。他先去葡萄牙驻上海领事馆缴了一笔"特别费"，为霭龄买了一张葡萄牙护照。当时，美国国会通过了《排华法案》，试图将大批没有职业的中国劳工赶出美国，出于保护女儿的想法，宋耀如便给霭龄办了一张葡萄牙护照，以备不时之需。

办好护照后，宋耀如对霭龄灌输了不少关于美国政治、经济、文化方面的知识，同时还教她一些必须掌握的英语会话，让她学会适应那边的生活和保护自己。霭龄学得很认真，并从心底感激父亲。

1904 年 5 月，霭龄正式踏上了赴美的旅程。那一天，仍未成年的她尽可能摒弃离愁别绪，以一种轻松洒脱的姿态告别。她跟随队伍踏上太平洋邮轮公司的"高丽"号轮船后，站在甲板上向家人挥手告别。

带着些微鱼腥味的海风吹来，扑在她的脸上，飘入她的鼻子里，也许，那时的她是伤感的，心中还会有种酸酸的、不踏实的感觉，可是要强的她绝不会把这种脆弱的感情

■ 学生时代的宋霭龄

表现出来。她努力扬着手，吸着鼻子，尽量从容不迫地面向大海，面向她另一个崭新的未来。

❖ 坚强不屈，痛并快乐的留学生活

霭龄的留学之路一波三折。"高丽"号起航的第二天，一个乘客因急性肺炎突然病死，引起了一系列的麻烦。当邮轮在第三天抵达日本神户港时，当地检疫官们要求这艘船必须停下来接受检查。

原来，多疑的检疫官们认为那个乘客可能是因淋巴腺鼠疫而死，便要求每个乘客和船员上岸进行检疫。船上所有人都被赶入有着大量药物的热水盆里浸泡，进行着所谓的"消毒"。从没出过远门的霭龄从未经历过这一切，她闻着刺鼻的药味，坚强地挺了过来。

10天后，"高丽"号邮轮终于可以重新起航，就在霭龄准备松口气时，意外又发生了。随行的步惠廉太太因在上船前刚经历了一场严重的伤寒，身体非常虚弱，再加上又经历了神户港一事，导致旧疾复发。步惠廉牧师焦急万分，准备带着太太从日本横滨港上岸，送入当地医院急救。

步惠廉牧师在离开前，将十几岁的霭龄交给一对南方卫理公会的传教士夫妇照顾，但后来霭龄无意中听到了这对夫妇对中国人的侮辱性言词，便决意不接近他们。霭龄原本以为自己会孤独地度过难熬的海上时光，却无意中与一位从横滨上船的女传教士兰曼小姐相识。两人交谈甚欢，很快成为朋友，旅途也变得不再寂寞。

历经波折，"高丽"号邮轮终于安全抵达终点站旧金山。在入境时，原本以为苦尽甘来的霭龄又遇到了麻烦。原来，移民官员认为她的葡萄牙护照不符合要求，不准其入境。面对移民官员的粗暴态度，小霭龄丝毫不畏惧，沉着淡定，竭力辩解，但移民官仍决定将她送进拘留所。

兰曼小姐目睹这一切，十分气愤，决定帮助好朋友。热心肠的她立刻与好友克伦拉斯·里德博士电话联系，请他利用教会的关系与白宫交涉，帮霭龄一把。兰曼小姐的侠义心肠感动了一位移民局官员，他从中周旋，使霭龄最后未被送进拘留所，而是留在"高丽"号上，如果"高丽"号离开，那么霭龄将移到另一艘船上。

三周过去了，霭龄连续换了四艘船后，在兰曼小姐的帮助下，美国政府批准了霭龄的留学申请，她终于能上岸了。

霭龄在旧金山住了三天后，步惠廉及其四个儿子陆续赶到，而步惠廉夫人却因病情过重病逝，葬在日本。尽管刚刚遭遇丧妻之痛，可步惠廉仍然强打精神，要将霭龄送到学校。他乘火车从加利福尼亚辗转来到了位于佐治亚州梅肯市的威斯里安女子学院。

■ 精明能干的贵妇人宋霭龄

在梅肯车站，威斯里安学院的格利院长组织的迎接人员已经站在那里等候多时。面对这一切，霭龄感叹万分，尽管一路波折，但总算是胜利到达了。

这段经历令霭龄终生难忘。1905年冬，霭龄随姨父温秉忠出席白宫宴会时，曾向罗斯福总统诉说了当年的遭遇，并表示了不满。据说，罗斯福还向这位伶牙俐齿的小姑娘道了歉。

试想，一个敢当场向美国总统表示不满的小姑娘的胆量与气魄该是如何之大，从这时的她身上就已能看出日后"垂帘听政"的女王的影子。

霭龄是当时威斯里安女子学院的第一位中国女学生，当到达威斯里安女子学院后，梅肯的《申讯报》还作了报道：

> 宋霭龄在赴威斯里安女子学院的途中，被扣留在旧金山港口船上。这位中国姑娘于凌晨零点三十分，在步惠廉牧师的陪同下抵达梅肯。步惠廉先生自上海返回美国途中耽搁了一段时间。人们不会忘记步惠廉夫人在归国途中死于横滨。这位中国姑娘在旧金山受阻，等候步惠廉先生的到来。
>
> 宋小姐长于上海，其母是中国基督教徒，其父希望她在美国完成学业，使她获得在本国人民中间进行基督教工作的资格。

昨天威斯里安女子学院的院长格利说:"自幼年时,她就受到我们教会的熏陶,我们的传教士步惠廉先生今年夏季回国休假,携带她一起来美,为此我感到十分高兴。他自然愿意她能入威斯里安女子学院学习,他的姐妹和外甥中有许多人是本校毕业生。"

步惠廉先生致函格利院长,欣然作出了这位中国基督教牧师的女儿来院学习的安排,并根据院规,预先为她做好了准备。

步惠廉先生抵达旧金山后,这位中国姑娘与他结伴而行。这样,她不是单身一人横跨大陆来到威斯里安女子学院的。据说这位姑娘相当聪颖。

......

威斯里安女子学院创立于 1836 年,原名佐治亚女子学院,后于 1843 年改为威斯里安女子学院。这所学院后来因宋氏三姐妹而名声大振。

据说,霭龄刚刚进入学院时,就引来了许多同学惊讶的目光。一张典型的亚洲面孔,言谈举止中流露出东方女性的温柔与含蓄。刚开始,大家并没有刻意接近她,而是暗暗观察她。不久后,大家发现这个来自中国的女孩为人坦率、热情,且学习努力,成绩优异,尤其在数学方面赶超了大部分同学,才开始慢慢接近她,并愿意与她做朋友。

威斯里安女子学院校长格利认为,留学生活对霭龄来说并不算太困难。在语言上,她能用英语进行日常交流,基本上没遇到什么障碍;在饮食上,她早已学会吃西餐,西餐可是宋家的主要食物之一;在穿戴上,霭龄曾在"家庭留美预备学校"进行了训练,在行李中准备了一箱子漂亮衣服。另外,她当时以预科班学生的身份在学校注册后,在格利校长的家中住了一段不短的时间,也为她适应环境增添了不少助力。

霭龄除了在学业上极为优异外,在表演与音乐上也颇具才华。霭龄曾和其他同学一起演出《校园风云》,这是一部根据贝蒂·沃尔斯著作改编的剧目,霭龄是改编主笔之一。此外,她还曾在毕业典礼上出演了由普契尼的《蝴蝶夫人》改编的话剧,显示出了其过人的才华。在学校,她的多才多艺很引人注目，是最受欢迎的同学之一。

留学之路是漫长而辛苦的，然而，比学业负担更让人觉得辛苦的是对家人们的思念，霭龄在留学时仅与父亲在纽约见过一面。

那是1906年初，她与姨父温秉忠去过白宫之后，又到纽约与父亲见面。父女分隔几年后再见，一时全都激动不已。看到女儿长大了，全身散发着自信的光彩，能说一口流利而地道的英语，且才气逼人，宋耀如欣慰不已。

五年后，霭龄以绝对优秀的高分成绩从学院毕业，此时的她信心满满，对回国后的生活充满信心。站在归国的海船甲板上，海风再次迎面拂来，此时的宋霭龄心中，装的不再是当初离别时的离愁别绪，而是即将与家人团聚的快乐与欢欣。

宋庆龄的“信仰”洗礼

宋庆龄堪称是20世纪最伟大的女性之一。她在年轻的时候追随孙中山，是孙中山最亲密的战友和伴侣。在长达70年的革命生涯中，她为中国人民的解放事业，妇女儿童的卫生保健和文化教育福利事业做出过巨大的贡献。

宋庆龄是宋氏家族掌门人宋耀如的次女，端庄文雅，沉静美丽，从小受过良好的教育，在几个兄弟姐妹中出类拔萃。美国《内幕》杂志专栏作家约翰·根室曾经评论说，宋庆龄“无疑是宋家最重要的人物，因宋家的一切势力皆是经她发展扩大，如她未和革命之父结婚，其余的姐妹和弟弟就不会有今天”。

❖ 家有才女，远赴海外

1893年1月27日，宋庆龄出生于一个下雪的日子，宋耀如见是个可爱的女孩，不禁喜从心来，夸她就像个雪孩子。他按美国人的习惯，除为爱女取了一个中文名字外，还给她取了一个英文名字——罗莎蒙德。

宋庆龄小时候就长得十分漂亮，皮肤细嫩，五官柔美，眼睛里透出柔和

■ 少年宋庆龄与母亲合影

的光泽，十分惹人喜爱。据说，她与母亲倪桂珍长得颇为相像。

宋耀如是个相当注重孩子教育并推崇美式教育的人。他曾在美国待了八年，深受美国文化与教育熏陶。当时，他在中西文化交融的上海做生意，清楚拥有海外教育背景的重要性，再加上自己更推崇美国教育的实用，便暗下决心等孩子长大后一定要送他们到国外留学。

一位专门研究宋家姐妹的台湾作家黄瑞田曾说过："时代造英雄。三朵金花，那么艳丽，她们不仅是中国的妇女领袖，亦为世界妇女领袖。高素质的父母才能培养高素质的子女。宋家教子有方，这个方就是美式教育、圣经故事、幽雅环境、民主气氛、音乐空间。"

宋耀如不像普通的中国男人那样重男轻女，他经常教导女儿："身为女人不应妨碍自己成为祖国有成就的公民。"当宋庆龄七岁的时候，他便把她送进了马克谛耶学校，她是家里进入这所学校学习的第二个女儿。

宋氏夫妇之所以愿意将子女们都送进这所学校，就像一位名叫海淑德的教师曾说过的那样，他们希望自己的女儿能受到正规的西式教育，并在寄宿学校里培养出独立生活、个人奋斗的精神。

在这所学校里，每周三都会有一个宗教讨论会，学校会专门请一些社会上有名望的人来主持会议，宋氏夫妇偶尔也会来主持。在讨论会上，大人们鼓励孩子们提问题，通过公开讨论，解决她们心中的一些疑难问题，每个问题都被认为是正当的。

宋庆龄经常是提问的积极分子，富有怀疑与叛逆精神。有一次，她向李牧师提出了对基督信仰的怀疑后，大人们宽容地一笑了之，但妹妹宋美龄感到不解。回到寝室后，她质问宋庆龄为什么要对李牧师问这个问题，难道她不忠于信仰了吗？性格温柔的宋庆龄听后，也只是笑笑而已。

宋庆龄极爱读书，常在天色很晚时仍勤奋攻读。有时老师或家人希望她能稍微休息一下，她会婉转地回绝，并说自己只有在复习好功课后，才能感到快乐。

在家中，宋耀如经常对宋庆龄讲起在美国的经历，对亲人们的思念，在外生活的种种不便与坎坷，以及海外华人们的苦难与血泪，在美国学校里遇到的不平与歧视等，这些都深深打动了宋庆龄。正是宋耀如这些生动曲折的，富含爱国主义思想的故事，启发了宋庆龄最初的爱国情结。

在宋家，每周日晚上会举行晚会。通过晚会，孩子们可以施展才华，同时又锻炼了交际能力，不会见了人就害羞胆怯，躲在大人后面。渐渐地，三姐妹有了各自不同的爱好。宋霭龄喜欢唱歌，宋美龄学会了跳舞和绘画，而宋庆龄则爱上了弹琴。直到晚年，在宋庆龄的卧室兼办公室里，还摆着一架钢琴。那时的宋庆龄与家人分离，经常用弹琴来寄托对他们的思念之情。

1900年，宋庆龄见到了父亲的好友孙中山。这位孙先生经常出入宋家，并与父亲在房间内密谈。她有时能听到孙先生慷慨激昂的爱国话语，以及关于救国理想之类的话，在她心中留下了较深的印象。

几年后，宋庆龄完成了马克谛耶女校的学业，在父亲的安排下准备去美国留学。那时，她的大姐宋霭龄已在美国读书了。怀着对未来的无限期望，宋庆龄带着妹妹宋美龄站在"满洲里"号邮轮上向家人挥手告别。

命运之船已然起航，载着这两位日后不凡的"皇后"，向不可预知的未来驶去。

❖ 刻苦学习，胸怀爱国激情

从上海到美国，比起诸多波折的宋霭龄而言，宋庆龄与宋美龄可谓一帆风顺，在姨父温秉忠的护送下，她们在旧金山顺利地通过了关检。

刚到美国时，两姐妹在新泽西州萨密特小镇

■ 秀丽而文雅的宋庆龄

上的一所私立学校补习功课。庆龄主要补习法语和拉丁语，为考大学做准备。镇图书馆馆长路易斯·莫里斯对她的印象很深，认为她很严肃，总是读一些远超过自己年龄口味的书。庆龄热爱学习，博览群书，且有着一股吃苦的韧劲，在学习上取得了很大的进步。

那时，庆龄虽然常为学业忙碌，但经常与妹妹美龄在一起，与她的感情十分好，还时常与霭龄相聚，三姐妹相聚聊天，共享亲情之乐。

在美国，庆龄一直与家人保持着十分密切的联系。她曾收到过家人寄来的邮包，里面装的全是漂亮的衣物。当房间里只剩下她和美龄两个人的时候，她们就会穿上中国旗袍，开心地大笑。留学生活虽然清苦、寂寞，可因有家人的关爱，变得快乐与温暖起来。

来到美国的第二年，庆龄正式考入威斯里安女子学院。得知自己被录取后，她立刻兴奋地给家人写信报喜。大姐宋霭龄当时在那所学院已是大四学生。不久后，父亲给庆龄写了回信，向她表示由衷的祝贺，同时也把国内的一些情况包括革命形势等告知了她。

庆龄看完信，得知父亲与孙中山先生都在为国家而努力后，心中久久不能平静。

进入大学后，庆龄的世界变大了。威斯里安女子学院给庆龄展现了一个新的天地，她接触到的书籍更多，经常一头扎进图书馆里，如饥似渴地学习。她对哲学、历史课程极感兴趣，写作水平很高，在作文中，课堂辩论上，能经常提出一些独到的见解，一位教授甚至表示能教庆龄这样的学生深感荣幸。

一位名叫凯瑟琳·卡恩斯的女同学曾对庆龄的写作水平和洞察力赞不绝口，说道："她对写作很有修养，富有鉴别力，她能把任何一个同班同学身上最值得写的地方写出来。"

学习之余，庆龄也常参加各种活动，她担任过校刊《威斯里安》的编辑和哈里斯文学社的通信干事。

尽管在美国生活多年，平日学业十分忙碌，但庆龄心中仍深深记挂着国家。在班上的一次讨论会上，一个美国同学发言时认为许多文明古国，包括中国在内，都将被历史淘汰。庆龄听后愤怒不已，当即反驳道："……中国决不会被淘汰，也不可能被淘汰，它就像一头沉睡的狮子，却不会永远地睡下去……"

■ 宋庆龄的毕业照片

庆龄言辞有力的反驳赢得了班上不少同学的掌声，她的热爱祖国、不卑不亢的形象让大家印象深刻。多年后，她的一位同学仍然记得她当时的表现："她的志向，她的情感，她的整个生命都是中国的……"

庆龄爱国，表现在很多方面。她曾在求学时代发表过多篇文章，如《留学生在中国之影响》、《二十世纪最伟大的事件》等。《二十世纪最伟大的事件》写于她得知孙中山领导的辛亥革命取得了胜利之后。当时她的心中激情澎湃，不禁提笔写道：

依照很多著名的教育家与政治家的意见，自滑铁卢战役之后，中国革命是二十世纪最伟大的事件之一，它是世界上最辉煌的成就。此后四万万人已从极端的君主制的奴役下解放了出来……

中国革命的成功，标志着一个皇朝的覆灭。这个皇朝的强取豪夺和自私自利使这个曾经繁荣昌盛的国家变得一贫如洗，清朝政府被推翻，意味着恶贯满盈、道德沦丧的这个皇朝的毁灭和废除。

……

她在文章里尽情地抒发了自己的爱国激情，写作的时候仿佛笔尖都因激动而战栗，身心似乎都被爱国热情所注满。

在美国留学时，庆龄将全部注意力都放在学习以及关注中国革命和命运上。一些同学认为她每天是在过清教徒式的生活，有时连大姐霭龄也表示不解。霭龄曾问她，为什么她不懂得享受呢？庆龄回答说，自己一直都是享受的，但这并不能使她忘掉中国的一切。

庆龄喜爱写作，擅长写作，除了写爱国文章外，还写过一篇关于妇女解放的文章《近代中国妇女》。她相信中国会成为世界上具有最高教育水准的国家之一，妇女能与男子获得同等地位。此外，她还写过一些动人且富有教育意义的散文和小品文，如《四个点》《爱玛》等，她的文笔流畅，观点深刻，曾获得过不少人的称赞。

1913 年夏，庆龄以优异的成绩从威斯里安女子学院毕业，原本打算再学习一两年的她，看到国内形势剧变，便决定回国投身到火热的革命洪流中去。就这样，她怀着对未来的无限期望，乘上了归国的邮轮。

在船上，她给老师哈扎特夫人写了一封信：

> 我现在正航行在太平洋上，风平浪静，气候宜人，日子过得很惬意，在船舱里有报纸、杂志、鲜花和水果。……我带了一封给孙逸仙博士的私人信件，还有带给我父亲的六箱加利福尼亚的水果。……还有五天我就会在横滨看到我的父亲，也许还能看到全家人……他们走那么远来接我，这多么好，可是我还要一个多星期才能到达上海……中国的问题越来越严重，我们可能要留在日本了。

庆龄在这里道出了由于"二次革命"的失败，孙中山流亡日本，宋父为了怕受牵连，也只得带着全家去了日本的事实。此时她的心中既有将要见到家人的喜悦，也有对国内政治形势的不安与担忧。

在日本横滨，她与父亲见面后，父亲便对她提起了国内局势。1912 年 1 月，孙中山就任中华民国临时大总统，同年 2 月 12 日，清帝退位，随后，孙中山在帝国主义以及革命党人中保守势力的压力下被迫辞去大总统一职。当庆龄了解到这一切后，一向爱国的她愤怒极了，表示一定要帮助孙中山先生。

之后，由于原本做孙中山秘书的霭龄与出身山西豪门的公子孔祥熙结婚，不方便继续做孙中山的助手，庆龄便接替姐姐成了孙中山的英文秘书。

当时，怀着无比喜悦心情的庆龄大概做梦也没料到，正是这一举动改变了她的一生，也改变了宋家在历史上的地位，更改变了宋家人的命运。

宋美龄的快乐美国生活

同姐姐宋庆龄一样，宋美龄亦是 20 世纪世界杰出女性之一。她是蒋介石的第三任妻子，国民政府的"第一夫人"，与蒋家王朝贯彻始终，在当时中国政治、外交等领域极为活跃，对中国近代史和中美关系产生了一定的影响。

1938 年 1 月，《时代》周刊将蒋宋推选为 1937 年"风云夫妇"，评论道："他是盐商之子，她是《圣经》推销员之女。在西方没有任何一个妇女像蒋介石夫人在中国那样拥有崇高的地位。她和她的丈夫在不到十年的时间里，跃升为古老的中国人民的道德与实质领袖，这项成就已涵盖了一页伟大的历史篇章。"

❖ 宋家美龄，倔强勇敢的小姑娘

宋美龄出生在上海。她是宋家的第四个孩子，排在宋霭龄、宋庆龄和宋子文之后。在她之后，母亲又生了两个小弟弟，宋子良和宋子安。

宋美龄是中国近代史上的传奇女性之一，然而，她的出生日期直到今天仍是一个谜。徐友春主编的《民国人物大辞典》将她的出生日期定为 1901 年，文史学家王舜祁则认为是 1899 年 3 月 23 日，美国学者西格雷夫考证为 1897 年 3 月 5 日，新华社在 2003 年 10 月电文里将宋美龄称为"享年 106 岁"。

另外，宋美龄在纽约芬克利夫墓园的墓碑上的生日日期被刻成 1898 年 2 月 12 日，这个日期是"阴历西（阳）用"，年为西历的公元，月和日则是阴历，当地的不少华人过世后也用

■ 童年时代的宋美龄

这种类型的生日日期。

宋美龄没有任何来自官方的出生证明，只有一份在 1907 年获得的现存于西雅图美国国家档案库的护照，上面显示的日期为 1898 年 3 月 4 日。据有关专家建议，在未发现其更有力的出生证明之前，生日以护照上显示的日期为准。

宋美龄出生时，宋家已经十分富裕，再也难见当初窘迫不堪的状况。宋美龄很幸运，不但从小过上了较为富足的生活，且由于是家中最小的妹妹，从小最受父母宠爱。她小时候长得有点胖，被人称为"小灯笼"，性格任性顽皮，她自己曾说："起初，我母亲把我打扮成小女生的样子。但是后来，我稍长大一些，一切行为举止愈来愈像顽皮的小男生，所以母亲就把我哥哥的衣服拿来给我穿，但因为哥哥长得太快了，每三四个月就得换新的衣服，所以我从哥哥那儿拿来的衣服穿也穿不完。"

宋美龄有过一段快乐的童年。她常与两个姐姐一起玩耍，与周围的许多小孩子一起做游戏。大姐宋霭龄的胆子最大，常带着他们爬上不高的院墙，追求一种刺激的快乐。她们还曾跑到稻田里抓小鱼、捉青蛙，去农家院子附近的果树上偷摘还没成熟的青果，玩得很开心，经常肆无忌惮地大笑。

对于孩子们的调皮，宋耀如当然清楚，但他认为爱玩是小孩子的天性，因此从不阻止或责备，当附近的农民们来找他告状时，他会加倍赔偿农民们的损失，但不会责怪女儿们。

宋美龄小时候经常玩捉迷藏，但因为年纪小，不大会玩，常常不知该藏到哪儿，总是很快就被别人找到了。有一次玩捉迷藏时，有个小孩想跟她开个玩笑，便对她说："你站在花园里，闭上眼睛数 100 下，再来找我们，不许偷看哦。"

宋美龄用小手捂住了眼睛，然后从 1 数到了 100，睁开眼睛一看，发现四周一片寂静，找了半天，一个人也没找到，她这才发现上当受骗了。一种被抛弃的委屈感和无助感涌上心头，使她难过地哭起来。

哭得正伤心的时候，大姐宋霭龄跑了过来，为她擦干眼泪，并告诉她，当她长大以后就不会感到害怕了。那一瞬间，她的心中产生了莫名的安全感，对大姐也产生了一种奇异的信任。大姐从小帮助她，保护她，使她对大姐产生了英雄般的崇拜。成年后的宋美龄与宋霭龄的感情也是最好，或许童年时的信任与安全感起到了很重要的作用。

据说，在她们小时候，宋霭龄在家发号施令，处理家务时，宋美龄总在一旁悄悄地看着，仿佛正在从她身上学些什么，希望将来能像姐姐一样能干或取代她成为发号施令的那个人。

五岁那年，宋美龄就进入了马克谛耶学校上学，并离家住校。

宋父与宋母之所以愿意让小美龄入校学习，是因为大女儿宋霭龄已在这所学校很好地成长起来，宋庆龄也在这所学校读书，有姐姐们做伴，美龄就不会遇到那么多困难。之后，在马克谛耶学校校长海淑德女士的安排下，年仅5岁的小美龄进入幼儿班，与二姐宋庆龄住同一间寝室。

小美龄很勤快，每当庆龄的朋友们回到寝室时，总能发现美龄为她们准备好的茶水，活泼可爱的她很得别人的喜爱。

小美龄很聪明，在功课上毫无困难，但她的霸道在与同学相处时显现了出来。同学们有时不理会她的颐指气使，她便会气得全身发抖，有时还会气过头。每当这种时候她的荨麻疹便会发作，身上会长出许多红肿块来。

小美龄的胆子很大。当时马克谛耶学校的两幢楼里，一幢有电灯，另一幢用汽灯照明。两栋楼之间是一段很黑的楼道，小美龄几次都壮着胆子一个人走过。老师在鼓励其他胆小的同学时常说："你为什么不能像美龄一样勇敢，可以从那里走呢？"每次听到老师的表扬时，小美龄都特别高兴。

其实，她没有告诉别人，独自走过那段漆黑的楼道时，她也很害怕，吓得全身瑟瑟发抖，冷汗涔涔，但倔强的她仍强撑着走下去。

在学校，小美龄虽然表现出众，可她却没能待多久。在最初几个星期里，她表现得非常好，能轻松地完成功课，许多老师都喜欢她。她身上还有一种支配欲，常能迫使比她大的孩子听她的话。

但是天黑以后，她静静地躺在床上，窗外，风吹起了树叶，树影不断晃动，年幼的她心中惶恐不安。她睡着后还做起了噩梦，且不断地做噩梦，夜夜做，常常因可怕的梦而惊醒，发出的尖叫声划破了宿舍和走廊的寂静。

时间一长，老师们发现了美龄做噩梦这件事，并告诉了宋耀如。宋母得知后，坚持要求美龄回家。小美龄只得遗憾地告别了马克谛耶，由一位私塾老师来教她，一直持续到她出国留学。

早在 1904 年，宋耀如就通过老同学步惠廉的关系，将大女儿宋霭龄送到美国威斯里安女子学院学习，之后，他开始计划着将二女儿宋庆龄也送到国外去。

那时，还不到十岁的美龄听说二姐要去美国读书，便吵着也要去。宋母倪桂珍有些犹豫，毕竟她太小了，但美龄坚持一定要一起去，还动用了生病时父母的许诺——如果她乖乖吃药，父母就必须达成她的愿望。

倪桂珍最终拗不过她，还是同意了。宋耀如则很欣赏女儿勇敢大胆的个性，认为美龄早点出去也好，可以锻炼在外生活的能力。

1906 年，宋耀如去了美国，他此行是为孙中山筹款，同时也为女儿打听留学事宜。他询问萨米特学校负责女子预科教育的克拉拉小姐，是否能在明年接收他的两个女儿来校学习，克拉拉小姐表示欢迎。

那时，很少有把女儿送到国外留学的父母，更何况是同时把几个女儿送到国外去。许多人听说宋耀如将女儿送去留学都觉得很意外，认为这是一件十分不值的事，这笔留学费用用作嫁妆应更适合一些，但宋耀如仍坚持自己的想法。

威斯里安女子学院的校长麦克阿斐女士曾说过："宋美龄的双亲打破国内的习俗，送其东方生长的女儿来西方学校里求学实在是需要想象力及勇气的。鼓励在一种文化中成长的女儿到另一种文化中求学的宋氏父母实为东西文化融合的前驱。"

1907 年夏，上海著名教育家温秉忠，也就是宋家姐妹们的二姨父率教育代表团赴美，顺便带上了两个小姐妹。

那年夏天，空气里充满了离别的味道，小美龄站在甲板上向父母告别。"满洲号"即将起航，小小年纪的她使劲挥着手，拼命地喊着，随着邮轮离开岸边，父母的身影越来越小。

那一刻，小美龄的心中或许有着离别的伤感，但更多的则是对新生活的期待与向往。

❖ 难忘校园时光，以优异成绩毕业

1907年，庆龄和美龄正式进入位于新泽西州萨米特镇的一所寄宿学校学习。美龄性格开朗，很快适应了留学生活。她喜欢坐同学多萝西·嘉吉斯的双轮马车，去她家玩。多萝西提起这两个姐妹时，曾说她们"很快就适应了美国的生活方式，我们几乎都忘了她们是中国人。"她们穿上美国服装，能说英语，喜欢与大家一起玩捉迷藏的游戏。

萨米特镇学校的图书管理员路易斯·莫里斯说美龄喜欢看《彼得兔》之类的书，不像姐姐庆龄那样喜欢看一些比较深奥的书籍。美龄性格活跃，有时还喜欢看图书管理员莫里斯小姐在做什么，希望得到她的关注。

美龄在学校的生活无忧无虑，喜欢玩耍。1908年夏，美龄到新罕普郡过暑假，参加了一个私人暑假学校。她在温尼佩绍基湖里游泳，不小心发生了意外，若不是一个女孩抓住了她的胳膊，她就差点淹死。事后，她每每提起都心有余悸。

1908年9月，美龄与二姐庆龄在威斯里安女子学院注册，15岁的庆龄成了预修班的学生，美龄因为年龄太小，只是办理了注册手续，却没办法成为正式学生。在这所学校，美龄有了一位"美国妈妈"。这位"美国妈妈"名叫玛吉·博克斯，她经常将美龄带在身边，负责她的日常衣着和教育，还常带她去买衣服。博克斯夫人是一个喜欢表达自己想法的人，据说，成年后的美龄身上就有博克斯夫人的教育痕迹。

美龄是个热情、幽默、早熟的女孩，还有点调皮似的倔强。当时，威斯里安女子学院的校规明令禁止女学生们化妆，可有一天，美龄的脸上和嘴唇都涂得红红的，一个女学生质问美龄："美龄，你肯定是化妆了。"美龄则毫不示弱地应道："是的，是中国粉！"

1909年，大姐霭龄毕业，姐妹几个一起去佐治亚州东北部的小镇德莫雷斯特，拜访大学同学布兰奇·莫斯。三姐妹穿着漂亮的旗袍出现在这个小

■ 1913年，宋美龄（第一排左起第
二个）在威斯里安女子学院

镇上时，组成了一道独特的风景。

结果，美龄喜欢上了这个地方，决定留在那里继续学习，不愿像二姐庆
龄一样回到威斯里安女子学院。

1909—1910年间，美龄在德莫雷斯特的一所名叫皮德蒙特的学院学习，
在那里学习特殊的英语教育。她攻读了不少课程，如阅读、拼写、语法、数
学、生理学等，平均成绩在93分以上。在这所学校，她发现一些八年级的
同学已是成年人，他们多来自山区，在小学教了几年书以后，才凑够学费来
到德莫雷斯特上学。

美龄被深深触动了，她感到自己是多么的幸运，世界上还有一些人，因
为上不起学而苦苦挣扎，为了接受好的教育，这些人历经超过自己数倍的
艰辛。

1910年，美龄回到了威斯里安女子学院，这时校长已换成了一位曾做
过牧师、领导过南部卫理公会教会工作的男人威廉·安斯华斯。没过多久，
美龄就与安斯华斯校长的女儿艾罗斯成了好朋友。她们经常一起玩耍，爬无
花果树，还喜欢一起去看年龄大一些的女孩子们在做什么。

多年以后，美龄无限怀念地回忆起这段时光时说："大孩子们肯定有秘密，我们非常想知道她们在说什么，但她们永远都不会告诉我们……"

在校期间，美龄的生活丰富多彩，她还曾组织了一个"三人俱乐部"，成员包括她自己、艾罗斯和一个名叫玛乔丽的女孩。三人共同创办过一份报纸，主要用来刊登一些女大学生们的八卦新闻。报纸上的内容写在普通作业本上，每份五美分，每天能卖出五份。她们经常为如何分配卖报纸的钱伤透脑筋，不知是用来买冰激凌好还是去女孩酒吧。

1912年秋，美龄正式成为威斯里安女子学院的大一新生。她当过学校警卫官，担任过拉拉队长，还曾是网球队成员以及乌鸦比利俱乐部成员。在威斯里安女子学院，美龄学到了很多东西，但最重要的是她培养了自信心与自豪感。她喜欢这所学校，这所学校带给过她很多美好的回忆。之后，如果不是因为二姐庆龄毕业，她可能还会一直在这所学校待下去。

1913年，庆龄毕业。没有了二姐的照顾，美龄不得不于同年夏天转学到美国北部的韦尔斯利大学，那里离在哈佛攻读的哥哥宋子文比较近，兄妹间联络和互相照应都比较方便。

韦尔斯利大学的许多学生都认为美龄不像中国人，因为她非常美国化，她甚至有时会这样介绍自己："我来自美国南部。"

这所大学没有为大一新生准备学生宿舍，美龄与她的同学们便暂居在韦尔斯利镇居民的家中。她经常会在寄居的波特夫妇家中的客厅里摆上一张凳子，然后站在凳子上演讲，听众便是波特夫人。虽然美龄有时会从凳子上跌下来，或者甩下一只拖鞋，但丝毫不会影响她演讲的积极性。直到大二那年，美龄才搬回了学校宿舍居住。

美龄在大学的成绩很优秀，教过她的老师波尔·图埃尔说道："在学业上她很聪明，无论书面写作还是口头表达，都比其他学生要好。她的英语非常地道，和我们这些本土人一样能灵活运用。"

在韦尔斯利，美龄还与一个叫李彼得的哈佛学生订过婚，这个哈佛学生来自中国江苏。当时，美龄得知父母对二姐庆龄的婚事进行干预后，生怕父母以后会为自己包办婚姻，忧虑之下，便仓促地与李彼得订了婚。但之后不久，这桩婚约被取消了。

那时，美龄与哥哥宋子文的关系很不错，两人经常见面，在做任何可能出格的事情之前，美龄总会征求宋子文的意见，得到他的允许才行。

1917 年 6 月，韦尔斯利大学第三十九届毕业典礼正式举行，美龄以非常优异的成绩毕业。她获得了杜兰特学者奖，全校只有 33 个学生拿到这个奖。

顺利完成学业后，时年 20 岁的美龄即将踏上回国的旅程，新的生活挑战在等待着她，而在这个勇敢倔强的女孩心中，对未来亦充满着无限期待。

第二章

手足情深，惊世婚恋背后的分分合合

宋霭龄牵手"财神爷"：开创孔宋家族新局面

宋霭龄从美国学成归来后加入了同盟会，成了父亲的得力助手，后来又成为"革命先行者"孙中山的秘书。孙先生对精明能干的宋霭龄极为赞赏。

之后，在父亲的极力撮合下，处于人生最美丽年华的宋霭龄和来自山西的有为青年孔祥熙走到了一起，自此，孔宋家族的篇章翻开了新的一页。

✤ 加入同盟会，成为孙中山秘书

宋霭龄结束在美国的学业回到祖国后，走到了人生的十字路口，需要她来思考来选择，应该在中国做点什么。

回到上海的宋霭龄觉得家乡的一切都是那么熟悉，又是那么陌生。中国人的贫穷、肮脏、落后依然没有发生变化；中国人的专制、保守、麻木，却甚于从前。由于在美国待了五年，回到国内的宋霭龄依然习惯用美国式眼光看问题。她对上海的一切现象评头论足，无法忍受中国的落后，上海在她眼里没有了往日的光辉。

宋耀如对宋霭龄回国后的一系列心理变化，看在眼里急在心里，他打算找个机会好好教导女儿一番，而这个机会他很快就找到了。

一天，宋霭龄用英语向父亲请求加入同盟会，宋耀如就对她说道："女儿，你最好明白你现在所处的环境。你现在站在中国的土地上，你是一个中国人，在自己的祖国应该用中文说话。只有这样，你才有资格加入同盟会。另外，现在有很多有意义的事情值得你去做，而不是像你这样，每天用美国式的眼光看这看那，评头论足。"

父亲一直是宋霭龄从小到大崇拜的偶像。早在美国读书时，父亲就许诺，霭龄一旦学成归国后，就可以做他的助手。然而她回国后，父亲不但对这件事情只字未提，自己的行为还惹来了父亲的一顿责备。不过正是经过父亲这么一点拨，霭龄也忽然明白了自己确实做得不对，她也明白了父亲到底需要什么样的女儿。

宋霭龄不禁有点羞愧难当，决定马上改变自己。第二天，当她穿上一身旗袍出现在大家面前时，明显感觉到了父亲赞许的目光，她感到十分高兴，对日后要走的路也更加清晰起来。

不久后，在父亲的安排下，宋霭龄开始了她的第一份工作——同盟会司库秘书，而当时的同盟会司库就是宋耀如，她对外的公开身份是教会学校教师。

宋耀如对宋霭龄充满了希望，他跟女儿强调："你不是企业董事长的秘书，也不是为我办事，而是为同盟会办事。"宋霭龄从父亲的话语中明白了这份工作的神圣和重要性。

正式接受同盟会司库秘书职位后，霭龄便全身心地投入到这项事业中。她募集资金，登记造册，收支绘图，帮父亲处理了很多事务。她在工作上的出色干练赢得了宋耀如的肯定与赞许，他身上的负担一下子减轻了很多，可以全身心地做自己想做的事。

宋霭龄很乐意与父亲一起工作，既能感受到父女之间的天伦之乐，也能感受革命活动的刺激与满足。那段时间是宋霭龄一生中最富有诗意、最充满革命朝气的时期。

接手革命工作后不久，宋霭龄迎来了工作上的第一件大事——与父亲一起筹集经费支持广州黄花岗起义。当时广州起义的很多联络事宜，都是由宋霭龄亲手经办的。但是广州起义因同盟会组织不力，在很多方面并没有协调好的情况下就仓促起事，导致起义被镇压，以失败而告终，很多革命党人在这次起义中被杀害。

广州起义失败、黄花岗七十二烈士遇害的消息传来，宋霭龄感到非常沮丧。流亡海外的孙中山给宋耀如来信，指示应好好吸取本次起义失败的教训，要不怕流血牺牲，继续积聚能量，准备下一次更大规模的起义。这封信一下子扫去了宋霭龄心头的阴霾，也更加坚定了她继续支持革命的信心。

1911年10月10日，武昌起义爆发，辛亥革命的浪潮席卷全国大部分省份，各地革命军政府相继成立。各省代表决定将南京作为中央临时政府所在地。由于群龙无首，各方协商后一致决定，由德高望重的孙中山先生回国主政。

同年 12 月 25 日，长期流亡海外的孙中山回到上海。这是宋霭龄自孩提时代之后第一次见到孙中山。孙中山儒雅大气的风度让宋霭龄产生了由衷的敬意，而宋霭龄的精明干练也给孙中山留下了很好的印象。

12 月 29 日，孙中山被 17 省代表选为"中华民国"临时大总统，并决定于 1912 年元旦到南京宣誓就职。

由于时间急迫，只有两三天时间做准备，而相关事情又实在太多，宋耀如便向孙中山提议让宋霭龄当他的秘书。

孙中山考虑到宋霭龄精明能干，懂英文，另外还是好友宋耀如的女儿，各方面条件都再适合不过，便欣然同意了。宋霭龄就这样成了孙中山的秘书。

❖ 父亲引荐，与孔祥熙成婚

1912 年元旦，孙中山在南京宣誓就职中华民国临时大总统。同时，宋霭龄也"升级"成为了"临时大总统"的秘书。

作为大总统的秘书，其工作任务的繁重程度可想而知，但宋霭龄每次都能很利索地完成各项工作，在她的安排下，每项任务都能有条不紊地进行，她也因此多次受到孙中山的赞扬。

1912 年 4 月 1 日，在袁世凯的压力下，孙中山辞去了中华民国临时大总统一职，就任全国铁路督办。1913 年春，袁世凯派人刺杀宋教仁，破坏共和，夺取了辛亥革命的胜利成果后，准备称帝。

革命党人群情激愤，发动讨袁"二次革命"，但是很快被镇压。"二次革命"失败后，袁世凯开始在国内大肆捕杀革命党人。为防不测，与孙中山关系甚密的宋耀如举家搬到日本。

就在孙中山和宋家东渡日本不久，另一个年轻人也急匆匆地从上海赶往日本，他便是宋霭龄后来的夫婿孔祥熙。

孔祥熙于 1880 年 9 月 11 日出生，祖籍为晋商之都——山西太谷。按辈分算起来，他应为孔圣人孔子的第七十五代孙，然而他的祖辈父辈并没有多少荣光可以吹嘘。孔祥熙 10 岁时，因患病不愈被其父送至基督教会开设的仁术医院医治，从此与教会联系紧密，这对他的未来产生了重要的影响。

孔祥熙先后就读于基督教性质的华美公学、潞河学院，长期的教会学习让他成了一个虔诚的基督教徒。1899 年发生的排斥外国传教士"山西教案"中，孔祥熙不顾自身安危，勇敢营救被捕传教士，他的这一行为被教会势力视为壮举，对他之后的人生起到了关键性作用。

1901 年，孔祥熙在外国传教士的举荐下，远赴美国欧柏林大学留学。在美期间，他专程拜见了流亡美国的孙中山，成为革命热血青年。

1907 年，孔祥熙从耶鲁大学毕业回国，在家乡太谷创办了铭贤学院，该校的不少学生都成为他日后在政坛上的重要班底。之后，他在孙中山的秘密指示下，以山西为活动基地，参加资产阶级革命活动。当然，他在办教育的同时不忘经商创业，积累了不少财富。

1908 年，孔祥熙与潞河学院的老同学韩玉梅结婚，然后很不幸的是，结婚四年后，韩玉梅因痨症（肺结核）医治无效去世，孔祥熙又成了单身贵族。

1913 年，孙中山在广州发动"二次革命"时，曾写信请孔祥熙赶赴上海参加革命。孔祥熙见信后，立即南下响应。但是他还没到上海，"二次革命"就已宣告失败。孔祥熙得知孙中山流亡日本后，便决定追随而去，随后，他以"中华留日基督教青年会总干事"的身份赶往日本。

在日本期间，孔祥熙凭借多年积累的东西方文化知识，积极热情地工作，低迷衰败的基督教青年会在他的领导下再次出现了生机勃勃的景象。慢慢地，他成了旅日华人基督徒中的领袖型人物。

同时，孔祥熙利用"总干事"的职务之便，遍游日本列岛，广交留日的中国学生，为孙中山等人在日本从事革命活动提供了种种便利。年轻有为的孔祥熙也因此赢得了社会各界的一致赞许和信赖。

与孙中山交往密切的宋耀如听到这个年轻人的事迹后，决定亲自见一下这位被人称赞的有为青年。

在东京寓所，孔祥熙接待了宋耀如。可以说，宋、孔之间的这一次交流对孔祥熙而言是一个命运的转折点，他的人生从此得到改变，并为以后的地位奠定了基础。

因为都跟孙中山关系甚密，在资产阶级革命问题的探讨上持相同意见，孔宋二人相谈甚欢。宋耀如了解到孔祥熙乃孔圣人之后，曾留学美国深造，还在家乡办学之后，对他非常欣赏，便想将这位才华横溢的年轻人跟尚在闺中待嫁的大女儿撮合到一起。

于是，宋耀如热忱邀请孔祥熙到家中做客。那天晚宴中，宋耀如夫妇有意安排宋霭龄和孔祥熙坐在自己身旁，聪明的宋霭龄顿时明白了父亲的用意。宋霭龄当时已经23岁，也到了该谈婚论嫁的年纪。

通过父亲的介绍，宋霭龄认识了这位"孔圣人后代"、"山西首富"孔祥熙。晚宴中，孔祥熙侃侃而谈，讲了自己从小到大的一些经历，特别着重讲了在庚子年（1900年）的山西教案中如何脱身的经历，大家都听得入了迷。

由于和孔祥熙还比较陌生，宋霭龄的话很少。但是席间，孔祥熙却主动提起在美国曾经与宋霭龄有过一面之缘。当时是1906年的美国纽约的社交聚会，两人曾经见过面。经过孔祥熙的提醒，宋霭龄也回忆起确有此事，但当时并没有对孔祥熙留下什么印象。但正因如此，孔祥熙和宋霭龄的话多了起来。

宋耀如夫妇看到这种情形很高兴。那天晚上，孔祥熙和宋霭龄交谈了很久。经过交流，宋霭龄对孔祥熙有了初步印象，对他颇为满意。在她看来，眼前的这个男子既有商业头脑，又有革命情怀，是一个基督教徒，还曾在美国深造过，且是孔子的后代，在山西也小有影响，各方面条件都很符合自己心中未来夫婿的形象。

孔祥熙对宋霭龄也很满意。他刚刚经历了丧妻之痛，此时也正需要一个像宋霭龄这样精明能干、端庄大方、气质高雅的女子，让自己孤单的生活再次充满温暖和快乐。两人通过一段时间的接触后，恋情发展得很快，不久便进入了谈婚论嫁的阶段。宋家全家上下都非常看好他们，送上了最诚挚的祝福，希望他们可以永结百年之好。

1914 年 4 月，同是基督信徒的孔祥熙和宋霭龄按照基督教礼仪，在日本横滨近郊一座小教堂里举行了婚礼。婚礼规模不大，只有宋家人和孔祥熙的堂兄及几位好友前来参加。

婚礼上，新娘宋霭龄头扎一朵梅花绸结，身着粉红色缎子上衣配一袭长裙，衣服上绣有深红色的梅花图案，整个人看上去高雅艳丽。新郎孔祥熙穿着一身西装，白衬衫的领子上扎有黑绸花结，显得清爽帅气。在牧师的主持下，两个人在上帝的见证下，正式结为夫妻。

■ 孔祥熙夫妇

宋霭龄与孔祥熙的婚姻，是宋氏三姐妹中最为顺利，也最没有轰动效应的一桩。这桩由父母认可的婚姻与后来的二女儿宋庆龄不顾父亲阻拦坚定嫁给孙中山，小女儿宋美龄同样不顾母亲反对嫁给蒋介石是完全不同的。对于宋耀如夫妇来说，大女儿的婚姻是他们最感欣慰、最满意的一桩婚姻。

宋庆龄情定"国父"：众叛亲离，义无反顾

与宋霭龄在父母祝福下成婚相比，宋庆龄的婚姻之路就坎坷了很多。外表柔弱，内心坚强的宋庆龄不顾父母的竭力反对，毅然嫁给了比她大 27 岁的"革命之父"孙中山。她曾在亲情与爱情之间左右徘徊，痛苦不堪。但是，拥有崇高理想的她最后坚定地追随孙中山的脚步，并一生矢志不移，英勇奋斗，为促进人类的进步事业而殚精竭虑，鞠躬尽瘁，做出了不可磨灭的贡献。

❖ 不顾父母反对，决定嫁给孙中山

早在 1894 年，孙中山在宋家第一次见到了只有 1 岁多的宋庆龄，当时谁也没有料到，21 年后，这个长大成人的女婴竟然不顾父母的坚决反对，坚决嫁给了比她大 27 岁的孙中山。

宋庆龄在美国完成学业后，于 1913 年 8 月 29 日抵达日本横滨，第二天晚上就由父亲和姐姐陪着去拜访孙中山。这是宋庆龄成年后第一次见到自己一直仰慕的偶像。

早在美国学习期间，宋庆龄就在与大姐宋霭龄的通信中了解到许多有关孙中山的事。1912 年，"中华民国"成立的消息传到美国，远隔重洋的宋庆龄和宋美龄还热烈庆祝了一番。受父亲和姐姐的影响，宋庆龄在美学习期间，就已经开始大力宣传孙中山的革命思想。这次能见到孙中山，她的心情尤为激动，忍不住向孙中山表达了自己的敬意与问候。

宋霭龄和孔祥熙结婚后，宋庆龄接替了宋霭龄的工作，成为孙中山的秘书。宋庆龄的工作范围包括整理文件、处理信函、经管革命经费等。她的才能并不逊于姐姐霭龄，接手工作不久，便成了孙中山不可或缺的得力助手。孙中山对宋庆龄极为信赖，将很多重要机密文件都交给她保管、处理。

■ 娴静美丽的宋庆龄

和孙中山在一起工作后，宋庆龄愈发感觉到孙中山先生伟大的人格魅力，便下定决心一定要好好工作。她还写信给美国的小妹宋美龄，表达了为革命工作的喜悦心情。

"二次革命"失败后，孙中山领导的革命事业陷入低谷，不少革命党人流亡日本或美国，革命力量分散，人们的积极性也都陷入低潮。由于长期为革命劳累，孙中山的身体状况也不是很好。这个时候，身为秘书的宋庆龄给了孙中山很多生活起居上的照顾，常年孤军奋战的孙中山感受到

了宋庆龄带给自己的那份温暖。

渐渐地，两个在革命旅途中漂泊的人默默相爱了。1915年初，孙中山和宋庆龄谈到了婚姻问题。孙中山已经结过婚，可原配卢慕贞却一直不认同他的革命理想，两人在思想上有一定差距，当他为革命四处奔波时，卢氏也没能陪在他的身边，分居已久的两个人已形同陌路。

宋庆龄知道孙中山顾忌的是什么，她明确表示，自己不在乎孙中山先生的过去，她只希望能帮助孙中山先生实现理想。当她还是一个小女孩的时候，就梦想着有一天能通过自己的努力，帮助中国成千上万的人民大众过上幸福的生活，为革命而奋斗。

宋庆龄的一番话感动了孙中山。在孙中山眼中，宋庆龄是个真正的革命者，而不是一个抱有天真幻想的小女孩。可孙中山觉得两人的年龄相差太大，因此心存顾忌。宋庆龄对此表示理解，她不在乎年龄上的差距，她对孙先生说，先生需要她的帮助，而她自己也非常强烈地渴望帮他实现革命理想。

最终，孙中山终于放下种种顾虑，决定与宋庆龄此生不离不弃。当然他也明白，想与宋庆龄走到一起不是一件容易的事，首先老朋友宋氏夫妇那一关就不好过，毕竟没有哪个父母会愿意将女儿嫁给一个与自己年龄相仿的人。

当时宋耀如夫妇已经回到上海，宋庆龄决定先跟父母谈一谈。离开日本之前，宋庆龄还写信给小妹宋美龄，告知了她与孙先生的事情，并表述了自己对未来的期待。宋美龄虽然并不排斥，但却表示有些不理解。

1915年6月，宋庆龄特地回到上海，希望父母同意自己跟孙先生走到一起。宋父听完女儿的话后，简直不敢相信自己的耳朵，因为无论从哪一方面来看，孙中山和宋庆龄都不应相爱。

在宋耀如眼里，孙中山是革命领袖，是自己的亲密战友，也是自己的密友，孩子们的忘年交，但唯独不可以是只比自己小两岁的乘龙快婿。宋庆龄决定与孙中山结婚一事，简直就像一个重磅炸弹，扔进了宋家这个虔诚的基督教家庭的后院中。

宋耀如不光生女儿的气，也很生孙中山的气。在他看来，孙中山也是一个虔诚的基督教徒，以宗教的观念来说，孙中山不应该抛弃原配，上帝会对其进行惩罚。对此，倪桂珍也与宋耀如持同样的态度。

不但宋氏夫妇不承认这门婚事，宋霭龄、宋子文也加入了反对"孙宋联姻"的阵营中。只有远在美国读书的宋美龄没有反对，还略表支持，她觉得二姐这样做肯定有自己的想法，且是一种追求自由婚姻的表现。

家庭的压力、社会的舆论并没有让外柔内刚的宋庆龄妥协，她以坚定的步伐毫不犹豫地跟随孙中山。为了"挽救"宋庆龄，宋家人先后找她做工作，然而这一切都只是徒劳。

宋氏夫妇劝说女儿放弃这个不切实际的念头，宋庆龄却说："我的欢乐，只有在和孙博士一起工作时才能拥有。我愿意为他做一切需要我去做的事情，哪怕要付出一切代价。"

在"文斗"没有产生任何效果后，宋家人决定采用"武斗"。在宋父的要求下，宋家人将宋庆龄软禁在家中，不允许她跟孙中山见面。同时，宋家决定为宋庆龄另选佳婿，以结束这场"闹剧"。

宋庆龄对家人这种干涉婚姻自由的做法十分不满，但苦于被困，无法与孙中山取得联系，不禁一筹莫展。幸而后来，她得到了家中女佣的帮助，才得以秘密给孙中山写了一封信，让女佣趁外出买菜的机会寄了出去。孙中山收到信后，得知宋庆龄被软禁的情况，立即派庶务司司长朱卓文到上海"营救"宋庆龄。

与此同时，孙中山还派人到澳门将原配夫人卢慕贞接到东京，两人办理了离婚手续。卢慕贞表现得很平和，同意离婚，让宋庆龄可以名正言顺地代替自己照顾孙中山。但她并不理解孙中山为什么非得要选择离婚，而不是采用纳妾的方式与宋庆龄在一起。后来，为照顾卢氏的社会地位，孙中山采用了名曰分居，实为离婚的变通办法。在宋庆龄到达东京的前一天，卢慕贞带着离婚协议回到了澳门。

孙中山所做的这一切都是宋庆龄所不知道的，多年后宋庆龄回忆道："在我到达之前，我不知道他已经办了离婚手续并且想同我结婚。他解释说他担心不这么办，我就会被称作他的妾，这个丑闻就会损害革命，我同意了。我从未反悔。"

固执的宋庆龄决定在女佣的帮助下连夜爬窗逃走，走之前她给父母留了字条，对父母表达了自己的不孝和歉意。在信里，宋庆龄坚定表示，她已经下定决心，要帮助孙中山并且要嫁给他，她不会后悔，因为自己做的是正确的决定。

就在宋庆龄的父亲母亲一致反对她与孙中山结婚之际，大姐宋霭龄的想法却发生了改变，她认为，孙宋联姻虽然不合常规，涉及很多禁锢，但这仅仅是从东方传统观念和西方基督教教义的基础上看的，如果换一个角度，从政治的角度去看，孙宋联姻未尝不是一件好事。孙中山是资产阶级革命领袖，"中华民国"的开国元勋，民国的第一任临时大总统，在海内外都有着深远的影响力。如果作为二女婿的孙中山领导的革命再次成功，那对宋氏家族来说，会有不可估量的正面影响。

但宋霭龄即便已经有了这种想法，在当时家庭都极力反对的形势下，也不可能公开反对父母的决定。她所能做的就是安抚父母，逐渐抚平父母的激动情绪。

❖ 孙宋联姻，宋父难以接受

宋庆龄逃出家门来到神户，与孙中山见面。两人怕夜长梦多，表示要尽快完成结婚仪式。

10月25日上午，宋庆龄和孙中山两人来到牛区袋町五番地日本著名律师和田瑞家中办理结婚手续，并主持签订了婚姻《誓约书》。誓约书全文如下：

此次孙文与宋庆琳之间缔结婚约，并订立以下诸誓约：

一、尽速办理符合中国法律的正式婚姻手续。

二、将来永远保护夫妇关系，共同努力增进相互之幸福。

三、万一发生违反誓约之行为，即使受到法律上、社会上的任何制裁，亦不得有任何异议；而且为了保持各自之名声，即使任何一方之亲属采取何等措施，亦不得有任何怨言。

上述诸条誓约，均系在见证人和田瑞面前各自的誓言，誓约之履行亦系和田瑞从中之协助督促。

本誓约书制成三份；誓约者各持一份，另一份存在于见证人手中。

誓约人孙文（章）

宋庆琳

见证人和田瑞（章）

1915 年 10 月 26 日

这份婚姻誓约书一式三份，孙中山、宋庆龄和律师和田瑞的手中各有一份。关于这誓约书，有几点需要说明。

第一，誓约书上的落款日期是"1915 年 10 月 26 日"，而不是 25 日，因日本有双日吉利的习俗，于是写上了"26 日"。

第二，宋庆龄的签名用的是"琳"而不是"龄"，是因为"琳"这个字方便书写。

第三，宋庆龄之所以没有用印，是因为她当时匆忙去的日本，没有将图章带在身边。

以上三点解释是 1962 年宋庆龄对中国历史博物馆对誓约中某些疑问的解答。

当年，49 岁的孙中山与 22 岁的宋庆龄在梅屋庄吉家举行了简单的结婚典礼。婚礼上，孙中山送给新娘一把手枪，这是从来没有过的先例。孙中山告诉宋庆龄："手枪配了 20 颗子弹，19 颗给敌人准备，最后一颗危急时留给自己……"这对革命的伴侣，连爱情的信物都充满了革命的味道。

婚礼现场，到场致贺的人非常少。跟不久前大姐宋霭龄与孔祥熙的婚礼比起来，规模似乎还小了很多。但是，他们的结合却引起了极大的轰动效应。

宋霭龄最终还是没能成功安抚父母接受现实，宋耀如得知女儿已经结婚，与夫人一起搭船来到日本，对孙中山夫妇大发雷霆，扬言要与宋庆龄断绝父女关系。他愤怒地指责孙中山背叛了他们的友谊，孙中山对此感到万分痛苦，却一句话都没说。

没想到，暴怒的宋耀如突然跪在地上对孙中山说："我那不懂规矩的女儿就托付给你了，请千万多关照。"然后就头也不回地走了，可见当时宋耀如的内心悲伤到了极点。

宋氏夫妇阻婚不成，返回上海。开始的一段日子确实还是恨

■ 宋庆龄与孙中山"婚纱照"

在心头，后来在宋霭龄的反复劝说下，宋氏夫妇的态度才慢慢转变过来，与宋庆龄的关系渐渐地走向和解。

就在宋庆龄与孙中山结婚后不久，宋氏夫妇在上海给女儿寄去了一套古朴的家具以及百子图缎绣被面的嫁妆。宋庆龄收到父母双亲表示"和解"的礼物，感动得热泪盈眶，她将这些视为最珍贵的礼物，一直珍藏。宋氏夫妇此举不仅解救了女儿，也堵住了社会上那些传播流言蜚语的悠悠之口。

晚年的宋庆龄提及当初自己违抗父命与孙中山结婚，心中的苦闷无法言语。没有哪个人结婚不想得到父母的祝福，但是当时的宋庆龄的婚礼却没有最疼爱她的父母的祝福，她一直极力将这份伤痛压在心底。宋庆龄后来回忆说："我爱父亲，也爱孙文，今天想起来还难过，心中十分沉痛。"

在对待宋庆龄婚姻的这件事上，宋霭龄"先抑后扬"，从反对到支持，除了有自己的想法之外，对妹妹的婚姻祝福也包含其中。在宋父宣布与孙中山绝交并与宋庆龄断绝父女关系后的那段日子内，宋霭龄、孔祥熙夫妇依然跟孙中山走得很近，宋霭龄与妹妹宋庆龄之间的感情仍然很好。为了表示她

对宋庆龄的姐妹之爱，1916 年，宋霭龄生下长女孔令仪后，给令仪取英文名为罗莎蒙德，这个名字正是妹妹庆龄在美国读书时使用的名字。

宋霭龄和宋庆龄这对姐妹有很多不同之处，性格也有着很大的差异。大姐宋霭龄比较注重实际，凡事都要权衡利弊，有利则为之，无利则弃之；宋庆龄则是个比较理想化的人，她看重理想，勇于为心中的神圣事业无怨无悔地奋斗。个人气质和追求上的差异，注定了后来两个人在政治观念上不能统一。

宋美龄嫁于"名与利"：蒋宋联姻致宋氏家族第二次分裂

宋美龄曾说："如果不能嫁给心爱的人，那就嫁给名利！"之后宋美龄通过婚姻获取了她想要的名与利，应验了当初说过的话。可以说，她一生中最重要的转折点便是与蒋介石结婚，一生的功过成败都与蒋介石密切联结。在权力、财力与魅力交织的旋涡与游戏中，她的影响力也逐渐渗入当时中国重要的政治环节。

这对夫妻既是政治上最有默契的合作伙伴，也是生活上最亲密的伴侣，他们的结合是 20 世纪中外历史最受瞩目的政治婚姻之一，是权力与财势的超强结盟。但是，也正是蒋宋联姻导致了宋家的第二次分裂，宋美龄与宋庆龄昔日浓厚的姐妹之情也悄然发生了变化。

❀ 波折托媒路，柳暗花明又一村

"除了容貌以外，我几乎再没别处是像一个东方人。"宋美龄曾说过这样一句话。她在基督教家庭长大，后又赴美留学，言行举止十分洋化；而蒋介石接受的是传统的私塾教育，有一定的军事背景，言行举止较倾向于中国传统化，两人的差距巨大。那么，差距如此之大的两人是如何走到一起，并一起度过了 50 年的婚姻岁月呢？这要从宋美龄回国后说起。

1917 年 6 月，聪明美丽、才华横溢的宋家三小姐美龄完成了美国韦尔斯利学院的学业，于7月回国。初回上海，美龄感到一切都不习惯。首先是语言障碍，她多年来待在国外，对中文早已生疏，初回故土，说汉语比较吃力。幸而后来家里给她请了一位老师专门给她补习汉语，才让她克服了这个障碍。再就是她对身边的一切感到不习惯，甚至对家里的房子也不满意，她曾责怪父亲宋耀如为什么不买一个排场大点的房子，父亲听后，心里多少有点不自在。

据说，曾有一位朋友向宋耀如讨意见，问是否应该送女儿出国留学。宋耀如听后，含糊地应道："不要送你的孩子出国……他们回国后会觉得什么都不够好，想把一切都翻个个儿。"

回国后的美龄与两个姐姐的感情很好，美龄经常到孙公馆与二姐庆龄相聚，还表达了非英雄不嫁的愿望。

1922年12月，在上海莫利哀路的孙中山家中，一场颇为热闹的基督教晚会正在举行，出席的客人多是基督教徒。晚会上，当气质高雅、美丽迷人的宋美龄闪亮出场时，引来了众人钦羡爱慕的眼光，其中便有后来权倾一时的蒋介石。蒋介石那时并非基督徒，参加这样的晚会无非是捧场与开眼界而已。

蒋介石当时尚未发迹，只能算国民党内的二三流人物。他在1922年6月陈炯明兵变时曾与孙中山共患难，因而深受孙的信任。他曾与孙中山合影，照片中，孙中山坐在"永丰"舰的一张藤椅上，蒋介石侍立在旁。照片中的孙中山庄重严肃，蒋介石英武不凡。蒋后来将这张照片放大制版，并印发了数万张。自那时起，人们才知道有蒋介石这样一个人存在。

蒋介石当时正当壮年，晚会上认识了高贵大方、交游很广的宋美龄后，便蠢蠢欲动，欲娶宋美龄为妻。于是，他对孔、宋两家和大姐、二姐、宋子文和孔祥熙十分亲热。

蒋介石比谁都清楚，宋家拥有着强大的经济实力，与美英等国的上层和实力人物交往密切，与两广以及东南亚一带的商人有着广泛的联系。

最重要的是，宋家大小姐宋霭龄曾是孙中山的秘书，她掌握孙先生的许多秘密和人脉资源；宋家二小姐宋庆龄是大名鼎鼎的孙中山先生的夫人，这些都是一笔无形的政治财富。蒋介石当时心里盘算着，要想跟国民党内的汪精卫、李宗仁等力量抗衡，取得宋家的支援非常重要。如果蒋宋联姻，那真是一箭双雕。

《大公报》的创始人之一胡霖曾对此分析道："蒋介石再婚是一个深谋远虑，经过精心准备的政治行动。他一旦做了孙中山的妹夫，就能更好地争取孙中山（最高领袖）的信任以及宋子文（金融专家）的支持。当时蒋介石也开始想到有必要得到西方的支持。如果美龄做他的夫人，他便有了同西方人打交道的'嘴巴和耳朵'。"

事实证明，从政治利益的角度来考虑，蒋介石的选择是非常明智的。宋美龄因联姻进入蒋介石政治集团后，凭借其流利的英文，与生俱来的聪明和美丽，游刃有余地周旋于各国政要之间，以高超的手腕平衡战争，从而左右中国局势，甚至影响全世界，是蒋介石身边不可或缺的左膀右臂。

为了娶到宋美龄，蒋介石决定先从孙中山"下手"。他向孙中山表达了自己的意思后，孙中山自然要去征求妻子宋庆龄的意见。宋庆龄对蒋介石的印象很差，坚决反对这门婚事。但孙中山并未直接转达妻子的意思，而是对蒋介石委婉地说道："等一等吧。"蒋介石只得耐心地等待。之后五年间，蒋介石仍不时向孙中山提起此事，得到的回答仍是"再等一等"。

除了宋庆龄，反对者还包括宋母倪桂珍和宋家长子宋子文。宋母反对的原因有很多：首先，蒋介石是军人，在那个时期，军人的社会地位不高；其次，蒋介石是个有妇之夫；另外，上流社会中还不时传出他与其他女人的桃色绯闻，而且，他还不是基督教徒，这种种因素限制了他不能入宋母的"法眼"。

宋子文起初对这桩婚事也持反对意见。从小接受西式教育的他认为，蒋介石就是个"土包子"，充其量算是一个新军阀代表。当时正处于各派军阀的斗争中，蒋介石将来是成是败还很难预料；此外，他与蒋介石还处于对立的位置。

美国记者希恩曾在他的回忆录《个人经历》中谈到宋子文当时的状况：

他的住宅一直受到特务监视，这使他心情十分紧张。他不敢走出法租界和公共租界，因为中国这个城市无处不存在蒋介石的士兵，他们转眼就能把他抓走。如果被他们抓走，那就只有两条路：要么当财政部长，要么坐牢。

在这种情况下，宋子文自然不同意小妹美龄嫁给蒋介石。

层层阻碍下，蒋介石感到此事颇为棘手。经过深思熟虑，他将目光投向了宋家大姐宋霭龄。这一次，他成功了。

他的托媒成功很大程度归功于地位的改变。1924 年 5 月，蒋介石担任黄埔军校校长一职，还担任新建立的国民党军队参谋长。1925 年孙中山先生逝世后，党内群龙无首，而蒋介石在党内的位置越来越稳固。

1926 年 3 月，"中山舰事件"后不久，蒋介石实际上已控制了军校及党政机关的领导权。没过多久，蒋介石还被提名为国民党中央委员会主席（这个职位由他暂委张静江代理）。1926 年 6 月，蒋介石任国民革命军总司令、北伐军总司令。

1927 年，蒋介石和汪精卫在南京和武汉分别成立"国民政府"，形成宁汉两政权对立的局面。长期在国民党上层活动的宋霭龄对党内形势分析得极为透彻。她敏锐地感到，在如今混乱的状况下，只要国民党团结起来，局面立刻就会有所改观。蒋介石是军人，他有能力也能用武力开辟新局面，但汪精卫就缺乏这种能力。相比较之下，蒋介石更有发展前途。

当蒋介石向她透露了向美龄求婚的意思后，她眼睛一亮，立马感到这是一个可以让家族获利的好机会。在宋霭龄看来，父亲宋耀如离世后，自己作为宋家大姐，理应承担起重振宋家雄风的重任。以前有孙中山可以依靠，但是孙先生去世后，宋家再次失去了可以仰仗的靠山，现在她正急切寻找另一个可以"投资"与依赖的人，而这个最佳人选正是蒋介石。

自此，原本阻碍重重的求婚之路呈现出柳暗花明又一村的形势，有了这位无冕女王的帮忙，蒋介石的成功似乎指日可待。

✤ 超级红娘宋霭龄，策划蒋宋联姻

1927 年初，北伐军一路北上，势如破竹，身为北伐军总司令的蒋介石，俨然成了北伐成功的"英雄"，成为国民党最有希望的新领袖。蒋介石的政治与军事成就达到其人生的第一个高峰。他再次迫不及待地向宋家提出了求婚要求，希望宋家上下同意将三小姐嫁给自己。

为此，宋家召开家庭会议，商讨宋美龄要不要嫁给蒋总司令。宋母倪桂珍仍不赞成这桩婚事，而宋庆龄和宋子文的内心深处一直对蒋介石这个人怀有敌意，认为像蒋介石这样的人根本就不配做宋家的女婿。

宋霭龄却陈述了与母亲及弟妹们不一样的想法。她认为，蒋介石是国民党军人代表，有军事领导权，年轻有为，日后必有一番成就。恰好他又对小妹宋美龄有意，这样的人日后可以给宋氏家族带来更多的好处和利益，能成为宋氏家族的靠山。

这样一来，大家讨论的结果已经很明显了：除了宋霭龄，其余家庭成员均表示不赞成。极为精明干练的宋霭龄力排众议，从不做亏本买卖的她决定这次把宝押在蒋介石身上。她认为，蒋介石成功之日，便是宋氏家族又一次扬眉之时。所以，她才不管家庭会议上的讨论结果，干脆一不做二不休，当起了小妹的"超级红娘"。

宋氏家族的这次对立和分裂，主要体现在宋霭龄与宋庆龄两个人的针锋相对上。宋霭龄倾向国民党右派，明确表示支持蒋介石的南京国民政府，拥护蒋介石反共清共政策与亲帝国主义、亲大买办大资产阶级的政治立场；而宋庆龄则代表国民党左派，站在武汉国民政府一边，维护孙中山先生的遗训，坚定不移地继承孙先生的革命思想与革命政策。

站在蒋介石这边的孔氏夫妇给了蒋介石最大的帮助。在宋霭龄与蒋介石的联手策划下，他们决定采取逐个击破的方式让宋家上下同意这门婚事。宋子文是他们尝试改变的第一个对象。

1927 年宁汉之争中，在蒋介石好友、上海青帮头目杜月笙的"帮助"下，宋子文"招"来了各种"威逼"与"利诱"。他们警告宋子文，如果还想在上海滩混下去，还想继续升官发财，最好改变初衷，同意蒋宋联姻。

之后，宋霭龄还请出了国民党元老谭延闿出面调解。谭一向有"政坛不倒翁"之称，他之所以有如此称号，是因为在党内以"八面玲珑、处事圆滑"著称，在国民党左右两派中都很有人缘。宋子文早些年时也得到过谭延闿的大力提携，将其视为恩师。

谭延闿答应了宋霭龄的求助，与宋子文单独面谈。在谈话的过程中，他动之以情晓之以理，宋子文不禁渐渐心动。宋霭龄这时从旁积极斡旋，致力于改善弟弟和蒋介石的关系，并让蒋介石许诺推荐弟弟出任南京政府财政部长。于是，当时还在武汉政府管理财政的宋子文在思想上倒戈了，他希望能去一个更高的发展平台，而财政部长正是可以让他尽情发挥实力的舞台。

不久，宋子文改变了看法，明确表示同意蒋宋联姻，并表现了积极的态度，这从他愿意亲赴日本规劝母亲同意蒋宋联姻就可以看得出来。

搞定了宋子文，剩下的主要是宋庆龄。宋庆龄一直游走在宋家之外，具有独立的思考问题的方式和政治观念，她不愿意与破坏革命的蒋介石为伍，加之国内形势的微妙变化，宋庆龄又被蒋介石派出的人屡次"找茬"，她只好选择了不闻不问，出访苏联。

与此同时，蒋介石也积极行动。他遵从宋霭龄的要求，与妻子、旧爱等女人划清界限，保证与她们再无瓜葛。他首先做妻子陈洁如的工作，告诉陈洁如："宋霭龄给我指明了一条光明道路，可以使我摆脱目前的困境。那就是要我和你暂时断绝关系，娶她的妹妹宋美龄为妻。这样一来，宋家就会利用他们在上海金融界以及在美国的影响力，动员银行家们为南京政府筹款。而作为交换条件，我必须让孔祥熙出任内阁部长，让宋子文担任财政部长。……"

经蒋介石一劝说，心痛不已的陈洁如，最终悲伤地答应了蒋介石提出的要求。蒋介石请求陈洁如暂时离开中国五年，待北伐成功，统一中国之后会即刻接她回来，还当场发誓一定会做到。他同时送了五万美金给陈洁如，助其赴美读书。就这样，在蒋介石的"誓言"下，陈洁如离开了中国。

当蒋介石对宋美龄发动"总攻"之际，他的权力生涯也发生了改变。蒋介石在北方战败后，国民党左派、各路军阀、桂系部下全部向蒋介石施压。

无奈之下，蒋介石只能以退为进，宣告下野，采取暂避锋芒、坐观形势等待东山再起的策略，于 1927 年 8 月 13 日宣布辞去国民革命军总司令职务，回到了浙江奉化老家。

蒋介石借这次回乡，解决了原配毛福梅和侧室姚冶诚的问题。姚冶诚一直在蒋介石老家替其照顾养子蒋纬国。处理与姚冶诚的关系比较好办，他派人在苏州买了一幢洋房将姚安置好。至于原配毛福梅，蒋本来是想和其离婚的，但是蒋家人一致认定服侍蒋家多年的毛氏已经是蒋家的一分子，不可以离婚。最后蒋介石只好与毛氏办理了一纸形式上的离婚证明，并同意毛福梅仍居蒋氏祖宅丰镐房。

如此一来，蒋介石和与自己有瓜葛的女人们都划清了界限，摇身一变成了"单身汉"。蒋在《申报》上刊登"启事"，证明自己与毛福梅、姚冶诚、陈洁如已无婚姻关系。随后，蒋介石便不停地写情书给宋美龄。终于，宋美龄被打动了，表示愿意接受蒋介石的求婚。

1927 年 9 月 16 日，上海西摩路宋宅内，宋霭龄主持了中外记者会，正式向各界公开介绍蒋总司令和宋美龄，并宣布两人即将结婚的消息。这个消息惊动了上海以及中国军政界，也震惊了海内外。

第二日，《纽约时报》刊登了一篇名为《蒋总司令即将与宋美龄女士结婚》的报道，并登在了最醒目的头版头条，还在左上角刊载了蒋介石与宋美龄的照片。该报驻上海记者米塞尔维茨在这篇报道里写道：

这场在中国空前隆重的婚礼正在紧锣密鼓地进行，据说蒋已请来了一位英国著名裁缝正在为他赶做礼服、礼帽，宋家正在为其小妹

■ 蒋介石与宋美龄的结婚照

赶制嫁妆。据说这份嫁妆价值三万五千美元，是中国姑娘中至高无上的。据说蒋总司令已同结发之妻毛福梅离婚，采取的是中国最传统的做法——休妻制，宣布她再也不是他的老婆了。除了原配夫人外，蒋似乎还送走了另外两个"老婆"；另外宋美龄也同她的情人、当年赴美留学生刘纪文分手……

种种迹象表明，蒋宋双方都澄清了与过去旧爱的瓜葛，走到了一起。1927年12月1日，蒋宋两人于上海西摩路的宋家和静安寺路的大华饭店举行结婚仪式，正式结为夫妻。

婚礼当天，宋家上下盛装出席，唯一缺席的是反对蒋宋联姻的宋庆龄。

■ 蒋介石宋美龄的结婚照

宋庆龄不愿意看到疼爱的妹妹嫁给敌手。早在 3 个月前，她就已经悄然离开了中国，临行前还发表了"赴莫斯科声明"，在声明中痛斥蒋介石和汪精卫都是"孙中山遗训的叛徒"、"投降帝国主义的逃兵"和"新军阀"。

　　由此，宋氏家族因这桩政治姻缘而解体。在宋家，宋庆龄成了那一只游走在外的孤雁，在革命的低潮中为革命的重新崛起而努力着，而宋美龄俨然成了高高在上的国民政府"第一夫人"。

第三章

姐妹反目，政见殊途后的分道扬镳

钱与权的"弄潮儿"宋霭龄

宋霭龄可算得上是宋氏家族的大姐大及总设计师，这个集多面性格于一身的女人为夫揽权、借权圈钱、为家族争利益，开始了人生舞台上的一连串的精彩表演。她力促小妹宋美龄与国民党新贵蒋介石走到一起，为夫谋权力谋利益，在幕后运筹帷幄，开创了一个属于"四大家族"辉煌统治的时代。

❖ 孔夫人情倾权力，助夫给力高升

由于宋霭龄的全程策划及热情参与，蒋宋联姻才得以成功，从此宋氏家族的命运和蒋氏家族紧紧地联系在一起。然而，宋氏三姐妹之间的姐妹情感却也悄悄地发生了变化。

宋氏三姐妹个个性格鲜明，对人对事都有自己的独立想法。作为宋家大姐的宋霭龄，除了为丈夫孔祥熙出谋划策争权赚钱之外，还为父亲离去后的宋氏家族重振威名而倾注了全力。

对于蒋宋联姻，有人欢喜有人忧愁，其中自始至终持反对意见的就是宋家老二宋庆龄。因为蒋介石的政治做派，已经偏离了孙中山先生的"三民主义"思想，她不愿宋美龄与这样的人"同流合污"。但仅凭宋庆龄一个人的力量，阻止不了蒋宋联姻，何况其中还有大姐宋霭龄的"倒戈"，蒋宋联姻最终成为定局。

按照事先与宋霭龄的约定，东山再起的蒋介石先后将孔祥熙与宋子文调入南京国民政府任职。其中，宋霭龄的丈夫孔祥熙受益最大，也正是从那个时候起，孔祥熙开始了飞黄腾达的仕途生涯。

自 1928 年开始，在蒋介石的安排下，孔祥熙先后担任南京国民政府工商部长、国民政府委员、候补中央执行委员、实业部长。1933 年，蒋介石和宋子文因财政预算闹得不愉快之后，孔祥熙接替宋子文出任财政部长，从此开始了长达 12 年之久的主掌国民党财经大权生涯，成为国民党中央最高决策层的核心成员。

孔祥熙所有光鲜的背后，都少不了宋霭龄的功劳。孔祥熙当政期间，他台前谈事，妻子幕后拍板，这是他办事的一贯套路。孔祥熙俨然一个"妻管严"形象，他在办公室说得最多的一句话就是"让我问问太太怎么说"。

在国民党政府内部，身为女人的宋霭龄虽然没担任什么职务，但政府上下却没有人敢忽视她的存在。不要说孔祥熙，就连最高领袖蒋介石在公开场合都会让她三分，私下里称她为"大姐"，宋霭龄则称蒋介石为"介兄"，"委座"、"委员长"之类的称谓压根儿用不上，因为她是除宋美龄之外唯一一个不需要跟蒋介石客气的人。

在国民党政府没有任何职务的宋霭龄，一直热衷于支持丈夫孔祥熙谋权，以致在孔祥熙即将退出政坛时，宋霭龄还在国民党政坛内闹了一场不大不小的风波。

那是 1946 年，孔祥熙卸下身上所有重要职务，准备和宋霭龄去美国定居。宋霭龄觉得丈夫就这样退出太过窝囊，她认为，丈夫没少为蒋家江山操劳，就算没有功劳也有苦劳，这样说撤就撤，多少有些卸磨杀驴之嫌。宋霭龄越想越不甘心，便决定在出国之前，让丈夫在政坛再折腾一阵子。于是，她策划让孔祥熙竞争立法院院长职位。

孔祥熙本不想再折腾，无奈拗不过宋霭龄，便任由妻子去安排竞选事宜。蒋介石得知孔祥熙借助"山西帮"势力要参加立法院院长竞选后，只是冷笑一声，却懒得去管。

立法院历来属陈果夫、陈立夫兄弟建立的"CC系"组织管辖，他们绝对不容许孔祥熙掺和进来。他们利用蒋介石的力量，希望委员长明察秋毫，不要批准以权谋私、贪赃枉法的孔祥熙参加竞选立法院院长一职，此想法正合蒋介石的心意。于是，在各方夹击下，孔祥熙参选失败，宋霭龄的计划宣告破产。

虽然没能成功参加竞选，但是宋霭龄的目的已经达到，她本想为自己和丈夫在权与利的舞台上争回一点面子，让蒋介石以及政坛上的同僚看看，孔祥熙还是有一定人缘的。如今目的达到，她可以安心地跟孔祥熙隐退了。

❀ 目标一致，夫唱妇随配合赚钱

出生于晋商家庭的孔祥熙，自小就耳濡目染，见识了金钱的魔力。美国留学归来后，他在家乡山西太谷成立铭贤学院，力图成就一番大事业。但与此同时，他也没有忘记发家致富的梦想。

回乡办学的初步成功，给年轻的孔祥熙带来了荣耀和良好的口碑，出自商人世家的他自小受到西方思维模式的影响，加上在美国的求学经历，使他想要走上一条更加宽广的创业道路，急欲在商海中一试身手。

凭借着敏锐的商业眼光，孔祥熙首先看上了煤油。煤油也称火油，当时已经成为居民夜间照明的必备品，选择经营煤油生意必将有大钱可赚。1912年，孔祥熙与五叔孔繁杏一起设立了祥记公司，从英商亚细亚火油公司手上买下了总代理权，在山西境内经营销售，每年都能通过经销火油获取一笔不菲的利润。

后来，祥记公司又开始涉及铁砂、洋碱、白糖等生意，经营范围不断扩大，孔祥熙的经商致富之路也越走越宽。为了更好地对外联系与方便缴纳保证金，孔祥熙在天津成立了裕华银行作为公司的担保方。一家公司，一家银行，两者互为辅助，一起发展。

1913年，国民党领导的"二次革命"失败后，因处境危险，孙中山等革命党人流亡日本，身为革命党人的孔祥熙亦随之亡命日本。在日本期间，孔祥熙遇到了改变他一生的人生伴侣宋霭龄。

有意思的是，两人有一次谈到未来的理想时，孔祥熙竟脱口而出，说他想要拥有一大笔财富。孔祥熙说完后，才意识到自己的话说得太过直白。他怕宋霭龄觉得自己俗气，便又加了一句，想把拥有的财富捐献给革命事业。让孔祥熙没想到的是，当时信奉基督教的宋霭龄不但没有瞧不起他，反而附和着说，自己也想拥有巨大的财富，用来造福于民。那一刻，宋霭龄俨然把自己装扮成了圣母玛利亚。

宋霭龄的这番话不管是附和也好，玩笑也罢，不可否认的是，这两人后来的确拥有了巨大的财富，成为当时中国最富有的一对夫妻。只不过这笔财富既没有捐献给革命，也没有造福人类，而是用在了奢华的生活上。

宋霭龄与孔祥熙到底有多少钱？到现在依然没人能给出答案。1939年，一个美国记者曾经披露，很多重庆政府的要人在美国银行都存有存款，而其中拥有最大一笔的户主便是宋霭龄。

宋霭龄账户里的巨款是怎么得来的呢？

孔祥熙与宋霭龄这对夫妇，都是爱钱且能赚钱的人。孔祥熙在遇到宋霭龄之前，就已通过做生意赚了不少钱，但是那点钱跟后来拥有的财富相比起来，只不过是九牛一毛，完全可以忽略不计。但就是这小小的财富，也让孔祥熙顺利地戴上了"山西首富"的帽子。孔祥熙自己也知道，这顶帽子其实没多少含金量。

遇到宋霭龄之后，孔祥熙急于赚钱，其中一个重要原因就是为了精打细算的宋霭龄。因为宋家的两个女儿宋庆龄与宋美龄先后嫁给孙中山和蒋介石，在两个妹妹面前，完全不具备政治优势的大女儿宋霭龄必须在经济上有所"突破"，才能与两个妹妹相提并论。孔祥熙深知这一点，因此对妻子督促自己的发财规划十分赞同。

1928年，孔祥熙出任南京政府工商部长。掌权之后，他开始了对财富的疯狂掠夺，将金融界搞得鸡犬不宁，人心惶惶，就连大舅子宋子文都对他甚为不满。与此同时，宋霭龄在幕后大搞投机活动，孔祥熙对此极为宽容，甚至积极怂恿。一个台前，一个幕后，这对夫妻一张一弛，刚柔并济，互为补充，赚起钱来，实在默契有加。

然而，孔祥熙从来都不承认自己的财产大部分来源于民脂民膏，宋霭龄曾经多次向人解释，他们的财产是孔祥熙步入政界以前在山西老家经商积攒下来的。但实际上，孔祥熙的真正发迹史是在当官以后，尤其是蒋宋联姻之后。

❖ 操控证券市场，三泰公司日进斗金

财政部长孔祥熙赚了不少钱，这在当时是一个公开的秘密，但是很少有人知道处在幕后的孔夫人宋霭龄也赚得盆满钵满。孔氏家族的第一次暴富，便是宋霭龄通过操纵证券交易市场的投机活动取得的。

■ 幕后"女王"宋霭龄

1934 年，时值国民党政府财政状况不好，孔祥熙在蒋介石的指示下，采取了各种措施弥补国库不足，其中最重要的一个举措就是大放"民国二十三年关税库券"，简称"二三关"。"二三关"是国民政府为了筹措资金而发行的公债，共 1 亿元。

在上海证券交易中心，"二三关"是一匹黑马，价格一直飙升，引人注目。人们纷纷跟风掏钱大量买进，这正中财政部次长徐堪、中央银行副总裁陈行和国货银行董事长宋子良（宋霭龄二弟）下怀。这三个人一面掌握着国民政府金融大权，一面又建立公司秘密操纵股市，扰乱证券市场，牟取暴利。

他们建立的公司便是早些年在上海成立的三泰公司，公司背后的真正主人其实就是孔夫人宋霭龄。为了实现发财梦，宋霭龄选择做幕后老板娘，操作一切公司事务。此时正值"二三关"库券风潮，宋霭龄便借机操纵三泰公司大做国债投机生意。

当时日军已侵占东北全境，正向华北逼近，国内形势日趋紧张。宋霭龄四处散布中日两国即将开战的谣言，说南京政府准备发行一种全新的国债代替原先的公债，并且将停止支付旧有国债的利息。

此消息一传开，整个上海滩人心惶惶。人们害怕手中的公债变成一张废纸，于是按照听到的消息指示，把公债纷纷抛出。如此一来，公债很快低于面值，最低时甚至仅值所持面值的一半。

当徐堪、陈行等把公债的市面行情告诉了宋霭龄后，她大喜过望，指示他人第二天立即吃进。孔祥熙当然知道这件事情的幕后是宋霭龄，但是他不但没有阻止，反而暗中帮助妻子完成这笔投机生意。

很快，事情就朝着宋霭龄设想的方向发展。当三泰公司大把吃进廉价国债之后，孔祥熙所在的南京政府财政部正式出面辟谣。一时间，财政部的声音传遍金融界，无外乎国民政府发行公债有足够的金银储备，公债绝不会贬值等说法。另外，为了取信于民，财政部还表示，将会为到期公债的利息上调 1.5 个百分点。

官方出面辟谣，使公债市场出现反弹，价位也直线上升，此时的宋霭龄要做的事情就是抛售公债。几天时间，三泰公司将当初低价吃进的公债高价抛出，一进一出之间，公司稳赚 3000 万，这笔钱的一多半都落入了宋霭龄的腰包。

恰当的时机，低买进，高抛出，这一直都是通过公债赚钱的最好手段。宋霭龄亦精通此道，加之自己"掌握"的政策倾向，钱自然非常好赚。但是此举却害苦了那些不幸"上钩"的人，当时就有人因此倾家荡产，因承受不了打击而跳楼自杀。

世上没有不透风的墙，三泰公司的伎俩最终被人们识破，但面对官商勾结，再大的愤怒都改变不了既定的现实。当时的上海滩流传出了有讽刺意味的顺口溜，意思是，三泰公司是"三不"公司，即：徐堪不堪、子良不良、陈行不行。名义上撑门面的三人一齐"中枪"，真正的老板娘宋霭龄却在牌桌上玩得不亦乐乎。

❖ 开"母子店"，走私倒卖样样来

抗战打响后，国民政府匆忙从上海淞沪及南京撤退，不久上海沦陷，这座国内吞吐物资最大的港口就此丢失。

上海港丢失后，当时唯一的海上通道只剩下"香港—广州"一线。由于英国当局控制的香港与邻近的广州关系密切，"唇齿相依"，所以港英当局不得不在可能的范围内给予中国内地一些方便。但由于政策的不同，香港方面只暂许中国的一些机构在香港进行半公开的活动。

在此规矩下，国民政府在香港设立了军统西南运输处和中央信托局运输处。其中中央信托局处于孔氏家族的控制之下，并在汇丰银行大楼租了 20 间办公室。

宋霭龄带着儿子孔令侃以及信托局局长叶琢堂到达香港。受财政部长孔祥熙"照顾"的叶琢堂任命孔令侃为常务理事，主持业务。

中信局的主要业务是办理保险、有奖储蓄、信托、购料、运输等经济领域的相关事宜。孔令侃在港上任后，自恃是中国豪门阔少爷，大权独揽、嚣张跋扈。抗战时期，中信局主管的各领域内部黑幕重重，宋霭龄多次跟儿子孔令侃通过中信局侵吞国家财产。

当时，国民政府还在香港设有兵工署驻港办事处，这个部门主要负责为国民党军队补充德国的武器弹药装备，以备战时之需。蒋介石将这个地下部门交给孔家打理，其主要原因就是不想将这笔中德生意与宋子文掌握的美国、英国借款相混淆。孔令侃为此特意在中央信托局内成立了一个兵工储料处，打着蒋委员长的招牌大发横财。

当时德国几家大商行在中国收购土产或其他物资，急欲运往德国抵充贷款。孔令侃认为这是一个极好的赚钱机会，于是和母亲宋霭龄商量，意欲从中捞钱。为了方便行事，孔令侃便在中央信托局设置了一个专门机构，在内地代德国洋行收购桐油、猪鬃、矿砂、药材、蛋品等战争控制物资，然后倒转给德国，从中牟利。

由于身处香港，又是地下贸易，孔令侃和宋霭龄在香港的所作所为非常神秘，极少有人知道内情。后来就有人戏称，当年的中央信托局差不多成为了宋霭龄与孔令侃在香港开的"母子店"。中央信托局俨然成了这一对母子操控全局、大把捞钱的指挥所。

在港期间，孔令侃还与大舅舅宋子文"杠"上了。当时亲美的宋子文正一手包办美国对中国的棉麦大借款，通过几大公司压低价格收购丝、茶、桐油、猪鬃、钨砂等出口物资，以抵押债款。当然，宋子文也从中牟了不少利益。孔令侃感到极度不满，因为两人的内地收购业务出现了交集，两人为控制内地收购市场发生了争执，互不相让。

两人都有强硬的后台，因而互不买账，最后还把纠纷闹到了重庆政府。最终，宋子文因有一张必须确保美国借款债信的王牌护身，占了上风。

在整个事件里，宋霭龄碍于亲情关系，没有直接出面处理，但由此也反映了姐弟俩、舅甥俩之间的关系并不和谐。

孔家为德国人办事，德国人自然也很关照孔家。1939 年 9 月，就在希特勒准备突袭波兰的前几天，与孔令侃生意交往密切的德方商行代表希米特找到他，说自己接到上方密令，准备马上撤离香港回国。孔令侃马上把这一消息告诉了母亲宋霭龄。

虽然对方撤离原因不清楚，但宋霭龄感觉到德国极有可能会出大事，加之当时的欧洲大环境，战争很有可能会一触即发。于是，她立即指示账房将国家外汇拿出，大肆收购美国军火飞机商的股票。事后证明，宋霭龄的预料完全正确，聪明的她由此又发了一笔大横财。

❖ 身陷香港"间谍门"，宋霭龄急切救子

孔令侃在港期间，为了更好地与内地取得秘密联系，他在中央信托局的办公室里私自设置了一部电台。

电台具有特殊的机密性，不是谁都可以随意设立的。当时，国内被允许在港公开设立电台的机构仅有三家：代表国民党财政当局的中央银行电台、军统所辖西南运输处电台以及交通银行中国电报局。显然，孔令侃这部电台是违规设立的私立性电台。

随着欧洲战事的打响，第二次世界大战全面展开。美国方面为了限制中国国外资金转移，决定冻结中国私人账户在美国的存款。美国驻重庆代表福克斯得知后，迅速向孔祥熙秘密传达了这一信息，孔祥熙随即利用电台与宋霭龄、孔令侃取得联系，转告了这一消息。

电台的快捷性无与伦比，宋霭龄听到消息后立马展开行动。当天下午她就在香港半山公馆召见亲信赵季言，令他即刻飞往美国，利用化名转移孔家在美国的全部存款。赵季言立即赴美将事情全部办妥。

孔家资产顺利转移后，重庆方面才正式公布了中国私人账户在美国被冻结情况的消息。消息一公布，外汇市场受到了巨大冲击，很多银行被打了个措手不及，大多出现了资金周转困难等问题。孔祥熙趁此时机全面掌控了中国外汇管理的大权。

电台的优点体现出来以后，孔家更加依赖于这部电台。身在重庆的孔祥熙和身在香港的孔令侃、宋霭龄不但可以随时联系，掌握国内外金融市场动

态，还可以就外汇、金银、美国股票行情等方面进行交流讨论。

世上没有不透风的墙，电台隐藏得再好，也有被人发现的时候。当时，香港这个"中立地"表面上一片宁静，实则鱼龙混杂，充斥着各种势力，特别是各地的情报部门都在此处驻扎，进行间谍活动。没过多久，日本情报部门就监测到了孔家的电台。

日本情报部门将此事上报香港英国当局，并称这种行为是一种张狂的间谍行为。英国当局获悉情况后很快展开调查，最终查到这部电台的设立者和后台操控者居然是中央信托局的孔令侃。香港警察随后赶赴汇丰银行大楼中央信托局查抄了电台，带走了很多文件、密码本、电文底稿。孔令侃的几个心腹及电台情报人员也被警方带走。

第二天，此事就登上了香港报纸的头版头条。很多报纸直接称之为间谍情报电台，整个香港为之震惊。英国当局对此事极为重视，在调查到这部电台涉及孔宋两大家族以及中国国民政府相关机构时，香港英国当局认为不便将此事扩大化，便决定将与此案有关的孔令侃等数人驱逐出港。

英国当局的强硬态度让宋霭龄有些措手不及。母子俩赶紧连夜商量对策，花钱交保打通各个环节，尽量将此事的影响压到最低。

在与英国当局的协调下，香港方面做出让步，将全部案卷移送中国政府驻港代表俞鸿钧，因考虑到孔令侃的特殊背景，请他自由离境。

俞鸿钧接手相关案卷后，考虑到事件的特殊性，在和宋霭龄商量好报告的相关措辞后，正式向重庆政府外交部作了汇报。此事最终也惊动了蒋介石。在蒋介石看来，以孔令侃的背景，很多事情都是可以顺利解决的。然而这次却闹得英国人也大动干戈，可见问题有多不简单。于是蒋介石做出批示，要求孔令侃返回重庆，将此事原原本本地向他汇报。

孔令侃见姨父蒋介石如此坚决的态度，自感大事不好，只得找母亲宋霭龄商量对策。宋霭龄深知此事非同小可，可能还会影响到丈夫孔祥熙的仕途生涯。思前想后，宋霭龄为避免儿子与老蒋直接交锋，决定将孔令侃送出国暂避风头。她立刻联系美国方面相关人士，安排将孔令侃送到美国哈佛大学，至于重庆方面，也只能祈祷一切都能顺利"摆平"了。

一向骄纵自大的孔令侃只好独自一人黯然赴美。1941 年底，太平洋战争爆发，香港危在旦夕，宋霭龄带着复杂的心情离开了香港。

❀ 赚钱最狠一招，剑指美元公债

宋霭龄最擅长的赚钱方式就是做投机国债，利用一进一出的巨大差价赚钱。如果说利用三泰公司做投机生意，利用战争进行物资交易是宋霭龄智慧的体现，那么侵吞美元公债绝对是其一生最大胆的表现。

1941 年 12 月 7 日清晨，日本联合舰队的飞机突然袭击美国海军基地珍珠港，美国被迫卷入了第二次世界大战。随着太平洋战争的爆发，中国本土牵制了日军绝大部分主力，中国在世界反法西斯战争中的重要地位愈加凸显出来。

时任美国总统的罗斯福经过全面考虑，准备向中国提供 5 亿美元的战争储备贷款。美国国会经过讨论，认为此举可以加强中国反侵略的能力，使中国军队更多牵制日军精锐部队，减轻太平洋海域作战美军的压力，最后这一议案通过。

5 亿美元不是一笔小数目，这从当时国民政府高层的态度就可以看得出来。蒋介石听到这个消息，简直乐开了花。他马上找来担任财政部部长的孔祥熙，商讨这一笔贷款应该如何使用才能达到最佳效果。

经过蒋介石和孔祥熙以及财政部、中央银行等机关部门负责人一起商议后，大致拟出了一个使用方案：5 亿美元中，有 3 亿用于向美国购买黄金，作为战略储备；另外 1 亿购买军火用于抗日；其余 1 亿作为发行美元公债的准备金。对于发行公债筹钱，孔祥熙自然赞同，本来当时国民党政府的财政已相当紧张，甚至入不敷出。身为财政部长，正愁没有办法摆脱当下财政困境，巨款从天而降，犹如给委靡不振的国民政府财政注入了一剂强心剂。孔祥熙顺势借助这次美国的援助机会，准备玩一次寅吃卯粮的游戏。

宋霭龄也在第一时间得知了这个消息，她很高兴，因为自己又有机会在这笔巨款上做文章了。

这次美元公债以"同盟胜利美金公债"为名发行，然而初期并没有取得

■ 宋霭龄夫妇与宋庆龄及
史迪威

比较理想的效果。当时国民政府发行的法币 20 元折合美金 1 元。中国人普遍对美元国债不是很了解，大多不敢买。有钱人宁愿用钱来抢购物资囤积，也不愿去碰这些公债。至于那些平民大众，还生活在水深火热之中，更没有闲钱购买。

公债卖不动，蒋介石只好"披挂上阵"。他亲自致电各省会主任委员（省主席兼）、副主任委员，让他们想办法将公债向所辖区内的社会各阶层摊派认购，并按照比例上缴国库。

委座有了指示，下面的人自然不敢怠慢。高压之下，公债购买这才有了一定的进展。那些被迫购买的人，大多愿意折本脱手抛出公债，造成了美元在黑市上的价格一降再降。当初官价折合 20 元法币的 1 美元一直降到 17 元至 18 元左右，最低时仅 10 元多一点。

没过多久，一件事情的发生彻底改变了美元公债市场购买力低迷的现状。发行美元公债的同时，孔祥熙滥发法币，使得国统区通货严重膨胀，法币愈加不值钱，甚至成为废纸。于是，很多人开始转而购买美元公债。黑市上的公债价格又一次被"炒"火，一路反弹飙升，10 元出头的价格直线上扬，涨到 30 多元时，行情仍然看涨。

孔祥熙没想到歪打正着的这一招使得美元公债飞涨，不禁暗自欢喜，同时还不忘给美元做个宣传，称美元公债是当今世界最富有的国家美国提供担保的，信誉度不用怀疑。到 1943 年下半年，美元公债成为抢手货，面值甚至夸张地飙升到 100 元。

孔祥熙见公债卖得这么好，更是欣喜若狂。但奇怪的是，孔夫人宋霭龄却在这个时刻站了出来，制止公债发行买卖。

其实，美元公债发行的前前后后，宋霭龄一直关注着。待美元升值到一定程度后，她也从国库局得到消息，国民政府财政就是一个空壳，随时都可能崩盘，必须拦下孔祥熙手里的最后 5000 万美金债券。在见惯了大场面的宋霭龄眼里，5000 万只不过是一堆数字，完全有能力一口吞下。

宋霭龄此举大大出乎孔祥熙的意料，他一时不明白妻子为什么要这么做。待宋霭龄道出其中缘由，孔祥熙这才恍然大悟，但赤裸裸地这样做，他多少有些担心。

他的担心不无道理，由于涉及数目太多，极有可能惹来大麻烦。但是胆大的宋霭龄表示，只要搞定国库局以及业务局，一切都好办，就算蒋介石查到此事，就借口说这些公债是为辛苦的政府官员准备的。在妻子的劝说下，孔祥熙同意了这一提议。

第二天，全部美元公债即将销售告罄的消息出现在了重庆各大报纸的头版。在宋霭龄的指示下，几天后，财政部停售美元债券。国库局长吕威在孔祥熙、宋霭龄的授意下，要求各省将剩余的美元公债押向中央银行，转存国库局。

随后，宋霭龄拨出一小笔钱分给国库局职员作为"辛苦费"，运用中央银行空头支票，分期分批将 5000 万元美金转了出去。除了其中一部分按身份等级分派给了一些权贵和政府要员之外，其余资金全部进入了宋霭龄的三泰公司的账户。

美元公债停售后，供不应求的美元债券在黑市上的价格扶摇直上。1943 年底，疯狂突破了 200 元大关，是第一次发行时的 10 倍，最高价达到了 273 元。后来有人保守估算，孔祥熙、宋霭龄在这次公债活动中至少赚了 30 亿元法币，仅这个数目已经超过了当时四川省全省一年的储蓄总额。而事实上，他们获得的财富远远不止于此。宋霭龄这次空手套白狼，不花一分钱就赚了如此一笔巨款，俨然是个不折不扣的赚钱高手。

所谓福祸相依，他们虽然赚取了一生中的最大一笔财富，可也付出了极其高昂的代价。侵吞美元公债引发了民国政府官员最大的贪污案，这件事也为孔祥熙政坛的终结埋下了伏笔，孔祥熙只得放弃财政部长一职，黯然下台。

1947年，无官一身轻的孔祥熙与宋霭龄飞往美国定居。在美期间，一件意想不到的事情发生了。时任美国总统杜鲁门命令美国联邦调查局（FBI）秘密调查孔家在美国的财产。

调查发现，宋霭龄在纽约大通银行存有8000万美元，宋子文在花旗银行存有7000万美元，宋美龄在这两家银行存有1.5亿美元，而这些巨款只是宋氏家族成员的一部分存款，还不包括孔祥熙在纽约中国银行以及宋子文在旧金山广东银行的存款。

看到这些调查资料，杜鲁门总统大为震惊。脾气暴躁的他再也无法忍受，大骂宋氏家族个个如贼，贼一般地侵吞赚取美国的钱财。至于宋氏家族到底有多少财产，由于孔的中国银行和宋的广东银行属私人控制，外部力量很难介入，FBI的调查工作最终不了了之。

至此，宋霭龄到底有多少存款，其他的宋氏家族成员存款到底几何，还始终是个问号。

宋霭龄撮合蒋宋联姻、为夫谋权、聚敛钱财，造就了财富滚滚的孔氏家族和宋氏家族，同时也开创了"四大家族"统治的时代。

除此之外，宋霭龄还是蒋氏、宋氏、孔氏三大家族之间唯一的润滑剂，比如帮孔宋家族成员做过事的徐家涵说过：蒋介石、宋子文、孔祥熙三个家族发生内部摩擦，闹得不可开交时，只有这个大姐姐可以出面仲裁解决；她平日深居简出，不像宋美龄那样喜欢抛头露面。可是她的势力，直接可以影响国家大事，连蒋介石遇事也让她三分。

就是这样一个不一般的女人，在钱与权之间博弈，在家族爱恨的情感之间完美地穿梭，成为那个时代的"弄潮儿"。

反战旗手宋庆龄的革命之路

宋庆龄与孙中山共同生活了十年，这也是宋庆龄过得最幸福的十年。病魔无情地夺走了孙中山的生命后，宋庆龄从此失去了最值得依靠的人。

然而，在孙中山先生身边耳濡目染的熏陶，加上多年来一直心系革命，使得宋庆龄重新坚强地站了起来，接过革命的大旗，再次投身到大革命的洪流中，并矢志完成中山先生未竟的事业。

在小妹宋美龄嫁给蒋介石之后，在国家前途与姐妹亲情面前，宋庆龄毅然选择了前者。国共合作关系破裂后，她流亡海外，继续为中国革命摇旗呐喊，寻求国际力量的支持，为中国的革命事业做出了极大贡献。

❧ 孙中山抱病北上，宋庆龄全程相随

1924 年 6 月 16 日清晨 6 时，宋庆龄陪同孙中山前往黄埔军校参加开学典礼。有人用相机把这一幕定格为永恒。

照片上，孙中山身穿浅色衣裤，神色凝重地站在主席台上；宋庆龄上穿素花中式大襟女衫，配上庄重的黑色长裙，陪伴孙先生身边；旁边站的是黄埔军校校长蒋介石和党代表廖仲恺。

下午，宋庆龄陪孙中山出席军校阅兵式。军容整齐的学生们迈着正步，精神抖擞地接受检阅，孙中山先生倍感欣慰，一旁的宋庆龄自然也为孙中山先生高兴。

1924 年对于孙中山先生来说，是生命中最后一个，也是最重要的年份。这一年，黄埔军校建成，完成了他建军先建校的夙愿；国共第一次合作正式结成，完成了他顺应历史潮流"联俄、联共、扶助农工"三大政策的拼图，把旧三民主义发展成了新三民主义。

同年秋，西北军领袖冯玉祥趁第二次直奉战争之际，在北京发动政变，推翻了坐镇北京的直系旧军阀大总统曹锟。然而，打垮了直系军阀，又迎来

了皖系军阀，北京出现了以冯玉祥和皖系军阀段祺瑞、奉系军阀张作霖共同支配的政权，段祺瑞为临时政府总执政。

这样一个妥协组办的政府注定政治矛盾重重，三方谁也不服谁。经过商议，他们只得邀请孙中山北上共商国是。

孙中山先生一直是个坚定的革命者，先后经历了护国运动、护法运动的失败后，他又领导了1918年、1922年以及1924年的三次北伐，其中第三次北伐是在国共第一次合作确立后。虽经历数次失败，但孙先生仍坚定不移地朝着革命道路往前走。

早在1912年，孙中山出任中华民国临时大总统之际，就宣告要为统一新生的民主共和国而奋斗，所以对冯玉祥等人的邀请，他非常重视。

此时，南方革命政府内部意见不统一，大多数人认为孙中山先生不应该北上，因为时局动荡不安，随时都可能发生危险。但孙中山却认为"现今中国正遭遇即将迈上统一路途之重大时机"，是"十三年以来一个最难得的机会"，要想结束目前南北割据、军阀混战的局面，真正地统一中国，就不应该放弃任何一线希望。孙中山不顾个人安危，毅然决定抱病北上。

1924年11月10日，孙中山发表《时局宣言》(即《北上宣言》)。同年11月13日，孙中山偕宋庆龄等人离开广东北上，17日抵达上海。19日，孙中山在寓所招待新闻记者，发表了讲话："我们中国以前13年，徒有民国之名，毫无民国之实，实在是一个假民国。"他也谈到了应该要如何解决这个问题："中国现在祸乱的根本，就是在军阀和那援助军阀的帝国主义者。我们这次来解决中国问题，在国民会议席上，第一点就要打破军阀，第二点就要打破援助军阀的帝国主义者。打破了这两个东西，中国才可以和平统一，才可以长治久安。"

由此可见，孙中山对于北方形势过于乐观，并未对皖、奉军阀的实质有根本上的认识。11月21日，孙中山一行离开上海继续北上，最后却选择了取道日本。孙中山为什么要去日本？历史上说法不一，根据孙中山当时的演说和多数史书显示，因上海北行车船受阻而临时决定绕行日本。

当时从上海到天津的船位紧张，火车也不通，但是这也并不意味着必须要取道日本才能去天津。综合当时的社会形势来看，孙中山去日本其实有着更多的想法。

早在这年9月第二次直奉战争爆发时，孙中山就曾派李烈钧赴日发起亚洲大同盟，谋求中日提携合作，并加强同俄国的合作关系，意在共同对抗欧美列强。因此孙中山此次赴日最大的目的，其实就是争取日本政府的支持，以增加与皖、奉军阀谈判的砝码。因为北京政变后，北方政局实际上由以日本为后台的皖、奉军阀所控制。孙中山深知，要想谋求和平统一，争取日本当局的支持很关键。

孙中山派汪精卫、韦玉等人先行与接待方协调，自己和夫人宋庆龄等少数随员赴日。11月23日，孙中山一行抵达日本长崎，日本记者以及中国留学生登船欢迎。孙中山举行了记者会。28日，他们抵达神户。当日下午，孙中山与宋庆龄一起来到神户高等女子师范学院发表演讲。孙中山首先发表了题为《大亚洲主义》的演讲，阐述了只有亚洲各民族联合起来才能战胜帝国主义的道理。接着，宋庆龄做了生平第一次公开演讲。

宋庆龄性格偏静，跟大姐宋霭龄和小妹宋美龄比起来，她是一个比较腼腆害羞的人。她在写给朋友的书信中就曾提过自己很害怕公开演说的事，她希望能在丈夫孙中山背后给予他最需要的帮助和力量。但是如果真的需要她出面，她仍然会克服困难，毫不犹豫地站到台前。

神户是个美丽的城市，对这个地方，宋庆龄有着特殊的情感，这里曾经是她和孙先生度蜜月的地方。宋庆龄阔别日本近十年，人们表现出的极大热情令她很受感动。虽然是第一次公开演讲，但是宋庆龄一口流利的英语为她赢得了阵阵掌声。当她阐述妇女解放的问题时，全场更是掌声雷动，给了她莫大的鼓励。她在演讲中强调，妇女问题是民族尺度的问题，妇女应该积极参加国家公共福利事业，妇女是维护世界和平的伟大力量。

在那个年代，宋庆龄能如此高瞻远瞩，实属难能可贵，当时日本的评论界高度评价了此次演讲，并将此称为"世界妇女日益觉醒的有力证明"。这也奠定了宋庆龄日后为新中国妇女解放运动积极活动的基础，从另一个侧面反映了她对妇女解放事业所作出的伟大贡献。

与民间对孙中山夫妇的热烈欢迎不同，官方的态度比较冷淡。因孙中山北上谈判属政治敏感事件，日本政要在这一刻选择了集体"蒸发"。孙中山一行极为尴尬，一腔热忱和希望化为泡影，只好失望地离开日本。

孙中山原本身体就虚弱，此次北上，旅途奔波，再加上日本之行遭到官方冷遇，更使他的心情大受影响，越发心力交瘁。好在有宋庆龄陪在身旁照顾，他才能勉强支撑，心情也逐渐好了起来。

■ 宋庆龄陪同孙中山北上

在一个晴好的日子，孙中山还饶有兴趣地登上甲板看看风景，与宋庆龄合影。照片中的孙中山左手撑杖，右手拿帽，看上去身体很虚弱；一旁的宋庆龄一身绒毛大衣，手拿小包，稍稍歪着头，很是优雅。那时，他们谁也没想到，这张合影竟成了两人此生的最后合影。

经过黄海的狂风巨浪，一行人于12月4日抵达天津，天津工商学界及市民等团体单位两万人在码头热烈欢迎孙中山夫妇。

当一行人终于到达天津时，孙中山面色苍白，腹部剧痛。随后，他在宋庆龄、汪精卫以及儿子孙科的陪同下前往河北曹家花园奉军总部，与张作霖短暂交谈后即返回行馆，请德医克利博士诊视，后遵医嘱没有参加晚间举行的欢迎会，只派了汪精卫代表参加。

这一晚，张作霖回拜孙中山，孙身体欠佳，卧床未起，宋庆龄在身边服侍。张作霖干脆坐在床边说起国事，两人不知不觉谈了两个多小时，可见抱病在身的孙中山对国事的关注程度。

由于身体不适，孙中山在天津行馆疗养了将近一个月的时间，在此期间，宋庆龄侍汤侍药，并多次亲自下厨料理膳食，将孙中山先生照顾得无微不至。

不久，当孙中山听说在北京的段祺瑞提出"外崇国信"主张后，因过分动怒而伤及肝。宋庆龄看到丈夫为国家大事大发怒火，心忧如焚，但自己能做的似乎只剩下劝慰了。她尽量以平和的语气告诉先生，这些都是此次北京之行的不和谐因素，但正因为如此，先生才有北上商议的需要。她还开玩笑似的告诉先生，首先要珍重身体，才好有力气继续战斗。

由于病情始终没有好转，孙中山只好接受医生的劝告，前赴北京协和医院治疗。趁着病情稍微稳定一点，孙中山决定于 12 月 31 日赶赴北京。

1924 年的最后一天，孙中山抱病抵达北京。车抵北京前门车站时，各界列队欢迎，约有十万之众，群众情绪热烈。为重申来京的目的，同日，孙中山发表书面谈话《入京宣言》称："文此次来京，曾有宣言，非争地位权利，乃为救国。"

孙中山下榻北京饭店后，由宋庆龄贴身照顾。孔祥熙及宋霭龄各被安排辟室一间，代表宋庆龄招待女宾并看护孙中山病情。当时规定，非重要公务或未经医生许可，不得晋谒总理。由于每天来访者众多，孙中山不能一一接见，只好按来访者身份，指派其他人员接见处理。当时侍从众多，经过分配，昼夜轮值。

✿ 孙中山不幸病逝，宋庆龄继承遗愿

1925 年 1 月 21 日后，孙中山先生的体温骤然升到了 40 多度，基本上已经不能进食。23 日，他的眼球出现了黄晕，经医师诊断，发现肝脏的脓液已经侵入身体其他部位，不得不考虑手术。

各国名医联合会诊后表示，目前最好的救治办法就是立即进行手术，这也是挽救孙先生生命的唯一希望。在征求孙中山本人意见时，他却开始迟疑不决，最后在宋庆龄的反复请求下，才答应入住协和医院进行手术。

孙中山到底得了什么病？之前各国医师会诊并没有给出确切答案，虽然

查到了是肝出现问题，但严重到什么程度，是否癌变，一直没有下结论。

26日下午，孙中山先生被推进了手术室，此次手术由协和医院外科主任邰乐尔主刀，协和医院代院长刘瑞恒等大夫在旁辅助，外国医生及汪精卫、孔祥熙、孙科等人在看台上守候，情绪最为紧张的宋庆龄则被安排在与手术室相邻的房间等候。

待手术开始进行，孙中山的腹壁被切开后，让人震惊的状况出现了：他的整个肝脏表面、大网膜和大小肠上长满了大小不等、黄色发硬的结节，使腹脏各器官连在了一起，手术已经无法割除。邰大夫明白这是肝癌晚期的表现，只好向看台示意停止手术，汪精卫等人看到医生此举，也明白了事情的严重程度。

邰大夫只好选取肝上的小块组织作为标本，洗净缝合伤口，快速地结束了手术。宋庆龄虽然知晓丈夫病情的严重，但还是对手术治疗抱有一丝希望。当从医生那里得知肝癌晚期的结果时，她的心凉了半截，丈夫痊愈的希望彻底破灭。

手术后的第二天，经国民党党中央会议研究后，征得宋庆龄同意，协和医院代院长刘瑞恒、外科主任邰乐尔对媒体联名宣布，孙中山先生已到肝癌晚期。

孙中山在京期间，北京政权领导人又有何反应呢？据说，孙中山动手术的第一天，段祺瑞来探病，由于段祺瑞封建军阀卖国求荣，之前孙中山曾轰走过段祺瑞派来的代表。这次段祺瑞亲自来访，孙中山依然没有给他好脸色。

孔祥熙等人深知孙先生的顾虑与不便，就在前厅陪坐了一会儿，等待孙中山的答复，但是固执的孙中山因气愤段祺瑞政府的一意孤行，仍不愿意与其会面，最后派人婉言谢绝了段祺瑞，段也只好起身告辞。

孙中山先生已是肝癌晚期的消息传出后，孙中山身处各地的亲属以及社会各界人士都纷纷赶来。宋霭龄带着大女儿孔令仪来到北京，廖仲恺夫人何香凝也从广东赶到北京，帮助宋庆龄照顾孙中山。这些人无疑都给了孙中山和宋庆龄莫大的安慰和鼓励。

2月18日，在协和医院医治不见好转的孙中山，转移到铁狮子胡同的顾（维钧）宅静养。顾维钧是前外交总长，冯玉祥率兵进京时出逃，留下这所空房。宽敞的房舍，足够孙中山夫妇及其随从人员居住。据1925年2月19日上海《申报》载《孙中山最近病状》记：

东方社十八日北京电云：孙文已于十八日午后零时半出协和医院。当时该医院大门内外，完全禁止闲人接近。孙文出院移入红十字会汽车时，无一人得见其病躯，上车后即驰赴铁狮子胡同前往顾维钧之住宅。

另据同一天的天津《大公报》载《孙中山已迁出医院矣》记：

> 中山先生昨日午刻十二时出协和医院，由升降机下楼，乘红十字睡车，送铁狮子胡同行辕。沿途协和医生与德医克礼、民党各要人、孙夫人均护送。行辕结彩欢迎，并有军警多人在彼照料。临时遮断交通，恐途中颠簸，故驾驶者开车甚缓。抵顾宅后，用床抬入大客厅内。出院时体温如常，脉搏一百次。抵顾宅后复加试验，体温如常，脉搏一百十次，惟精神衰弱。至出院原因，闻系因在医院方面，施治技穷。左右主张改用中医，惟中山本人仍信西医。故现在仍主由西医诊治。非待至西医束手时，断不至改用中医。今日到行馆慰问者甚多，段执政代表蔡廷干、郑洪年亲到慰问。均国民党代表招待。又行馆秘书处今日发出通告，报告此事，并请访客勿谈国事。兹将原文录左：
>
> 奉孙中山面谕：
>
> > 此次搬入行馆，专为疗病，一切宾客，概未能接见。凡到访者，派人招待，惟以询问病情为限。关于军国大事，暂行停止谈话。特此通告，诸希谅察。
>
> 秘书处
二月十八日

另外，汪精卫将孙中山出院情形发了封电告给留守广州的国民党领导人胡汉民，其内容部分摘录如下：

总理受镭锭母治疗，已历四十余小时。协和医生，谓此病用镭锭母亦未必有效，且用四十八小时，即当停止。而连日总理体气日弱，医生屡告绝望，故总理决意出院，迁入行宫疗养。家属及同志皆同意，即于今午迁入，沿途平安。特闻。兆铭。巧（18日）

2月24日，孙中山病危，协和医院相关医生吩咐准备后事。为避免刺激宋庆龄，汪精卫请她暂离病房。征得宋庆龄同意后，孔祥熙、宋子文、孙科和汪精卫四人进入病房，拟征询中山先生遗嘱，汪精卫记录下了孙的遗嘱初稿。

这次征得孙先生家事遗嘱和政治遗嘱各一份。家事遗嘱全文如下：

余国尽瘁国事，不治家产。其所遗之书籍、衣物、住宅等，一切均付吾妻宋庆龄，以为纪念。余之儿女，已长成，能自立，望各自爱，以继余志。此嘱！

孙文

政治遗嘱全文是：

余致力国民革命，凡四十年，其目的在求中国之自由平等。积四十年之经验，深知欲达到此目的，必须唤起民众，及联合世界上以平等待我之民族，共同奋斗。

现在革命尚未成功。凡我同志，务须依照余所著《建国方略》、《建国大纲》、《三民主义》及《第一次全国代表大会宣言》，继续努力，以求贯彻。最近主张召开国民会议及废除不平等条约，尤须于最短期间，促其实现。是所至嘱！

孙文

除了两份遗嘱之外，汪精卫还征得孙先生的《致苏联遗书》一份，遗书真诚恳切，字里行间深切地表达了他希望国民党能与苏维埃政权合作，完成赶走帝国主义，解放中国事业的理想。

3月11日，孙中山再度病危。孔祥熙、宋子文、宋庆龄等人围拢在孙中山周边，先生特意将何香凝唤到身旁，悄悄告诉她，一定要"善视夫人"，"弗以其夫人无产而轻视"。孙中山将宋庆龄托付给了自己最信得过的人，同样的话他也向儿子孙科、女婿戴恩赛做了强调。

此时，在孙中山身旁的宋庆龄已经哭成了泪人，她托起丈夫颤抖的手，在遗嘱上艰难地签上"孙文"二字。在场的孔祥熙、汪精卫、孙科、何香凝等人，均成为《总理遗嘱》见证人。

据史料记载，孙中山迁入铁狮子胡同行馆后，出现了一些特殊征兆。无数乌鸦云集至此地，密布天空，甚是惊人，以至于3月11日孙中山病危之际，梁启超前往问候孙中山时，竟然惹来了数千乌鸦猛扑上身。

梁启超何时遇到过这样的攻击，自然狼狈至极。见到平生与孙中山关系并不好的梁氏遭到如此"待遇"，照顾孙中山的相关人员认为这完全是天意使然，但他们也知道，冥冥之中似乎有种预兆，某种不幸很快就会到来。

果然，就在梁启超问疾孙中山后的第二天，孙中山生命垂危。3月12日早晨，医生告知家属及相关人员，孙先生只剩最后一口气。在汪精卫和宋庆龄的带领下，在场的孙先生家属以及党内相关人士一起入室，见孙先生最后一面。此时的孙中山处于昏迷状态，眼前的很多人他已经难以分辨。

在孙中山弥留之际，人们还可以从他口中听到"和平"、"奋斗"、"救中国"等字眼。上午9时30分，孙中山的心脏停止了跳动，这位伟大的革命先行者，带着对未竟事业的遗憾与牵挂，与世长辞。

孙中山遗体被抬走后，宋庆龄孤单单地坐在丈夫躺过的病床前，这令人心碎的场面使所有在场的人都不忍目睹。

宋庆龄当时才30岁出头，柔弱美丽的她正是需要呵护与温暖的年纪，却承受了如此的生离死别。近十年的婚姻生活中，她跟随孙中山从事革命工作，牵手走过政治风浪，留下过许多温馨的回忆。可如今，斯人已去，永不复见。

■ "革命先行者"孙中山逝世

■ 宋庆龄在北京西山碧云寺
孙中山灵堂守灵

孙中山病逝的那一夜，大姐宋霭龄看到二妹如此孤单痛苦，就告诉女儿孔令仪去陪伴宋庆龄说说话，懂事的令仪明白母亲的苦心，她体贴地陪着姨妈一起度过了那个最难熬的夜晚。

　　据孔令仪后来回忆说，当时二姨还问自己怕不怕，其实当时自己十分害怕，但还是说不怕。在她的印象中，宋庆龄相当内向，但是只要认准了一件事就会坚定地走下去，比如当初不顾外公外婆的阻拦毅然决定嫁给孙中山。

　　孙中山离世，并没有留下什么万贯家财，但他却留给了后人难以估量的精神财富，宋庆龄所能做的，就是坚定地继续先生遗志，朝着孙先生指引的革命道路勇敢前进。

❈　为国奋斗，投身大革命洪流

　　如果从 1894 年在夏威夷檀香山成立兴中会算起，孙中山为中国革命已奋斗了 30 年。在这 30 年里，一个个中华儿女聚集在孙先生的旗帜下，追求自由，为国奋斗。很多人因此而改变了人生轨迹，这其中受影响最大的莫过于宋庆龄。

　　孙中山去世后，移灵香山碧云寺暂置。宋庆龄离开北京，回到了上海寓所居住，其间还去过两次南京，其主要任务就是为孙先生选墓地。南京是辛亥革命后"中华民国"的首府，也是孙中山就职临时大总统的地方，宋庆龄决定将先生安葬于此。

　　关于选择南京作为孙中山最后的归宿地，还有一个小故事。当年卸任总统的孙中山有一次在南京紫金山打猎，登上紫金山时，被眼前的山水气象折服，他对随行的辛亥元老胡汉民、贴身侍卫郭汉章说，将来死后能够葬在这里就好了。也许只是一句玩笑话，但是看得出，孙先生钟爱紫金山。没想到一语成谶，13 年后，这句玩笑话变成了现实。

　　孙中山逝世后几个月，中国人民的革命热情空前高涨，各地工人纷纷罢工，反对剥削和压迫。宋庆龄也不忘使命，在廖仲恺以及何香凝等国民党左派元老的帮助下，在上海、南京大力宣传孙先生的三民主义精神。

1925 年 5 月 30 日，英帝国主义在上海开枪射杀示威游行群众，酿造了震惊中外的"五卅惨案"，引爆了全国大革命风暴。反帝国主义怒火席卷全国，工人罢工、学生罢课、商人罢市。

6 月初，宋庆龄在上海寓所接见《民国日报》记者，就"五卅惨案"发表了看法。她愤怒地指出："此次惨剧，简单言之，实为英日强权对于中国革命精神之压迫，中国人民能一致起而反抗英捕房之暴行，在上海此实为第一次。"

她认为面对船坚炮利的帝国主义，国人的态度应该是"吾人所恃之武力何物，全国国民之爱国心与团结力而已"，"合工商学各界之全力应付之"。只有这样，才能抵抗帝国主义压迫，寻求中华民族的独立解放。

另外，她还希望国民要员以及广大人民群众团结起来，一起完成孙中山先生的遗愿。她说："中国国民党党员尤当努力以竟其领袖未竟之志，最近学生、工人与市民之爱国运动中，处处可见孙先生之精神，故孙先生精神实未尝死。"

对于这场爱国运动的发展方向，宋庆龄也给出了一些指导性意见，她主张"对外当以言论唤起世界各国之人民主张公道"；"对内当一方团结各界，坚持到底，同时大规模向各省募捐款项，援助失业之工人；一方宜趁此时唤起全国之民族精神，为长时期之奋斗，务达取消一切不平等条约之目的"；"此次奋斗，不可专赖一界或一阶级，如商界政界之类，而当合工商学各界之全力应付之"。

"五卅惨案"发生后，宋庆龄及时站了出来，与《民国日报》记者的一番谈话也很有见地。她多年追随孙中山左右，耳濡目染，展现了一个正逐渐走向成熟的政治领袖风采。除了思想上的支持之外，她还身体力行，号召妇女们募捐，支持南方罢工，并且帮助那些在上海流离失所的工人。为此，她还专门成立了一个特别的团体——上海救济"五卅惨案"失业工人联合会，做了大量的救助工作。

"五卅惨案"发生一个月后，即 6 月 30 日，北京各界在天安门召开对英日帝国主义雪耻大会。当天，天安门广场聚集了 20 万群众，这是自 1919 年五四运动以来，在天安门举行的规模最大的群众集会。这样大规模的集会当然少不了宋庆龄的参与，刚刚从上海抵达北京的宋庆龄没顾得上休息，就直奔天安门会场。

宋庆龄身体本就不舒服，加之旅途劳累奔波，并没有做与会发言。共产党妇女运动代表刘清扬代她向大家说明事由，并表示歉意。当宋庆龄登上主席台挥手向大家致意时，台下爆发出雷鸣般的掌声，宋庆龄得到了所有人的尊重与崇敬，不禁深受感动。

此次国民大会不仅有来自祖国各地的团体队伍，还有来自世界各地的工人后援团会和工党代表。宋庆龄从中受到了国际主义精神的教育和启发，学到了很多东西。

国共合作期间，宋庆龄跟共产党走得很近。在上海，中国共产党著名的妇女领袖向警予、瞿秋白夫人杨之华经常去上海宋庆龄寓所拜访，她们在一起讨论形势，瞻望未来，谈得很投机。这给宋庆龄带来了很大的慰藉，也更加坚定了她追随孙先生脚步的决心。

没过多久，一件让宋庆龄心痛的事情发生了。同年 8 月 20 日，从广州传来噩耗，与孙中山夫妇并肩作战的好朋友廖仲恺被暗杀。

早在 20 世纪初期，廖仲恺与孙中山在日本结识，随后加入同盟会，追随孙中山。广东国民政府成立后，他全力辅佐孙中山改组国民党，促成第一次国共合作，是"联俄、联共、扶助农工"三大政策的忠实执行者和捍卫者。随后积极筹备黄埔军校，平定商团叛乱，杨刘叛乱，参加北伐、东征等战役，为巩固广东革命政权做出了巨大贡献。

除去工作关系外，从私人关系而言，廖仲恺是孙中山先生感情最深的挚友，其妻何香凝女士也是宋庆龄女士的至交好友，而且廖氏夫妇还是宋庆龄同孙中山婚姻的支持者和见证人。在看护孙中山的最后日子里，何香凝给了宋庆龄最大的精神力量与鼓励。

刚送别丈夫，又送别丈夫最亲密的战友，宋庆龄悲愤至极。此时的她深知廖夫人何香凝内心的痛楚，她在给何的唁电中说：

惊闻仲恺先生哀耗，元良猝丧，吾党损失甚巨，实深痛切……但先生为党牺牲，精神尚在，吾辈宜勉承先志……务希各同志扶助本党，积极进行，万勿因此挫折……

廖仲恺被暗杀后，广大革命群众义愤填膺，"为廖党代表复仇"的声音响彻南粤大地，正如廖夫人何香凝所说，"仲恺所流的赤血，已变作了革命的火花。"

国民政府立即组织特别部门，追查凶手及幕后策划者，最后查明此次暗杀行动竟由国民党右派集团策划，胡汉民嫌疑最大，胡的哥哥等一批人全部被抓获归案，胡汉民本人事先逃离了广州。

9月1日，广州召开廖仲恺追悼大会并举行了葬礼。广州黄埔军校师生、工人、农民、学生以及社会各界群众20多万人参加，会后还举行了大规模游行。宋庆龄因身体抱恙，加之上海也有很多公众活动无法脱身，没能去成广州，向何香凝表示了歉意。

1926年1月4日，国民政府在广州召开"二大"会议，这是孙中山逝世后举行的第一次国民党大会，会议由汪精卫主持。由于当时正处于国共合作期间，到会代表中有很大一部分是共产党人，出席会议的国民党主要是支持孙中山三民主义的左派人士。在这次会议上，宋庆龄做了演讲。她大力批判了国民党右派的反党分裂活动，希望大家团结协作，一起完成孙中山先生的遗愿。

宋庆龄在此次"二大"会议上做了大量的工作。她被推选为以汪精卫、谭延闿、邓泽如、丁惟汾、谭平山和她自己共六人组成的大会主席团成员，还与何香凝、邓颖超组成大会的妇女运动报告审查委员会，在《妇女运动决议案》中，她们喊出了"妇女应急起参加国民革命"的伟大口号，并提出了很多有利于妇女解放运动的决议条款。

会议选举了新的机构，一些共产党人也都得到了重用，而宋庆龄则以压倒多数票当选为国民党中央执行委员会委员，兼任妇女部长，这也是她第一次取得国民党政治上的最高职位。通过"二大"，正式确立了宋庆龄在国民党中央的领导地位，并继廖仲恺之后，成为国民党左派领导核心。

值得一提的是，由于中共和国民党左派在政治上对国民党右派做出了妥协退让，在大会选举中执委和中常委时做了让步，以蒋介石为首的国民党新右派借机崛起，在党内老右派的支持下，蒋介石顺利当选为中央执行委员、中央常务委员和政治委员，捞足了政治资本。

❖ 与蒋介石决裂，为小妹婚姻担忧

就在宋庆龄投身妇女运动的同时，国民革命军在黄埔军校校长蒋介石的带领下，正进行北伐战争前的准备。

广东国民革命力量的迅猛发展，引起了帝国主义和封建主义的恐惧。在北方，他们联合进攻冯玉祥的西北国民军；在南方，他们支持军阀吴佩孚出兵湖南，并联合孙传芳以及滇、贵、川等西南军阀势力，企图三面合围广东革命根据地。

正是在这种情况下，国民政府为了打破北洋军阀的"围剿"计划，决定实行"打出去"战略，将革命推向全国。1926年5月，叶挺第四独立团被任命为北伐先遣部队开往湖南，拉开了北伐战争的序幕。同时，国民政府委任蒋介石为国民革命军总司令。从此，蒋介石这个对中国产生影响的人物登上了其可以发展的舞台。

北伐军同仇敌忾，英勇善战，向北的一支冲破湖南的北洋军阀，打到了武汉；向东的一支平定了江西，直接进驻上海，将吴佩孚、孙传芳等军阀歼灭殆尽。为了把北伐的胜利成果发展到全国，实现孙中山统一全国的遗愿，广东国民党中央决定迁都武汉。

筹备迁都事宜，也是宋庆龄成为国民党中央执行委员后，担当的第一次重要使命。宋庆龄想到孙中山生前几次誓师北伐的失败，又想到如今终于可以将胜利旗帜高高地插到武昌城头，欣慰不已。

实际上，蒋介石一直反对迁都武汉，他不是不想迁离广州，而是因为他看上的地方是南昌。南昌是他的司令部所在地，他觉得南昌的地理位置比武汉更适合做首都。

宋庆龄一行于 1926 年 11 月 16 日从广州出发,先走粤汉铁路到达韶关,再徒步翻越粤赣交界的大庾岭。宋庆龄虽然坐着轿子,但是她经常会在一些不好走的路段下轿徒步前行,吃了不少苦头。眼前此景让她联想到革命道路的崎岖与坎坷,感慨孙中山革命的不易,也更加坚定了前进的信念。

翻越大庾岭抵达江西境内,在赣南工商业中心城市赣州,宋庆龄一行受到了群众的热情欢迎。在这座并不大的城市里,处处都能看到悬挂的标语,比如“建立廉洁的地方政府”,“廖仲恺的精神活在我们心中”等,赣南的革命热情让宋庆龄印象深刻。

随后,他们决定由赣江坐船前往南昌。12 月 2 日,宋庆龄等人终于到达蒋介石大本营所在地南昌,蒋介石盛情接待。

由于南昌的局势也不是很稳定,原本预定在此召开的中央军政会议,临时决定将会议移至离南昌不远的庐山牯岭镇举行。从南昌到庐山,安排陪同宋庆龄左右的是蒋介石当时的妻子陈洁如。那年她 21 岁,正值青春妙龄。此时她大概做梦也没想到,一年后,就被迫与蒋介石离婚,把蒋夫人的位置拱手让给宋美龄。

在庐山牯岭镇召开的中央军政会议很成功,庐山冬季难得的美景让与会代表心情都很好,宋庆龄的感觉也不错。

在会上,宋庆龄、邓演达等国民党左派坚持加强团结、开展工农运动、进行社会改革等主张。但是以蒋介石为代表的国民党右派对这些所谓的社会改革完全不感兴趣,他们在乎的是增加军费、扩张军力等问题。此外,与会者们集体通过了召回寄居海外的汪精卫回国复职的决定。

会议结束时,由于左右两派很多政治观念不同,所以并没有取得实质意义上的成果。

10 日,宋庆龄与其他先遣人员抵达武汉。在武汉,国民党中央召开了紧急会议,确定了由宋庆龄、陈友仁、吴玉章、徐谦、蒋作宾以及共产国际特使鲍罗廷组成的“中国国民党中央执行委员会及国民政府委员临时联席会议”,以此作为迁都武汉前,国民党党中央的临时党政最高权力机关。随后,宋庆龄立即投入了筹备迁都的繁杂工作中。

与此同时，蒋介石领导的国民革命北伐军一路高歌，捷报频传。1927年元旦，国民政府正式宣布迁都武汉。从这天起，武汉成为国都，武昌旧督署成为国民政府办公地点。

武昌阅马场、汉口华商跑马场、汉阳球厂先后举办了大型群众庆祝活动，庆祝武汉成为国民政府首都。武汉三镇人民全都表现出了极大的热情，一连三天活动不断，盛况空前。

武汉表面上热热闹闹，一片祥和景象，但是背后也有一些不和谐的力量正在暗流涌动，这股力量正是来自以蒋介石为首的国民党右派集团。

借国民党二大正式"上位"的蒋介石相继制造了排挤共产党的"中山舰事件"和整理党务案风波，发展了一批忠于自己的力量，将自己人替代了原来由共产党人担任的职务。他本人则当上了国民革命军总司令，实际上垄断了国民党的党、政、军、财大权。如此看来，蒋介石愿意待在南昌，而不愿轻易挪窝去武汉，是有一定原因的。

1927年3月10日，国民党二届三中全会在汉口召开，蒋介石感到形势对自己不利，所以并没有出席此次会议。会上，宋庆龄领导国民党左派和共产党人共同努力，通过了《统一革命势力决议案》、《军事委员会组织大纲》等议案，重申坚持国共合作原则。

大会斥责了蒋介石大搞个人军事独裁行为，指责他破坏了孙中山的联共政策，使孙先生改组国民党的精神破坏殆尽。另外，大会决定，将一切军事、政治、外交、财政等大权，全部集中于党，确立中央常务委员会、政治委员会和军事委员会的集体领导制度，取消国民党二届二中全会设定的设常务委员会主席的制度等相关规定。

这些规定实际上撤销了蒋介石的国民党中央执行委员会常务委员会主席的职务，挫败了蒋氏以军治党，以军治政的个人野心膨胀行为。

这次会议可以说给了蒋介石当头一棒。他认为，既然自己不被接受，武汉国民政府不承认自己在党内的地位，何不投靠帝国主义公开反对革命，建立自己的政府？在这种想法的驱使下，蒋介石在其控制范围内，制造了一系列惨案，大肆捕杀共产党人，一路杀到上海，制造了震惊中外的"四一二"

反革命政变。

1927 年 4 月 12 日，蒋介石勾结上海青帮杜月笙等人在上海派出军队对付手无寸铁的工人群众，屠杀数千人，血洗宝山路。根据他的密令，他的爪牙随后深入沿海各省市，大规模屠杀共产党员和革命群众。很多优秀的共产党员如陈延年（陈独秀之子）、赵世炎、萧楚女等先后被杀害，南方各地陷入了白色恐怖之中。据说，密令谋杀的名单上还有宋庆龄，只是后来蒋介石出于与宋美龄的关系而被搁置下来。

"四一二"反革命政变发生后，武汉方面做出了快速回应。4 月 17 日，经国民党党中央研究决定，开除蒋介石党籍，免去其党内各部门职位。

就在蒋介石被开除党籍的第二天，也就是 4 月 18 日，他在帝国主义和江浙财阀的支持下，在南京建立了大地主大资产阶级联合专政的反革命政权——南京国民政府。

4 月 22 日，宋庆龄、孙科、何香凝等国民党左派代表人士会合毛泽东、董必武、林伯渠等共产党人，以国民党中央执行委员、国民政府委员等名义共同发表了《讨蒋通电》，指出蒋的种种罪行。先前回国的汪精卫戴着一副左派的假面具，打着自己的小算盘，煞有介事地在《讨蒋通电》上签了名。4 月 23 日，武汉召开 30 万人大会，掀起了群众反蒋高潮。

蒋介石在南京建立了"国民政府"后，彻底与武汉国民政府对抗起来，中国现代史上也第一次出现了两个国民政府。如此一来，国民党内部彻底分裂，出现了泾渭分明的两大政治派别。

武汉政府政治上的失势也导致了军事上接二连三的叛乱，分别驻守宜昌和长沙的夏斗寅和许克祥先后叛变。在这紧要的革命关头，宋庆龄坚定不移地捍卫着孙中山的三大政策，无畏地与国民党右派作斗争。

对当时宋庆龄的状态，可以从美国女记者安娜·路易斯·斯特朗对她的采访中看出来。斯特朗是这样描述宋庆龄的：

> 尽管她温文尔雅几近于柔弱，却具有坚强的意志，不顾家庭和社会的层层压力，坚定走自己的道路，她的朋友想劝她脱离汉口革命政府，

甚至安排了一条日本船让她出走，然而她拒绝了。

人在孤单无助的时候特别想得到来自亲人的支持和力量，而宋庆龄自从跟着孙中山走革命道路的那一天起，就和家人的关系疏远了。父亲宋耀如去世后，宋霭龄以大姐的身份执掌门户。

可以说，刚开始时，宋氏家族内部关系还是比较融洽的，姐妹们在政治上也基本能达成共识，一致赞成并参与孙中山领导的国民革命。但自中山先生去世后，随着国民党内部的决裂，蒋介石的崛起等，打破了宋氏家族内部原有的和谐局面，内部团结的基础开始松动。

在紧张的形势下，精明的大姐首先提出了自己的想法，那就是重新寻找可以依靠的新势力，为丈夫孔祥熙的前程铺好道路，重振宋家辉煌。令宋庆龄感到气愤的是，大姐盯上的靠山是叛变孙中山先生遗愿的蒋介石，而交易筹码竟是小妹宋美龄。

早在1922年的上海，蒋介石无意中在一次舞会上邂逅了宋美龄后，就立即对其展开了追求。中山先生还在世时，跟宋庆龄说过蒋介石想娶小妹为妻的想法，宋庆龄当时坚定地表示不同意小妹跟这个有妇之夫在一起。

但当宋霭龄知道蒋介石钟情小妹宋美龄后，便心动了。宋家当时需要一个助推的力量重现辉煌，一旦促成蒋宋联姻，对双方都有好处。

在对比了武汉政府和南京政府的实力之后，精明的宋霭龄将目标锁定在蒋介石身上，宋家必须跟老蒋联合起来才能实现"双赢"，于是她明确表示自己站在南京国民政府这边。宋庆龄代表的是国民党左派，对蒋介石的新军阀嘴脸深恶痛绝。姐妹俩在小妹的婚姻问题上态度迥然不同。

宋霭龄和宋庆龄这一对姐妹，在性格上有着明显的差异。早些年，宋霭龄在父亲的影响下投身革命，也是一位追求进步的革命党人。但是孙中山去世后，国民党内群龙无首，她必须物色一位很好的靠山继续宋家的辉煌。抱着对革命不同的态度和最终目的，一个特别的情景出现了：宋庆龄的思想越来越激进和理想主义，想得更多的是为国为民，完全继承了孙中山的思想；而宋霭龄的思想则越来越保守和功利，她追求利益的愿望也越来越鲜明。

在政治思想上的殊途反映到了生活中。宋美龄在宋霭龄的一番"游说"下，逐渐倾向于蒋介石，这个结局是宋庆龄极为不愿看到的。宋霭龄在家庭宴会上提出蒋宋联姻的想法，征求家人的意见，顿时激起不少反对意见。

除了宋庆龄以外，在宋家，不喜欢蒋介石的还有宋母倪桂珍以及大弟宋子文。但这两人先后被宋霭龄"搞定"，蒋宋联姻全无障碍。

随着宋霭龄的"倒戈"，蒋宋联姻最终结成，贴上各种标签的联姻被国人津津乐道。然而，宋氏家族却面临着第二次分裂。

❖ 国共合作失败，宋庆龄远赴苏联

宋庆龄跟大弟宋子文的关系一直很好，但宋子文随后在大姐宋霭龄的规劝下"加盟"了南京国民政府，让她心痛不已。

效忠南京国民政府后，宋子文还充当了一回蒋介石的说客，专程从上海赶到武汉游说二姐，提出种种好待遇企图软化宋庆龄。

宋庆龄越听越心寒，她知道姐弟俩的关系再也回不到过去了。性格刚强的她永远忠于自己的革命信念，当即拒绝了大弟的"好意"，宋庆龄和宋子文之间的姐弟感情随之破裂。

后来，有史学家这样评论宋庆龄："这种以政治信仰和理想超越亲情的例子，世界甚为少见。"在这些史学家们看来，那些没有坚定革命信仰的人永远不能理解宋庆龄的"狠心"。

宋庆龄也想过自己的出路，在当时的形势下，如果武汉政府失败了，她会去苏联，所以，她时常跟着鲍罗廷顾问手下的阿基莫娃学习俄语。

1927 年 7 月，武汉革命形势一落千丈，完全没有了生机。在南京方面反共政策的高压下，共产党领导人陈独秀提出共产党放弃革命领导权，完全解除革命武装的要求。虽然共产国际意在加强国民党中央左派力量，并提出"肃清反革命分子"的紧急指示，但是在陈独秀右倾投降方针政策的指导下，革命面临着失败。

与此相反的是，本来就有反共情绪的汪精卫借机制造各种谬论，大搞反

革命，叫嚣"一条船上不能有两个掌舵的人"。对于孙中山的"联俄、联共、扶助农工"三大革命政策，汪精卫的解释是，三大政策是一种权宜之计的暂时性政策，环境在变化，政策也要跟着变。

汪精卫的一番谬论让宋庆龄颇为气愤，她陷入了沉思。她深知孙中山提出三大政策是经过无数努力的实践才最终得出的，根本就不是什么权宜之计。7 月 14 日晚，汪精卫秘密召开"分共会议"，宋庆龄拒绝出席。

与此同时，宋庆龄正在打印着一份题为《为抗议违反孙中山的革命原则和政策的声明》的文章，简称"714 声明"，部分内容摘录如下：

> 我认为我现在必须以国民党中央执行委员的身份，来说明我们目前有必要作明确的解释。本党若干执行委员对孙中山原则和政策所做的解释，在我看来，是违背孙中山的意思和理想的，因此，对于本党新政策的执行，我将不再参加。

针对汪精卫关于孙中山三大政策的那些谬论，宋庆龄谈道：

> 孙中山曾明确地说明，他的三大政策是实行三民主义的唯一方法，但是现在有人说，政策必须按照时代的需要而改变，这种说法虽然有一部分道理，但是政策决不应改变到如此地步，以至成为相反的政策，使革命政党丧失了革命性，变为虽然扯起革命旗帜而实际上却是拥护旧社会的机关。

最后，她对自己的引退做出了说明：

> 现在，我认为背弃了孙中山领导群众和加强群众的政策，因此，我只有暂时引退，以待更贤明的政策出现。我对于革命并没有灰心，使我失望的，只是有些领导过革命的人已经走上了歧途！

后来这份声明以革命传单的形式贴满了武汉三镇的大街小巷，为革命鼓舞打气。

随后，共产党人全部退出武汉国民政府转入地下工作，一些国民党左派人士与鲍罗廷一起去往苏联暂避。宋庆龄也离开武汉，返回上海寓所。

宋庆龄回到上海后，为安全起见，只与家人见了面，不再与外界接触，但是宋庆龄回沪的消息还是被记者知道了。蒋介石获悉后立即派何应钦前去上海，务必恳请孙夫人出山，但被宋庆龄严词拒绝。随后，宋庆龄通过通讯社重申了她的"714声明"，坚定了革命到底的信心。

回上海后的第三天，宋庆龄通过美国女记者雷娜·普罗美与苏联秘密联系，希望赴苏。普罗美是武汉国民政府办的唯一英文报纸《人民论坛报》的主编，正是她替宋庆龄一行办好了赴苏相关手续。苏方同意以苏联政府名义正式邀请宋庆龄访苏。

接到邀请后，宋庆龄决定马上动身。但是当时没有从上海开往海参崴（今符拉迪沃斯托克）的轮船，一直等到8月中旬才终于成行。

对宋庆龄赴苏的做法，包括宋母倪桂珍在内的宋家上下都表示反对。他们觉得宋庆龄随便去哪一个西欧国家也强于去共产党领导下的苏联。但是宋庆龄表示，除了苏联，她哪儿也不去。全家人都拗不过老二的倔脾气，只好"放行"。

这次陪同宋庆龄访苏的，除了雷娜·普罗美之外，还有武汉国民政府外交部长陈友仁以及他的两个女儿和秘书长吴之椿，6人一同远赴苏联。

与当初起草"714声明"一样，宋庆龄于8月21日赴苏前发表了一篇《赴莫斯科前的声明》，部分内容摘录如下：

> 由于孙中山以大政治家的风度运用了三大政策，并由于三大政策使各种力量相互结合，国民党才能结束十年来广东的混乱局面，创建了并供应了革命军队……除了在广东的惊人政绩以及在北伐中取得的伟大军事收获外，国民党在中国历来只有失败和耻辱的国际舞台上还获得一些值得纪念的成就。它使中国的国际地位空前地提高了，迫得列强的代

表与中华民国的外交部部长在会议上以平等地位进行谈判，使世界各地朝野人士都重视他就国民革命的目的与抱负所发表的谈话。在那些日子里——还只不过三个月前啊——国民党可能叫人憎恨，甚至叫人害怕，但是没有人敢轻视它。

今天却大不相同了。国民政府的盛名，现在已经一落千丈，与北方的半封建余孽不相上下；昔日受革命委托而担任领导工作的人，今日却任凭长江一带的新督军府操纵利用国民党……

我个人的路线是明确的。我深信，三大政策是革命的思想与方法的基本部分。因此我得出结论：在与国内军阀及外国帝国主义的斗争中，只有在国民党领导下正确地配合运用由三大政策所产生的革命力量，国民党人才能获得真正的成功。国民党冒牌领袖们所领导的反动势力危害了三大政策，因此，国民党内部的革命的一翼——如果今天孙中山活着，他一定和他们站在一起——必须使苏联深深地相信，虽然有些人已经投靠了反动势力与反革命，但是，还有许多人将继续忠于孙中山为指导与推进革命工作所制定的三大政策。因此，我要亲自到莫斯科去说明这一点。

宋庆龄的这份声明，严厉谴责了国民党冒牌领袖们背叛"三大政策"后对中国革命的危害，不点名地批评了蒋介石与汪精卫之流的丑恶嘴脸，她依然坚信中国革命必定会走向最终的胜利，在声明的最后，她还明确表明了自己是带着同苏方合作的使命前往苏联的。

抵达海参崴之后，宋庆龄一行改乘苏联专门调配的火车，远赴莫斯科。在旅途中，宋庆龄仍不忘工作，在摇摇晃晃的车厢里，她写下了《向苏联妇女致敬》、《在莫斯科发表的声明》等多篇文章。

9月6日，宋庆龄一行终于抵达莫斯科。到达时，苏联政府安排外交部长季维诺夫等人接车。车站站台上站满了工人、农庄庄员、莫斯科中山大学学生、妇女团体以及中国侨民，欢迎人群中还有人举着中文为"欢迎革命的领袖宋庆龄"的横幅。

宋庆龄在莫斯科受到了国宾级的待遇，但是忧虑中国革命的她却始终高兴不起来。她到莫斯科的目的是让苏联重新评估和肯定中国革命，但她碰到的却是一场评价中国革命价值和方向的激烈争论。国家领袖斯大林和共产主义左翼领袖托洛茨基都坚持自己对中国的指导意见是对的，中国革命失败的责任不在自己。

11月1日，宋庆龄在莫斯科与邓演达（先期赴苏）、陈友仁共同发表了《对中国及世界革命民众宣言》，明确阐述了三民主义的意义，表示继续与新旧军阀作斗争。

11月21日，陪宋庆龄一起赴苏的好朋友普罗美因患脑炎去世；12月1日，小妹宋美龄与蒋介石结婚的消息从上海传来，对宋庆龄的精神造成了巨大的打击，她感到身心俱疲。在人生最艰难的时刻，幸好还有陈友仁、邓演达的鼓励与支持，宋庆龄这才支撑了下来。

在苏联期间，宋庆龄参加了一些演讲活动，比如在莫斯科中山大学的演讲，莫斯科中山大学是国外第一所以孙中山名字命名的大学。宋庆龄对这里的学生寄予了很高的期望，她希望中山大学的学生能够继承孙中山遗志，高举三大政策精神学习奋斗。

在莫斯科，宋庆龄经常收到蒋介石的来信，大多是说南京政府形势大好，希望她回国就职等甜言蜜语式的劝降。同时，她也接到了母亲和小妹的劝说信，这些微妙的"巧合"让宋庆龄觉得有些不安。12月17日，宋庆龄回复了蒋介石来电：

> 我正准备回国，却获悉你打算与苏俄绝交，并要求撤销苏俄领事馆。采取这一步骤，将是自杀行为，它将使中国陷于孤立并延缓其发展。为此，历史将要求你对此承担责任。你要是有一点领导者的远见卓识，倘若你还记得与苏俄进行合作是领袖的临终遗愿，那就该悬崖勒马，使国家免于陷入深渊。如果直到最后一刻，还不采取废除这种断交的措施，我将留在这里，以抗议你的这个决定。

精明的蒋介石收到这封回复后，在复电中表示宋庆龄被迫滞留莫斯科是受人胁迫的结果，不是自己所逼。宋庆龄对这封假惺惺的复电再次致电蒋介石：

> 我留在世界革命的心脏莫斯科是自愿的，就如同我的访问是一种对国民党领导人的反革命政策的自愿抗议一样。说我似乎是在别人的迫使下行事，这完全是诽谤和对我过去所做工作的侮辱。这种诽谤，再一次说明你的疑神疑鬼，它妨碍你正确地考虑问题，使你作出了致命的决定……
>
> 如果我回国的话，那也只是为了参加工农斗争。孙中山为了工农的幸福奋斗了四十年，他们现在正受到无耻地打着国民党旗号的残暴的反动派的屠杀……我将踏着革命者的足迹继续前进，这是缅怀我们领袖的唯一道路，我在这条道路上决不回头……

宋庆龄多次用这种严厉的口吻揭穿了蒋介石的劝降请求。

当时的苏联，苏共党内正在开展反对托派的斗争，托洛茨基、季诺维也夫等左派被开除出党籍，在莫斯科引起了巨大的反响。

宋庆龄作为国宾又是党外人士不方便对这些敏感事件发表看法，也不宜参与苏共党内的事。但眼前的情形使她明白，要想在苏联寻求更大的实质性帮助是不太可能了，于是，她准备离开莫斯科。

宋庆龄与邓演达、陈友仁商讨后达成共识，准备离开形势不稳定的莫斯科，将工作任务放到其他地方开展，加之莫斯科医生没能治好宋的皮肤病，所以决定前往医学更发达的德国。

邓演达先行离开莫斯科去柏林为宋庆龄打前站，陈友仁则去了法国巴黎，寻求革命合作事宜。

✿ 流亡德国，日子清贫孤寂

1928 年 5 月 4 日，宋庆龄到达德国首都柏林，开始了在德国生活的日

■ 宋庆龄在德国

子。在人生地不熟的柏林，经常来看她的便是邓演达，两人经常在一起探讨中国革命问题。

两人基本观念一致，所以谈得很投机。邓演达还不时赴西欧各国考察，就中国革命问题与各国领导人交换意见，了解外国对中国革命的看法。

在柏林，宋庆龄电话拒绝了大弟宋子文为她开支票的要求，拒绝美国哥伦比亚公司提出的有政治目的的有酬演讲，拒绝接见美国驻国民党中国大使司徒雷登。她每天深居简出，过着清贫孤寂、平静怡然的日子。

宋庆龄最高兴的事莫过于有亲人来看望她。这年夏天，宋庆龄的小弟宋子安从美国哈佛大学毕业，归国时特意选择了绕道柏林看望二姐。宋庆龄在众多的兄弟姐妹中，与小弟宋子安的关系一直是最好的。

弟弟的到来给宋庆龄无聊孤寂的生活带来了很多欢乐。姐弟俩参观柏林大学，游览城市公园，尽情地游玩。谈到政治把宋家人分离的事实，宋庆龄教育小弟以后最好不要从政，还开玩笑地说做个工程师就很不错，这从侧面反映了宋庆龄希望宋家人团结互爱的美好愿望。

一周后，宋庆龄陪同弟弟到汉堡，亲自把他送上了赴上海的轮船，依依惜别，并让他代她向家人问好。

11月，廖仲恺之子廖承志因公赴德，特意去看望了宋庆龄。宋庆龄跟廖仲恺、何香凝夫妇都是多少年的革命战友，所以宋庆龄把廖承志当成亲侄子一样看待。

这位不久前刚加入中国共产党的革命青年，给宋庆龄带来了积极、阳光的青春气息，宋庆龄特别高兴。后来，两人还一起前往巴黎，与留法的廖承志姐姐廖梦醒见面。

对于宋庆龄当时在德国的处境，美国记者安娜·路易斯·斯特朗当时曾这样写道：

> 她肯定是欧洲所收容的所有流亡者中最奇特的一个……因为获胜的国民党人根本不是要把她赶出中国，而是软硬兼施地阻止她离开中国。即使到现在，他们还在找她，希望劝诱她回去分享他们的荣耀。

> 但是，她即使境况拮据……却避开那些被派来请她回去过富裕尊荣生活的使者。她把他们所要提供给她的荣誉看作是对她丈夫的主义的背叛……通过家庭的关系以及通过她自己的才能，她如果想要在政府中得到任何地位，都是完全可以办到的。但她拒绝了，她在政治上断绝了同家庭的关系——对一个中国妇女来说，这是了不起的行动。

> 与此同时，流言蜚语不断。她那些过去的同事收买不了她，就想用污蔑手段把她抹黑……任何一个著名的中国革命者来找她的，都被造谣说成是她的新的丈夫……在所有我认识的中国人中最美丽文雅、仍在最动人的三十以上年华的这位妇女，由于她自己过去的崇高地位，而不得不度过未来的寂寞岁月。但是，谣言跟随着她，尽管这些谣言没有一丝一毫的事实根据……

从斯特朗的这些文字中可以看得出来，她眼中的这位年轻女子的性格是多么坚韧勇敢，她孤身一人身处德国，面对诱惑毫不动摇，对谣言置之不理，有着多么坚强的心性。虽然暂时流亡西欧，但这并不影响她追求和平、民主，拯救中国的强烈愿望。

在国民党右派反动的险恶形势下，依然可以看到一个不改初衷，勇往直前的资产阶级革命党人的坚定立场。革命的道路依然漫长，宋庆龄一直在路上。

"第一夫人"宋美龄随夫南征北战

宋美龄嫁给蒋介石后，很快成了国民政府第一夫人，从此，她顶着"第一夫人"的光环辅佐蒋介石。她深入前线，亲身经历中原大战、积极"剿共"、陪夫西北华北之行，为蒋介石出谋划策、排忧解难。

与此同时，她还积极投身于社会事业，如管理励志社、创办遗族学校、开展新生活运动等。在姐妹关系上，她与二姐宋庆龄之间，由于政见的不统一，彼此的隔阂越来越大……

❖ 成为第一夫人，积极参与改造南京城

1927 年 12 月 1 日，蒋介石与宋美龄在上海举办了一场奢华盛大的婚礼，正式成为夫妻。和其他新婚中的夫妻一样，两人开始了蜜月之旅。

至于蜜月旅行地的选择，宋美龄一开始选择了美国。但是根据当时国内形势，蒋介石很可能会马上被邀"出山"，所以只能重新安排。最后，蒋宋选择了离上海不远的浙江莫干山旅游胜地。就在他们新婚的当晚，在 200 名卫兵的保护下，两人乘专列去往莫干山。

列车到达杭州后，好友张静江为他们接风洗尘，宴会过后，蒋介石收到了一份密电，在和张静江进行一番秘密的交谈之后，蒋赶往他在杭州的下榻处澄庐，取消蜜月之旅，并告知宋美龄他要重新"出山"。宋美龄得知后欣喜若狂，尽管蜜月暂时搁浅，但她丝毫没有怨言。

在杭州稍作逗留后，12 月 3 日，蒋介石偕宋美龄回到上海。

当时的南京政府内部矛盾重重，派系斗争严重，处于群龙无首的状态。政府在绝望中恳请蒋介石重任国民革命军总司令，继续北伐，统一全国。

在精心上演了一出勉为其难的戏后，12 月 10 日，蒋介石官复原职，再一次成为国民革命军总司令。在 1928 年 2 月举行的国民党二届四中全会上，蒋介石当选为国民党中央执行委员会主席，兼任政治委员会主席和军事委员

会主席。至此，国民党的党、政、军大权全部统一集中于蒋介石一人之手，宋美龄成了名副其实的"第一夫人"。

蒋介石复职后，宋美龄陪丈夫来到南京。在繁华的上海待习惯了，来到经济远不如上海的南京后，宋美龄很不适应。房屋简陋、马路狭窄，看似十分萧条。宋美龄终于明白了，为什么当时南京政府许多官员的妻子宁愿留在上海，也不愿意随丈夫前往南京。作为国民政府的首都，南京确实还有很多值得改进的地方。

宋美龄后来还为改造南京一事找过时任南京市长的刘纪文商量。刘纪文是宋美龄在美期间的初恋情人，后来由于蒋宋联姻，刘纪文选择放手，蒋介石答应宋美龄，给了刘纪文相应的好处，让其出任首任南京市市长，刘纪文也非常感激。

在刘纪文的帮助下，不久，蒋氏夫妇聘请了中美两国建筑师共同设计出了糅合中西元素的新政府大楼，拨款拓宽马路，以他们理想中的首都模样打造新的南京城。

在刘纪文担任南京市长的两年任期内，南京城发生了有史以来最大的变化，奠定了今天南京市中心区的道路格局。1928 年 8 月至 1929 年 5 月建成的中山大道，至今仍是南京的主干道之一。

在南京，蒋介石平时与同僚之间有很多应酬，蒋介石每次都会带上新婚妻子。在宴会中，宋美龄是唯一的女性。她曾说："我想这些官员起先颇为意识到我是个女性，但是后来我全心地投入帮夫的事业，他们就不再视我为一个女性，而是他们之中的一员。"

蒋介石屡次将宋美龄带到这些场合，是希望宋美龄明白，她不是一个单纯的妻子角色，同时也是政治伙伴。她天生具备的交际才能，弥补了蒋介石在这方面的不足，对他的政治生涯起到了举足轻重的作用。

❖ 管理励志社，创办遗族学校

1928 年的南京是座古老而残破的城市，虽然已经着手建设，但是对于曾久居美国和上海的宋美龄来说，仍是个不小的挑战。

在跟随蒋介石赴前线的督战过程中，她发现前线生活实在无聊之极。将士们在战时之余，如果没有什么娱乐活动可供消遣，就会因生活空虚而放纵自己，奸淫妇女的行为在当时时有发生。

那些来南京拜访蒋介石的黄埔学生也表示，公务之余，没什么好消遣的休闲活动，提议校长和夫人可为军官们办一个类似俱乐部性质的军官组织。

早年留学美国的宋美龄在校期间读了不少兵书，她深知，一支军队的战斗力强弱跟将帅们平时的生活状态息息相关，所以她觉得有必要在这方面做些什么。

1929年1月1日，在宋美龄的劝说下，蒋介石在黄埔同学会励志社的基础上成立励志社。励志社主要模仿对象是日本军队中的"偕行社"组织，由蒋介石担任社长，但实际负责人是总干事。励志社的第一任总干事是朱懋仁，他同时身为实业部实业司司长，不久因工作繁忙，总干事一职易主黄仁霖。

黄仁霖在老蒋的众多心腹中，算得上是一个"异类"。因为蒋介石身边的人大都出自黄埔军校，黄仁霖却是留洋归来。当年还在美国读书的时候，同样身为基督教徒的黄仁霖与孔祥熙相识。孔祥熙很欣赏他，举荐其进入励志社高层。另外，因为黄仁霖的岳父余日章是宋美龄与蒋介石婚礼的主持人，所以宋美龄也很照顾黄仁霖。

蒋介石想把励志社发展成为一个什么样的组织？简单而言，蒋介石就是为了保持黄埔"革命精神"，把黄埔学生聚集在自己周边，培养嫡系力量。关于励志社的宗旨，孔祥熙在与黄仁霖谈话时是这样说的："蒋总司令要创办一种运动，名叫励志社。这是总司令的一种观念，因为在军事作战中，征服一些城市和省份并不难，但要改变人心却很不容易。他想要发动一种运动，以此来改变他的军官和学生们的心理和行为。"

蒋介石为励志社题词"立人立己，革命革心"，同时规定了十条戒律，即"一不贪财，二不怕死，三不招摇，四不骄傲，五不偷懒，六不嫖赌，七不吸烟，八不饮酒，九不借钱，十不说谎"。老蒋规定的革命理念与戒律，无非就是向嫡系传达了一种"革命精神"。

蒋介石的本意是想让励志社成为一个端正军中风气，培养力量的场所。但是，在宋美龄的主持下，励志社逐渐"偏离"了老蒋预想发展的轨道，成为一个"四不像"组织。

其实励志社算不上国民党的党政机关，充其量是一个服务机构。励志社的工作人员都穿军装，但武官部门又从来没有将这些穿军装的当做"武官"看待。

就是这样一个"四不像"组织，却深得蒋氏夫妇的倚重。战后，励志社成为接待外国来华军政人员的主要去处，特别是美军顾问团。因此这里的保卫工作尤为严密，并不是什么人都能进得了励志社。蒋介石身边的特勤人员张毓中曾表示，励志社宛如一个附带酒店的高级会所，只不过这个会所并不向外界公开而已。

据张毓中回忆，励志社南京总社"面临明故宫机场，是新建的宫殿型西式洋房。占地广大，建筑雄伟，设备精美，装潢堂皇。设有礼堂、会议室、套房、中西餐厅等。并附设跑马场、游泳池、篮球场、网球场、弹子房等，是当时首都独一无二的现代化场所，也是国内外闻人政要下榻之处所。"

虽然蒋介石是名义上的社长，但因政务繁忙，平时并没有多少精力去过问励志社的事情；而黄仁霖虽然贵为总干事，但也得听从蒋夫人宋美龄以及孔祥熙的指示。宋美龄一直掌握着"励志社"的主要人事权，并培养了包括黄仁霖在内的一批亲信。

实际上，励志社就是蒋家王朝的重要内廷机构。时任励志社副总干事长的侯鸣皋在其著作《蒋介石的内廷供奉机构——"励志社"内幕》一书中，有过关于励志社的这样一段文字：

> 一是接待国外军政要员，二是充当蒋介石的内廷供奉，并在全国各地设立分社，后来发展到担任文化娱乐工作。如蒋氏夫妇要看电影，即由励志社一手操办。同时，蒋宋的油画肖像、宴会或晚会演出的节目，都是由励志社里的美术股、中西餐部、戏剧股、音乐股负责办理的。宋美龄喜欢看美国电影，也由电影股派人到中央电影部取片在励志社内放

映。蒋氏夫妇很少到剧院看戏，却常在励志社看。……此外，励志社内还设有网球场、篮球场、手球场、跑马场等，经常举行网球、篮球、弓箭比赛及国术表演等，地域颇大。

那段时期，励志社成了宋美龄以及蒋介石多数时候文娱消遣的好地方，著名京剧大师梅兰芳就曾受邀在此演出。当时的票价高达十元一张，比一担白米还贵，但是在蒋介石的带领下，将官捧场，座无虚席。加之那个时候正是梅兰芳大师艺术生涯最巅峰的时候，他嗓音甜润响亮，台风雍容大方，每唱完一段必搏得满堂彩。平时就很喜欢看京剧的蒋介石听得特别入迷，常带头鼓掌，宋美龄也乐于看到丈夫在战后轻松享受这些美好的时光。

励志社除了举办一些内部活动之外，还参与了部分公众活动。1929年6月，励志社接手孙中山先生奉安大典工作，将暂厝北京西山碧云寺的孙中山灵骨，移葬到南京的紫金山中山陵。在孔祥熙、宋美龄、黄仁霖领导的"励志社"的全力以赴下，奉安大典圆满完成。

在宋美龄的领导下，励志社风光无限。抗战后，各地分社纷纷建立，最辉煌的时候全国励志社有职员、社员15000多人。励志社成为宋美龄集团的支柱和重要政治班底，同时也是国民党军队内最大的群众组织。蒋介石和宋美龄发起的"新生活运动"，就是由励志社首先掀起的。

1945年抗日战争胜利后，接受日军投降的中外记者招待会，中国战区接受日本签降仪式也正是在励志社完成的。1949年4月，国民党败退台湾，率先入城的解放军三野八兵团三十五军，将军部设在了励志社。

新中国成立后，位于中山东路的励志社先后成为华北军区干部子弟学校幼儿园、中苏友好交际处、江苏省委招待所、钟山宾馆，现为全国重点文物保护单位，已成为一段历史沧桑的见证者，静静地伫立在那里。

除了管理励志社，差不多同一时期，宋美龄还创办了一所关注战争遗孤的遗族学校。

经历过北伐战争之后，宋美龄见南京国民政府已经牺牲的军人后代，大多是孤儿寡母相依为命，孩子缺乏有效系统的教育且生活艰苦，这使得宋美龄萌生了一个想法，筹办一所专门对烈士遗族进行教育的学校。

有了这样的想法后，宋美龄通过蒋介石向国民党中央执行委员会提议设立"遗族学校筹备委员会"，提议得到通过。当时筹备委员共设 11 位，他们分别是宋庆龄、宋美龄、蒋介石、蔡元培（教育部长）、胡汉民（立法院长）、戴季陶（考试院长）、何应钦（黄埔军校教育长）、何香凝（廖仲恺夫人）、李德全（冯玉祥夫人）、刘纪文（南京市长）、王文湘（何应钦夫人）等。

11 位筹备委员中，只有宋庆龄没有参与会议，但是蒋介石考虑到宋庆龄极高的威望，便任命宋庆龄担任遗族学校校长。由于宋庆龄当时身在欧洲，正忙于从事国际反帝国主义同盟工作，所以建校的一切事宜全权委托给宋美龄办理，宋美龄高兴地接受了这项工作。

遗族学校全称为"国民革命军遗族学校及女校"，校舍选择在环境优美的紫金山中山陵，于 1929 年 9 月建成。建成后，筹委会改称校董事会，宋美龄成为校董。遗族学校专收北伐中阵亡将士的子女和辛亥革命以来追随孙中山先生奔走革命牺牲的先烈后代。

■ 1947 年的遗族
学校校园

1930 年，鉴于男女青年所受教育的不同，学校女生迁往新街口羊皮巷校舍，定名为"国民革命军遗族女校"，遗族学校男女生分开在两地教学。与此同时，在男校对面动工建设女校。1936 年，女校建成后，当初迁往新街口的女校迁回紫金山，宋美龄任校长。

遗族学校的办学经费起初主要来自陇海铁路东段的附加税，后来由于宋美龄本人以及众多国民党要员的参与，学校经费采取公开劝募方式获得，国民政府也从财政中拿出钱积极支持学校建设。这里的学生无疑是幸福的，除了一切学杂费免除之外，在校的一切生活开支也均由学校支付，可见蒋介石与宋美龄对这所学校的重视。

宋美龄亲自抓学校的校务管理工作，她每周至少去学校三次，处理校务，研究处理相关问题。她还常常与蒋介石一道，或在学生早起前，或在学生晚寝后，在校园里到处走走。校务主任储子润常跟在蒋氏夫妇身后，陪同巡视，遇到问题及时做出答复。

由于宋美龄经常陪同蒋介石飞赴各地考察，不在南京时，她就将权力交给学校校务讨论委员会，由其全权处理相关事宜，但是待校务讨论委员会将事情处理完毕后，必须向她汇报。

宋美龄虽然没有做过老师，算不上一个有教育经验的人，但是对教育问题也有着独到的见解，比如推崇手脑并用的教育方针，学教合一的教育理论等。宋美龄十分重视学生动手能力的培养，并将"双手万能，手脑并用"作为遗族学校的基本校训。

为此，她曾说："我向来主张教育不但是只重精神的训练，而手足的活动，与一般的生活，也是同样的注意。尤其是对于革命先烈的子女，更要养成他们刻苦耐劳的精神和能力，使他们彻底了解生活的价值。……我希望他们能够具有中国旧道德和现代新知识，发展蓬勃的精神，高尚的志趣，成为建造新中国的柱石。"

学校设有小学 6 个年级，入学年龄 6—11 岁，另设一个职工科农事班，入学年龄最大不超过 20 岁。全校分为职工、小学、保育三部，后来又办了中学。宋美龄在遗校内设立职工科农事班后，特别从上海迁来一个良种乳牛场（今南京卫岗奶业前身），开办了 400 多亩地的农场，200 多亩地的园艺场，同时为女校学生提供编织、缝纫等的实习场所，还在新街口羊皮巷口设立商店，专门销售学生自产的农产品及女校学生制作的工艺品等。

1930 年，孙中山的美国老朋友林白克来遗族学校参观，听完宋美龄关于遗族学校校训的介绍后，赞誉遗族学校为"当今东方第一所新兴学校"。宋美龄非常高兴自己的努力成果得到了外界的肯定。

遗族学校培养的童子军十分出色。童子军是由英国罗伯特·贝登堡爵士于 1857 年首创，旨在通过野外活动的训练方式，将青少年培养成快乐、健康、有用的公民。1935 年，遗族学校学生汤护民曾代表中国童子军出国参加美国童子军 25 周年纪念大会，1937 年，汤护民又以中国童子军代表团队长的身份，率队到荷兰参加世界童子军第五次露营大会，并在录选考试中获得第二名。宋美龄得此喜讯后非常高兴，在汤护民回国的第二天，亲自到校祝贺。

学校在培养学生动手这方面也做了很多努力，其中一个最有特色的项目就是学校要求学生设计自己的房舍。宋美龄给出的要求是，学生自己设计、自己施工，靠自己的智慧完成工作。这一活动在教导员的带领下有条不紊地开展，但后来由于战争的爆发，这一任务被搁浅。

抗日战争爆发后，南京局势紧张，校董事会决定暂时停办遗族学校，对于学校学生，根据当时的实际情况做了一些针对性的安排。尚且年幼的学生一律遣送原籍；想升学的学生则被安排到大后方的各个学校继续学习深造。初、高中在校学生大多安排在贵州省铜仁县中学和国立三中就读；对于不想离开南京的学生，学校将其安排在校办农场、牛奶场以及园艺场等处工作，这样他们可以一边维持生产，一边照看校舍及相关设备。

在大后方，很多遗校学子努力学习，考入了迁到后方的金陵大学（成都）、西南联大（昆明）等高校，这让宋美龄看在眼里，喜在心中。遗校学生的成绩报告单她每学期都会亲自过目，并以此决定每年助学金的金额。

一些学子在国民政府还都南京后被委以重任，如将金陵大学农科院毕业生汤鹤松安排为遗校农场主任，王育民为牛奶厂厂长。由此可见，宋美龄很乐意给自己培养出来的学生安排各种工作，很在意他们的前程。

1937 年，宋美龄在美国《世界青年》杂志创刊号上发表了这样一段关于遗族学校的话：

> 七年前我在南京，由政府赞助，为国民革命军将士的遗族创设了两所学校。我们并不给那些学生以军事训练，这似乎很特殊。我们认为国家的基本力量，并不在军事精神，大半还有赖于高尚的道德和推进经济建设的能力，所以我们特别着重农工知识与技能的训练。

抗战胜利后，国民政府还都南京，鉴于抗日战争中更多的阵亡将士子女需要收容教养，宋美龄决定恢复遗族学校。在战争中破败的遗校重新修葺一番，于 1947 年秋季正式开学。

宋美龄工作之余并没有忘记遗校，经常抽空去学校看望孩子们，了解他们学习和生活上的情况。她亲自参与学校的一些制度建设，其中有一个规定就反映了宋美龄的良苦用心。她规定，学校奶牛场产的牛奶，除了对外销售之外，还得供应日常所需，为了让学生跟得上营养，所有学生每天第二节课后必须加饮一斤牛奶，这样优待学生在当时的中国绝无仅有。

遗族学校的孩子在宋美龄的细心照顾下，接受教育，长大成人，奠定了事业基础，也有了家庭。他们对这位近似母亲般的女人心存感激，都热情地称宋美龄女士为"蒋妈妈"。

国民党败退台湾后，遗族学校再一次面临遣散，一部分学生被家属领回，其余学生随国民党退居台湾，寄读在台湾省立师范大学附中。1953 年，遗校的最后一批学生正式毕业，自此，遗族学校走完了它 25 年的办学生涯。至今，仍有部分在世遗校毕业生分布在世界各地。

1997 年，宋美龄百年华诞，除了台湾当局部分领导人、蒋介石旧部等赴美庆贺之外，分布在世界各地的遗校毕业生也会聚纽约为"蒋妈妈"祝寿，宋美龄感到特别欣慰。在接受美联社记者采访时表示，回顾自己风风雨雨走过的这一百年，宋美龄自认为办得最满意的事情就是遗族学校，培养了这样一群有孝心的孩子。

2003 年 10 月 24 日，宋美龄在纽约逝世。在纽约华埠圣约瑟教堂举行的纪念宋美龄追思大会上，一群年逾古稀的中国面孔唱着《慈爱的母亲》："母亲像月亮一样，照耀我家门窗，圣洁多么慈祥，发出爱的光芒……"他们向宋美龄致敬，场面极为感人。而这群老人正是"蒋妈妈"的孩子，遗族学校曾经的学生。

✿ 中原大战，宋美龄助夫胜敌

在南京，重新上台后的蒋介石积极策划进行"第二次北伐"。宋美龄充当了蒋介石的秘书和翻译，并参与了"第二次北伐"的筹划活动。

宋美龄在这次活动中起到了很大的作用：第一，她缓和了蒋介石与其他官僚之间的紧张关系；第二，她深入部队，给蒋介石的军队带来了安抚和温情。没有宋美龄这个"润滑剂"，"第二次北伐"的准备工作就远没有计划中的顺畅。宋美龄凭借着独特的交际才能和沟通技巧，一步步成为蒋介石集团的要员，最后进入国民党统治的最高决策层。

1928 年 4 月，在蒋介石的领导下，国民革命军蒋（介石）、冯（玉祥）、阎（锡山）、桂（李宗仁、白崇禧等）四大集团军直逼平津。结婚不久的宋美龄首次以蒋夫人的身份随夫出征，陪伴蒋介石身边。

1928 年 6 月，在四大集团军的攻击下，奉系军阀张作霖全线崩溃，退出北京，北伐以胜利告终。随后，张作霖在北京返回奉天专列驶到皇姑屯时，被日本关东军预先埋好的炸弹炸死，由此，退居东北的奉系军阀实力大损。

在北京，宋美龄与丈夫一起参加了对北伐军阵亡将士的授勋典礼。周末闲时，还参加了在京外国人举办的周末酒会。美丽活泼、受过美式教育的宋美龄在这种酒会上很"吃得开"，颇受众人欢迎，这也是宋美龄成为第一夫人之后的首次小规模"表演"。

北伐战争结束以后，蒋介石宣布进入训政时期，也就是孙中山三民主义的过渡阶段。然而事实上，随着时间的推移，越来越多的权力集中到蒋介石一个人手里。迫于外界舆论压力的影响，蒋介石也做出了所谓的"选举"活动。与此同时，宋美龄通过写给外国友人的信件、随笔和文章，努力将中国描绘成"民主"的政府形象。

婚后第二年，蒋介石偕妻子宋美龄回到浙江奉化老家省亲、祭祖，正式确定了宋美龄的名分，蒋家族人还特意为宋美龄在丰镐房布置了一间卧房。1930年10月23日，蒋介石在宋美龄的一再督促下，接受了牧师洗礼，正式皈依基督教，兑现了当初对宋美龄以及宋母许下的承诺。此外，蒋介石接受洗礼也是一种积极的亲美信号。《纽约先驱论坛报》就曾经指出，蒋介石是一个"为物质利益而接受洗礼的基督教徒"。

在国民党政权根基未稳的艰难时刻，宋美龄做出了很多努力。她动员宋氏家族所有成员全力支持蒋介石，当然，远在西欧的宋庆龄除外，二姐宋庆龄是唯一一个没有参加自己婚礼的亲人。由于政治观念上的分歧，她知道某些方面她正在与二姐渐行渐远，心中虽感遗憾，可也无能为力。

"第二次北伐"完成以后，四大集团军之间矛盾重重，爆发了一系列新一轮的军阀混战。蒋介石先与桂系军阀李宗仁、白崇禧之间为控制两湖地区进行战争。接着，又和冯玉祥在华北开战。后来，阎锡山联手冯玉祥加入战争，演变成1930年4月发生的中原大战。

中原大战开展时，宋美龄经常陪同蒋介石往返前线，后来她在写给美国同学的信中说：

> 你无疑已从报上得知，中国军阀尚未被打倒。他们为了保持各自利益范围满足私欲，公然反抗中央政府，而置唯有统一才能救国于不顾。我丈夫身为国民政府主席和国民革命军总司令，已尽最大努力阻止反叛将军阎锡山和冯玉祥作乱。可是这些将军封建意识浓厚，只顾私利而不知其他，因而中央政府只得颁布戡平叛乱的命令……
>
> 一想到这种灾难我就感到痛心疾首。连年旱涝饥荒，共匪乘机作乱；而现在，为了满足无聊军阀的贪婪欲望，又要进行一场血腥战争。

从宋美龄的这封信中可以看出，她完全站在丈夫蒋介石的角度，对当前战争根源做了一番表白。中原大战中，双方调动了百万军队投入战斗，在河南、山东、安徽等华北地区陇海一线展开激战。这一场大规模的军阀混战，涉及地方军、杂牌军之多，对政局影响之大，在"中华民国"史上是极其罕见的。正面战争激战正酣，后方也没闲着。宋美龄为蒋介石出谋划策，对于蒋武力统一全国起到了一定作用。

蒋介石让宋美龄北上笼络冯玉祥骨干力量韩复榘，对战局起到了一定的影响。韩复榘是冯玉祥一手提拔上来的老部下，当时为河南省主席，蒋介石有必要拉拢他。

宋美龄单独北上与韩复榘会面，一阵清风细雨式的谈话再加上一阵夸奖，性情鲁莽且无多少心计的韩复榘心花怒放。当韩复榘说到要在河南实行反对蓄婢纳妾、禁止女子缠足束胸的举措时，宋美龄表示非常赞成，还说要代表全国两万万妇女向他表示敬意，韩复榘不禁直呼受之有愧。宋美龄借此话题谈到当前全国革命的形势，说主席要想在河南实行一系列改革，前提是要保证有一个和平统一的大环境。

韩复榘听到这些话，立刻明白了宋美龄的用意。宋美龄继续表示，委员长很看重韩复榘，想让他担任第一军团的总指挥，还另调一些部队任其调遣，并为他配备最先进的武器装备。

韩复榘就这样被宋美龄的一番话感动了，表示愿意站在中央军这边。但是注重感情的韩复榘也表示，他唯一不想做的就是把枪口对准恩人冯玉祥，如果可

■ "第一夫人"宋美龄深入前线

以，他更愿意进攻阎锡山。显然，宋美龄的游说取得了很好的效果。

后来，蒋介石在徐州军事会议上作出部署安排，按照韩复榘的意思，将其第一军团调往山东，正面阻击阎锡山南下的进攻力量，对当时战局产生了重要影响。

1928年12月29日，东北军张学良将军向全世界通电，毅然宣布"遵守三民主义，服从国民政府"，将原北京政府的红黄蓝白黑五色旗改为南京国民政府的青天白日旗，史称"东北易帜"。南京国民政府由此完成了形式上的统一。

1930年10月，在张学良率领的东北军的帮助下，蒋介石在正面战场连续击败北方军阀——冯玉祥和阎锡山集团。中原大战以蒋介石中央军的胜利而告终。

❀ 积极深入前线，成为蒋介石"剿共""知音"

在中原大战进行的同时，共产党的力量也在蓬勃发展。中国工农红军经过几年的游击战争，主力部队和地方武装迅速发展到约10万人，并开辟了十余块苏区，一直积极反共的蒋介石面对这个状况再也坐不住了。中原大战刚一结束，他就迅速抽调兵力，组织对苏区的大规模"围剿"，并将重点置于江西的中央苏区。

1930年10月，毛泽东的妻子杨开慧在长沙不幸被捕。国民党劝降不成，杨开慧拒绝退党或声明与毛泽东脱离关系，一个月后被国民党杀害。正在江西指挥红军反"围剿"的毛泽东，得知妻子牺牲的消息后悲痛不已。

1930年12月至1933年3月，蒋介石先后对中国共产党领导的江西中央革命根据地和湘鄂西革命根据地、鄂豫皖革命根据地发动了四次反革命军事"围剿"，一次比一次猛烈，却一次又一次被中国工农红军击退。

1931年，"九一八"事变发生后，张学良奉行蒋介石的"不抵抗政策"，使得东北沃土陷入敌手，张学良对此痛心不已。伪满洲国的建立，清朝溥仪皇帝成为东北地区名义上的统治者。南京政府将此事提交国际联盟，希望对方能够出面干预，但是国际联盟对此毫无反应。

这一系列事件引起了共产党人和爱国人民群众的坚决反抗，舆论矛头一致指向了蒋介石的南京国民政府，"攘外必先安内"的政策备受质疑。共产党领导的抵制日货运动发展到高潮，眼见事情不妙的宋美龄立即通过外交渠道向西方国家报道了这次事件，代表南京政府发表声明：

> 共产党披着爱国主义的外衣，鼓动和利用我们单纯、充满热情的青年学生，煽动他们与日本军阀立即进入敌对状态。

类似的很多声明都是出自宋美龄之手，她完全从一个娇羞的新娘变成了蒋介石身边最给力的政治伙伴。美国驻南京国民政府大使曾经就这样说过："她坐在这位统帅身边，告诉他做什么，然后他就照做。""她发表声明，他们就照着做，她有巨大的影响力。"

南京政府实行中央集权制，限制了知识分子的自由。蒋介石在正面对阵共产党的军队时，也不忘打击任何倾向共产党的思想异议，一些白色恐怖统治甚至出现在了大学的校园里。共产主义拥护者是主要打击对象，进步学生经常无端地遭受搜捕、开除和逮捕。

蒋介石一意孤行，遵循所谓的"攘外必先安内"论调并积极"剿共"，在国民党内部也出现了反对的声音。1933年11月，被调往福建"剿共"的十九路军在福州举起了抗日反蒋的旗帜，在李济深、陈铭枢、蒋光鼐、蔡廷锴等人的带领下发动了震动全国的"福建事变"。蒋介石对此大为震惊，急忙调兵镇压。

1934年1月，宋美龄陪同蒋介石前往福建督战。不久，她在美国《论坛》杂志上发表《闽边巡礼》，部分内容摘录如下：

> 有时公路穿过山谷，既窄且陡，两旁高山崔巍欲堕，颇有直迫行人头上之势……有时我们沿高原边上的悬崖奔驰，开车一不小心，就会堕下深渊……事后我丈夫深悔不该教我冒这许多危险。所幸人们在身处危境的时候，每每不如追想时那样觉得可怕的。

一星期后，丈夫动身向南边的建瓯去。他坐军用飞机，一小时便到了，可是此去的航空途中，寒冷而危险，所以打电报来，叫我乘船前去。……我带着美籍看护妇、女秘书、女仆和男仆、卫兵等，同行共有六七十人，分乘五个民船、五个竹筏。……

　　我丈夫坐飞机一小时便可到达的那段路程，我们坐小船费了四天四夜的工夫。……步行时我走过许多村庄，都是杳无人影，很难得看到一些有生命的东西，大半都像死寂了的世界……整个村镇里只听见我手杖的答答声，和我们在街石上的一阵步履啄啄声。空屋的大门敞开着，残破的家具散乱在里面，给"匪徒"匆匆纵火而没有烧起来的墙壁上留着焦黑的烟痕。"匪徒"的凶恶，于此可见一斑。

　　凡是民兵们没法带走的东西都给毁了。毁灭和死亡，弥漫了整个村庄。……举目所见，一片空虚，一片荒凉。为什么呢？"匪徒"的成绩啊！……

　　在福建不上两月，我们就打胜了，一部分由于近代航空的力量。我草此文时，江西方面，胜利也就在目前了。但是我们把叛军镇服，匪徒的深山坚垒也给扫荡以后，问题尚不能就算解决。……

　　正如信中所说，"福建事变"很快被蒋介石平定。通过这篇文章，宋美龄将自己的感情和对"共匪"深恶痛绝的立场全盘托出，将"叛军"、"匪徒"的凶恶行径全部嫁祸到"共军"头上。相应地，将她和丈夫的此次福建之行说成是"挽救"人民于火海，将"夫唱妇随"表现得淋漓尽致。

　　不甘心前四次"围剿"失败的蒋介石在1933年10月发动了更大规模的第五次"围剿"。年底，宋美龄也来到了南昌行营"围剿"前线。1934年1月，由于天气阴冷，宋美龄患了感冒卧床休养，这时她向秘书口授了一封信，寄给了远在美国的一位老师。她在这封信中写道：

　　我担任士兵慰问团的领导，尽心指导江西妇女慰问伤兵。我们要随军向腹地接近，生活是艰苦的，但我很高兴，我的健康良好，能够坚持，这样我就能同他在一起，就能协助他。假如我静坐家中，等到中国真正实现和平，那么我们将长期无法团聚，所以我宁愿同他在一起……我们虽不得不放弃一些物质享受，但那算不了什么，因为我俩互不分离，各有工作。

除了跟随丈夫在前线活动之外，宋美龄还不时地向国外宣传他们的"剿共战果"。她在写给外国友人的信件和国外杂志的文章中，经常把国民党军队摧毁村庄、焚烧农田等罪行说成是"赤色分子"所为，极力"美化"国民党。

1934 年，红军经过一年奋战，没能冲破蒋介石的"围剿"，被迫放弃中央根据地，离开南方和中原地区，开始了著名的二万五千里长征。1935 年2 月，待工农红军主力进入西南川黔境内后，宋美龄随蒋介石赴西南部署追击工农红军。

在与红军进行的"遵义之战"中，国民党川黔军战败，红军二渡赤水，回师黔北，让蒋介石很是恼火。他立即带夫人赶赴贵阳，开展所谓的"督剿共匪，实施禁烟"运动，力图扭转败局，并派遣滇军孙渡纵队赶赴贵阳支援。

在西南的几个月里，宋美龄分别从贵阳、成都以及峨眉山向"国民革命军遗族学校"寄出了三封信，讲述了自己的所见所闻，她在信中写道：

现在我要将我们的这个堂堂大国——中华民国最近的时事告诉你们一点。你们知道：贵阳是贵州省的省城……我们这里四周都是"共匪"，他们正用恐怖手段来残害百姓。所以委员长要到此地来把他们"剿灭"。现在他们离开我们只有二十英里，但是不久的将来他们一定要被国军消灭干净的。那时候我们便可以真正做一番事业来救百姓，使我们的国家强盛起来了……

四川二十年来虽不断地遭到内战的惨祸，可是在成都仍到处可以看到富庶的景象。……天气太热，我们就到峨眉山来，峨眉山在成都西南，是著名的佛地。……我们住的屋子都有林木隐掩，远远近近还有若干同样的房屋散布着……

1930—1935 年，蒋介石对中共的红色革命根据地共进行了五次大规模的军事"围剿"，欲将共产党扼杀在革命的襁褓中；长征后，国民党军队联合西南各地军阀和杂牌军又开始了在西南的"围剿"与封堵。这期间，宋美龄都全程陪同蒋介石，并参与其中。

❀ 高举"新生活运动"大旗，不遗余力做宣传

平息福建事件之后，蒋介石全力进行第五次"剿共"，并取得一定进展。蒋宋二人也分析了几次"围剿"的失利以及福建政变的原因。他们意识到，应该做一些军事以外的努力，激活革命。

从小接受西式教育并留学美国的宋美龄，把目光投向了国外。放眼看世界，这个时期的德国正推行"纳粹主义"，意大利推行"墨索里尼政策"，大洋彼岸的美国，总统罗斯福正全力推行"新政改革"，甚至自己的敌人，走共产主义路线的苏维埃政权也在实行"五年计划"。正是这些先进的思想以及政策，才抵御住了第一次世界大战和资本主义经济大萧条所带来的负面冲击。

宋美龄对比中外革命形势的时候，意识到中国需要的不仅仅是精神上的鼓励，国民道德的重塑很重要。只有彻底去掉国民陋习，国家和个人才能健康发展，因此是时候来一场运动的洗礼了。

1935 年，宋美龄在美国杂志《论坛》上表明："中国必须要解放精神，因为精神的价值足以超越物质的丰裕。"结合中国的具体国情和中国人思想上的儒家信仰，提出了"新生活运动"。

何为"新生活运动"？蒋介石给出的"官方"解释是："新生活运动，就是提倡'礼义廉耻'的规律生活。""'礼'是规规矩矩的态度"，'义'是正正当当的行为，'廉'是清清白白的辨别，'耻'是切切实实的觉悟。"

对于礼义廉耻，宋美龄的解释是："一礼，最浅显的解释，礼就是仪节，

然仪节定要自衷心流露，而不是虚伪的形式；二义，义可以略释为对人对己的尽责和服务；三廉，廉就是能辨别权利界限，不侵犯别人，换言之，就是一种公私及人己权利的辨别；四耻，耻就是觉悟与自尊。"

与引进基督教教义一样，这场运动和儒家价值观

■ "新生活运动"

念的复兴紧紧地结合在一起。譬如儒家的"五常"中的两种——"礼"和"义"，就被重新启用，加上"廉"和"耻"，一起构造了"新生活运动"的"四德"。但是，细心的人会发现，既然要和儒家"五常"相对应，为什么没有"仁（爱）"呢？这个儒家和基督教最传统的核心内容竟然被蒋宋"忘记"了。

实际上，这种结合儒家学说提出的"礼义廉耻"，仍让一部分人看不明白到底何意。蒋介石为此也给出了另一种比较明了的说法："我们现在在江西一方面要'围剿'，一方面更要使江西成为一个复兴民族的基础，要达此目的，必须从江西，尤其是要从江西省会所在的南昌这个地方开始。使一般人民都能除旧布新，过一种合乎礼义廉耻的新生活。"

蒋介石这样一番话，无非就是要人民老老实实地在自己的独裁统治下不闹事，安居乐业，这正契合了蒋介石的"七分政治，三分军事"之主张。

各地政府官员为了讨好蒋介石和宋美龄，对这项运动的实施也是全力支持，当时还出现了一些稀奇古怪的口号，如：

吐痰在地，在所禁忌；行路走动，安全第一；举止稳重，步伐整齐；走路靠左，上车莫挤；窗户多开，通光通气；捕鼠灭蝇，习劳习逸；漱口刷牙，黎明即起；饮食养生，莫恣油腻；互救灾难，和洽邻

里；端其视听，走路莫急；小孩清洁，零食勿给；厨房厕所，净扫仔细。

按照规定，"新生活运动"由南昌新生活运动促进会主持，促进会于1934年2月19日正式成立，蒋介石亲任会长。至于这场运动为什么从江西开始，又以什么方式开始，蒋介石和宋美龄已经达成了共识。

选择从江西开始"新生活运动"是有一定道理的。江西是第五次"围剿"前中国工农红军的大本营，江西也是共产党中央苏维埃政权的所在地，共产党人在江西乡村地区成立了众多组织。虽然这次"共匪"在"围剿"下离开江西，开始长征，但是要改变所有当地群众对国民党的看法，必须从这个由共产党思想影响的"重灾区"开始实行。对此，宋美龄也默认了，她声称："我们计划向人民提供共产党所承诺但没有做到的东西。"

至于"新生活运动"开始的方式，皈依基督教的蒋介石盯上了基督教会的传教士。西方基督教的一些教义在本质上跟中国的佛教基本同义，选择这个切入点比较容易入手，也符合中国国情。

"新生活运动"以南昌为试验点逐步开始。在一次邀请了南昌市各基督教会中西传教士领袖的会议上，宋美龄发表讲话。她介绍了该运动的时代背景、政治意义以及与基督教的关系，在国难当头之际，就是要通过一切宣传教育的方法，改造人民大众。会上研究决定，"新生活运动"将理公会、学校、女中等作为宣传基地，加强在车站、菜市场、茶馆等人流比较多的地方进行宣传工作，就连医院、监狱等地也要采取相应的宣传措施。

一时间，南昌全城出动，到处可见宣传"新生活运动"的标语和宣传团体，甚至晚间都会"提灯游行"，在街头巷尾张贴"不要吐痰"、"清洁可以防病"、"戒酒戒色戒赌"等各种标语。

3月11日，在南昌举行的一次十万人的公众大会上，蒋介石出席并发表了《救国先救自己》的讲话。之后，大会宣示了《新生活运动纲要》，决定把这项运动推向全国。

在南昌大肆宣传了一阵之后，各地基督教会纷纷效仿，狂热地利用讲道坛为"新生活运动"做宣传。宋美龄看到效果不错，也没有忘记加强对外宣传。她聘请了英国传教士牧恩波为全国新生活运动的顾问，负责国外宣传工作。宋美龄还将《新生活运动纲要》亲自翻译成英文，分别给那些在华西方传教士，通过内部刊物转载。

1935 年 4 月，"新生活运动劳动服务团"成立，并分为军队、宪兵、警察、教员、学生、党部、机关、铁路等各部门。这些团体提倡改革生活习惯上不卫生、不文明的现象，应该说是一种进步的表现。但是所谓"新生活运动"施行的结果只在不随地吐痰，出门扣好衣扣等小节方面做文章，根本解决不了实际问题。

在这项运动开始实施的两年里，宋美龄全身心地投入其中，除了帮助蒋介石处理有关这项运动的信件、报告和建议书之外，还陪同蒋介石飞往各地宣传。整个活动的宣传方案也由宋美龄一手策划并译成英文，在美国《论坛》杂志上多次发表文章介绍新生活运动的进展及成果。可以说，是宋美龄在主导整个运动。

美国记者埃德娜·李·布克就新生活运动采访了蒋介石、宋美龄，随后写道：

> 她和蔼可亲，充满热情，沉着而有自信心，非常忙碌……在结婚以后的几年间，这位动人的年轻新娘，已成长为漂亮的中国第一夫人。她容光焕发，具有吸引人的魅力和进取的意志，她在南京已争取到一席重要地位。

正如布克所说，通过"新生活运动"，宋美龄获益颇丰，不仅获得了权力，获得了将军头衔，还借此"运动"锻炼了办事能力以及演讲能力，而不是仅活在她丈夫的影子里。她逐渐成为一个有头有脸的公众政治人物，进入中国政坛。

"新生活运动"如火如荼地开展，因为活动的限制性，很多方面做得不是很到位，甚至并没有达到预期的效果，还引来了不少反对的声音。宋美龄的二姐宋庆龄对此就很不屑，她认为这是一项迂腐的运动，无法带来任何实质意义上的改变，对这次运动的指导思想——儒家新体系，她表示这是一种封建而专制的思想，与真正的革命概念是对立的。

宋庆龄还特别指出，革命的目标就是要人民的物质生活变得富裕起来，而不是一味地改变精神和道德上的需要。她觉得这项运动一开始就是不对的，对那些温饱都还没有解决的人们来说，讨论精神上的提高是没有用的。该运动其实是以禁锢人的思想为目的，完全不可取的，当时就有人指出该运动含有"法西斯主义的色彩"。

1937年4月，宋庆龄在《亚细亚》杂志上发表《儒教与现代中国》一文，指出：

> 三年以前，国内开始了一个名叫"新生活"的运动，这个运动是带了儒教气味的。但在"新生活运动"中找不到任何新东西，它也没有给人们任何东西。因此，我建议用另一种运动来代替这个学究式的运动，那就是，一种通过生产技术的改进以改善人民生活的伟大运动。

由此可见，对于"新生活运动"，姐妹俩一个尽全力推行，一个全盘否定，明显的思想差距使两个人的政治观念越来越格格不入。

正如宋庆龄所说的那样，当时大多数中国人民正在遭受战争、饥荒、旱涝、疾病等威胁，这样的状态下谁也没有心思去听什么礼、义、廉、耻的教训。与同一时期共产党在革命根据地实施的实质性措施相比，蒋介石显然没有考虑到中国革命的实质问题到底出在哪里。

然而，"新生活运动"也并非一无是处，它最大的闪光点就是，在宋美龄的努力下，一个全国性的妇女运动组织体系逐渐构成。抗日战争爆发后，该妇女组织演变为战地服务，慰问伤兵，救济难民，保育难童，征募物品等，为抗战的胜利作出了贡献。

❀ 一路辛劳，陪夫西北华北之行

在进行新生活运动的同时，蒋介石并没有忘记除去共产党这个"眼中钉"。1934年10月，逼得红军被迫长征以后，蒋介石接受顾问端纳的建议，准备访问西北。

这个澳大利亚人与中国颇有渊源，他早年曾供职于孙中山、袁世凯等人幕下，担任顾问，后来又成了张学良的顾问。宋美龄与他早就认识，在嫁给蒋介石后，她就向丈夫极力推荐这位既懂中国革命，又擅长与西方政界交流的人才。随后，在宋美龄的举荐下，端纳成了蒋的顾问。西安事变发生后，在宋美龄等极力营救蒋介石的过程中，端纳起到了很重要的作用。

蒋介石一开始并没有想过要去西北看一看，但是端纳提议，趁着共产党的武装力量西撤，南方战情比较轻松之际，有必要去很少涉足的西北看一看，亲自了解一下当地百姓及政府官员对国民党的态度，顺便"巩固"革命成果。"一·二八"事变发生后，洛阳被国民政府确立为行都，当时蒋介石夫妇正好受邀赴洛阳参加中央军事学院洛阳分院开学典礼。

西北之行中，另外一个人也起了重要的作用，他就是宋美龄的姐夫孔祥熙。在端纳提出西北之行的计划后，孔祥熙也力劝连襟蒋介石此行很有必要，并邀请蒋去自己的老家山西太谷做客。得到蒋介石认可后，孔祥熙赶忙叫管家七弟孔祥吉收拾房舍，购置家具，做好了一系列迎接准备。

蒋介石夫妇把第一站放在了古城西安，端纳与时任鄂豫皖"剿共"总司令的张学良陪同。西安时称"西京"，在1932年的国民党四届二中全会上确立为"陪都"。1934年10月12日，蒋介石一行到达西安，受到了西北军领袖杨虎城和陕西省主席邵力子的盛情接待。在杨、邵等人的陪同下，蒋介石接见了陕西省党政军各地方长官，会见了西安各界知名人士，游览了西安城的名胜古迹，并对古城的碑石以及皇陵产生了很大的兴趣。

10月15日，蒋氏夫妇出席了在西安举行的"扩大纪念周"活动，蒋介石在活动上发表了《陕游之感想及对陕之希望》的演说，大力宣扬要在中国"实践四维，恢复八德"，不忘宣传新生活运动，并与新生活运动代表以及外国教会团体举行座谈会展开交流。《华北日报》曾对蒋介石夫妇的西安之行做过这样一则报道：

> 舆论认为蒋介石西安之行与共产党对四川的威胁不无关系，因为国共的任何行为都会变该省为一主要的战线。但蒋委员长暨夫人却大肆鼓吹新生活运动。……昨天下午，该市所有外国传教士被邀参加茶话会，实为开明之举。蒋将军、蒋夫人先后做即席演说，前者用中文，后者用准确、美妙的英文，赞扬传教士对中国所作出的贡献，并呼吁他们对新生活运动应尽力协助之。如同在江西取得的优异成效一样……

美国女记者艾米丽·哈恩评论了蒋氏夫妇的这次西安之行：

> 传教士们远不只是赞叹，他们实在感到有些惊讶。他们最乐观时，也从未指望过中国的领导人会像蒋氏夫妇在茶话会上那样找他们来了解情况。蒋夫人用英文解释说，蒋委员长和她本人都渴望进行真正的改革。他们认识到，传教士是与中国人民生活在一起并了解他们疾苦的，因而他们能够说出怎样才能改造和提高社会风尚。传教士还有一种特殊的独立地位，他们可以讲实话，不必像官员那样由于害怕和野心而有所顾虑。蒋夫人央求他们诚恳陈言，并代表政府保证合作。

在西安，宋美龄还单独召开了一次西安国民党高级官员夫人的会议。在会上，宋美龄督促她们热衷于公共事业，支持丈夫参加革命。会后，宋美龄还同这些官员夫人一起参观了陕西省立孤儿院和专门为穷家少女开设的"生意学校"。

10 月 17 日上午，蒋氏夫妇结束了对西安的访问，乘福特号专机飞往兰州，甘肃省军政要员朱绍良、邓宝珊、胡宗南等到机场迎接。在兰州期间，蒋介石视察了兰州织呢厂、羊毛厂以及棉纺厂等工农业生产部门，召见了甘肃省团以上军事长官和党政军各界代表。结束兰州访问前，蒋介石接见了专门从青海赶来的青海省主席马麟以及地方军阀头目、"西北二马"马步青、马步芳兄弟，他们希望委员长多多关注青海省务。

10月19日上午，蒋介石一行结束了在兰州的访问，飞往宁夏银川。宁夏省主席马鸿逵率众盛情迎接，并安排来宾下榻"将军第"公馆。在银川，蒋介石做了"训话"，勉励大家团结在一起，坚决执行"攘外必先安内"政策，报效党国。

在宋美龄的陪同下，蒋介石参观了银川制币厂和一座由冯玉祥军火库改造的大工厂。在考察宁夏交通状况时，蒋对当地人渡水的羊皮筏子感到好奇，还饶有兴致地询问了这种东西的制造方法。

20日下午，蒋介石结束了在宁夏的短暂访问，与随同人员飞返西安。稍作休整后，他们乘车返回河南。到达郑州后，张学良因公务离开蒋介石考察团队，端纳正式成为蒋的顾问。在开封期间，宋美龄召集教会人士聚会，蒋介石和宋美龄都分别作了演讲，再一次宣传"新生活运动"。当时的报纸对于蒋氏夫妇在开封的活动曾做过这样的报道：

> 蒋夫人表示愿意同在该市工作的全体传教士会面……茶会上，蒋委员长高度赞扬了传教士在中国所作出的努力。……他说，现任政府的政策是，对传教士的工作给予最大的自由，并与他们合作。他详尽解释了在全国展开的新生活运动的宗旨，这并非是一个控制民众的惩戒性运动，而是旨在提高民众的道德、文化和社会水准。

会后，国内各新闻媒体纷纷采访蒋介石此次西北之行的感受，但蒋介石并没有接受正面采访，蒋的首席智囊、秘书长杨永泰对记者简要表示：委员长对此次西北之行印象很好，很满意。

结束了在西北的成功访问后，蒋介石决定趁势巡视华北各省。10月24日下午，蒋氏夫妇在端纳的陪同下飞赴山东济南。在济南，蒋介石只做了3个小时的短暂停留，主要接见了山东省主席韩复榘等军政要员，针对当前国内国际形势做了一番交流和部署。离开济南后，蒋介石乘机继续北行，直飞北平。

到达北平后，蒋介石并没有马上投入工作，而是在宋美龄的陪同下去了趟协和医院。由于前段时间他患上了消化不良的毛病，这次来北平，首先想去确认一下病情。在得到健康无病的报告后，他才开始各种政务活动。在北平，他接见了黄郛、宋哲元、商震等当地军政界领导人。

与此同时，内蒙古亲王致电蒋介石，邀请蒋氏夫妇赴内蒙古一游，蒋介石欣然接受邀请。11月4日，蒋介石一行乘专车抵达察哈尔省省会张家口。蒋介石出席了张垣"扩大纪念周"集会，视察了察哈尔畜牧职业学校等，并给张家口绿化防沙工程拨付了专项经费。

11月5日，蒋介石一行离开察哈尔，乘火车赴大同参观了著名的云冈石窟。第二天，他们继续乘火车驶往绥远省会归绥（今呼和浩特市）。在归绥，蒋介石在绥远行辕接见了蒙古两位王公，云王和德王，还接见了一些驻绥将领和各国牧师。在绥远省主席傅作义召开的各界联谊大会上，蒋介石再一次宣传了"新生活运动"的重要意义。

11月8日上午，蒋介石夫妇及随行者们离开了归绥，乘机直飞太原。

山西一带是阎锡山的老巢，自中原大战之后，蒋阎的关系一直闹得比较僵，这次蒋介石造访太原，阎锡山决定借此缓和两人之间的紧张关系。他需要依靠蒋这个靠山，维持自己在山西的"土皇帝"之位；而蒋介石也有自己的考虑，他急切地需要拉拢阎锡山作为华北"剿共"的一支重要力量。两人各有算计，各取所需，因此都愿意"和好如初"。

得知蒋介石要来以后，阎锡山就已做好了精心安排，蒋介石一下飞机就受到了热情欢迎。9日上午，蒋介石专门乘车去五台县河边阎锡山的故里访问。蒋介石在阎府只待了一个上午就返回太原，其间，阎锡山全程陪伴。

与此同时，孔祥熙在老家太谷也忙活开了，检查、布置了迎接连襟到访的一应准备。11月10日上午，按照计划安排，蒋介石夫妇在孔祥熙的陪同下，乘汽车去太谷。随行人员除端纳外，还有杨永泰、宋哲元、傅作义等一批将领。

对于孔祥熙来说，蒋介石既是顶头上司又是连襟，关系非同寻常，加之此前他在蒋面前多次说到家乡作为"晋商之都"是如何的繁华，因此决定把这次迎蒋工作做到最好。

当天下午4时许，蒋介石一行首先到达位于太谷县城东南部的铭贤学校，铭贤师生们夹道欢迎蒋氏夫妇的到来。晚上，蒋介石夫妇及随行团下榻繁华的孔宅。据说，蒋介石见到如此奢华的孔宅之后，不禁暗暗称奇，赞不绝口，觉得不虚此行。

为了安全起见，孔祥熙将蒋介石夫妇安排到了戏台院过庭。那里客厅敞亮，卧室隐蔽，且通道较多，可备不时之需，连宋美龄都为姐夫如此细心而暗自称道。蒋介石一行在孔宅住了一宿，第二日一早用过早餐后，便离开太谷回到太原。

因南昌行营有重要军情等待着蒋介石处理，在太原，他便与宋美龄、孔祥熙、端纳等辞行，同四名顾问乘专机返回南昌，其他人飞往北平处理相关事宜。

从西北到华北，蒋介石的北方之行历时一个多月，宋美龄一直跟随蒋介石参加活动，进行公众演讲以及去各地参观。因为不存在战事的烦恼，这段日子总体来说给她的感觉是比较轻松、新奇的。但是，宋美龄没有忘记自己的身份与"任务"，她每到一个城市，都不忘宣传"新生活运动"，不忘召集当地的妇女，敦促她们协助家庭响应国民政府的改革。同时，在每一座城市的公众演讲，为她以后在演讲上取得的成就打下了坚实的基础。

蒋介石的这次北方之行，在树立权威、联络北方将士情感方面取得了一定的效果，但是还远远没有达到征服人心的程度，有些也只是"逢场作戏"。譬如在山西阎锡山老家，针对这次蒋介石的来访，就出现了很多"打倒蒋介石，打倒阎锡山"的标语，让阎锡山头疼不已。两年后的西安事变更是对蒋介石北方之行成果的最大讽刺，而至于发展经济，更只是"说说而已"，没有任何相关准备和实质性发展。

北方之行中，蒋介石再次重申的"攘外必先安内"，极大地助长了日本帝国主义的嚣张气焰，日本也终于放开了手脚，肆无忌惮地开始准备侵略中国。

第四章

似敌非友，剪不断的复杂骨肉情

抗日前，庆龄和美龄的姐妹情谊

随着日本帝国主义对中国的逐步侵略，蒋介石政权的"不抵抗"政策遭到了社会各界爱国人士的一致批评。在这个时候，蒋介石决定拉拢宋庆龄，希望她能加入南京政府，以达到"安定民心"的目的，从而稳固其统治。但宋庆龄根本就对他不予理睬，她在坚定孙中山革命信念的同时，逐渐向肯定孙中山政策的中国共产党靠拢。她对国民党的反动政策口诛笔伐，深刻揭露了蒋介石政权的本质，惹得蒋介石恼羞成怒，还差点被蒋介石暗杀。

这时，宋美龄站在姐妹亲情和夫妻关系的天平上，左右为难，但最终她把砝码放在了血浓于水的亲情一边，在暗中一直保护着二姐。两姐妹之间的关系变得微妙而复杂起来。

❀ 庆龄舌战戴季陶，向国民党发难

1929 年春，南京紫金山中山陵竣工。蒋介石以"总理奉安委员会"主任的名义，发电请宋庆龄回国参加奉安大典。

这个消息让远在欧洲的宋庆龄感到很欣慰。奉安大典是已逝"革命先行者"孙中山的最高殊荣，她决定回国参加典礼。宋美龄听到这个消息也很高兴，因为终于可以见到久违的二姐了。她之前曾多次致电宋庆龄，希望二姐能回国看看，但是宋庆龄碍于宋美龄和蒋介石的关系一直不愿意回来。这次，宋庆龄终于肯回国，宋美龄觉得这是一次冰释前嫌的好机会。

在蒋介石的加急电文发出后，宋美龄怕二姐还不肯回来，为了保险起见，她又亲笔写了一封信，让弟弟宋子良带往欧洲，恳请宋庆龄回国团聚。

1929 年 5 月 17 日，宋庆龄抵达沈阳，回到了阔别近两年的祖国，在张学良夫人于凤至的陪同下回到了南京。6 月 1 日，参加完奉安大典后，蒋介石苦苦挽留宋庆龄在南京居住。庆龄以回去看望老母亲为由，第二天一早就返回了上海。记者得到消息纷纷前往上海采访，均被宋庆龄以身体不佳为由

拒绝了。

蒋介石对宋庆龄这次回国做好了这样的打算：第一是拉拢，尽力将宋庆龄争取到自己的利益集团，巩固其党内领袖地位；第二是封嘴，他不想看到有任何对自己不利的言语从宋庆龄嘴中说出来；第三则是最坏的打算，如果前两者不行就只好采用强制手段。

6月9日，蒋介石让夫人宋美龄去请宋庆龄，希望宋庆龄能看在姐妹亲情的份上，到南京参加即将召开的国民党三届二中全会。

宋庆龄对小妹的到来感到很高兴，但是一听到蒋介石提出的要求，很果断地拒绝了，蒋介石提出的是政治问题，而姐妹之间是亲情，政治与亲情是不能画等号的。

宋美龄本是欢喜而来，结果却扫兴而归，不免对二姐如此决绝有些生气。但她也很明显地感觉到，以前两姐妹在一起时的那种温馨美好的感觉再也找不到了。

8月上旬，国际反帝大同盟会议在柏林召开，宋庆龄也接到了会议发来的邀请。宋庆龄当时是该同盟会议的名誉主席，本应该出席，但是她刚刚回国，往返不便。她很想为会议尽一份力，便在上海寓所拟定了一份电报，说明不能参加会议的原因，同时对南京国民政府的反动政策进行了严厉的谴责。她在电报中写道：

反动的南京政府，正在勾结帝国主义势力，残酷镇压中国人民大众。反革命的国民党领导人背信弃义的本质，从来没有像今天这样无耻地暴露于世人面前。在背叛国民革命后，他们已不可避免地堕落为帝国主义的工具，企图掀起对俄国的战争。但是中国人民大众，不因受镇压而气馁，不为谎言宣传所蒙骗，他们将站在革命一边进行斗争。

蒋介石看到这份电报的内容后非常惊慌，如果电报内容流传开来，他将颜面扫地。于是，他立即做出指示，所有大报小报一概不准登载这份电文内容，以此来封锁消息。然而，他没想到，这份电文以另外一种方式出现了。

蒋介石的指令发出不久，在熙熙攘攘的上海南京东路上，雪花般的传单突然从天而降。传单内容正是宋庆龄拍发给国际反帝大同盟的电报原文。蒋介石得知消息后，立刻发令阻止，军警闻讯出动，警报长鸣，但依然阻止不了民众传阅的好奇心。

　　这次的传单事件，正是宋庆龄联合共产党人以及一些进步人士策划的革命活动。这份电报尖锐深刻的内容像一把尖刀，直刺向蒋氏政权的心脏。蒋介石惊恐之余，对宋庆龄恨之入骨，他召来谋士戴季陶商量如何对付宋庆龄。

　　戴季陶时任国民党中央执行委员、考试院院长，被国民党右派尊称为理论家。他在 1925 年孙中山逝世后曾发表《国民革命与中国共产党》、《孙文主义的哲学基础》等小册子，从思想上把国民党新老右派团结起来，与国民党左派对抗，堪称蒋介石的忠实谋士。

　　戴季陶很快按照蒋介石的要求，到宋庆龄的上海寓所对其进行游说，他劝宋庆龄"参加国家的建设工作"，"分担一份党国艰难事业的责任"。宋庆龄反唇相讥，说自己在上海的言论自由都得不到保证，还谈何去南京参加"建设工作"？

　　戴季陶无言以对，只好掏出宋庆龄拍发给反帝大同盟的电文，责问宋庆龄这份电文是不是她发的，她当作何解释。

　　宋庆龄理直气壮地承认，这份电文正是她写的。戴季陶马上摆出一副忧国忧民的面孔，说宋庆龄"攻击政府"，丢了政府的脸，还不忘替政府解释："纵使政府有了错误，你也没有权利公然说话，你应该遵守党的纪律。"

　　宋庆龄对戴季陶的这番话，给予了最严厉的反驳。她一针见血地指出，蒋介石诱使她去南京政府为官，真是对她的"一种侮辱"，而她发出的电文"是代表被压迫的中国民众说话"，"现在的国民党是已经完全失去了它的革命的意义"。

　　戴季陶没想到自己的一番话竟遭受到宋庆龄的强烈反驳，只得依照蒋介石的指示，用威胁的口吻要求宋庆龄"不要再发宣言"。宋庆龄听罢拍案而起，愤怒地说道："使我不说话的唯一办法，就是枪毙我，或者监禁我，如若不然，这简直就是你们承认了你们所受的指摘并不冤枉。"

看到宋庆龄态度如此坚决，戴季陶只好草草结束这次谈话，并表示下次来上海再来拜访，宋庆龄断然拒绝："再来谈话也是没有用的，我们彼此之间的鸿沟相差得太远了！"

宋庆龄的言行，表明了她誓死捍卫孙中山三大政策的革命旗帜，不惧威胁，不受利诱，威武不屈的立场。她的高风亮节，让人肃然起敬。为了表明自己在革命原则上的不妥协立场，1929 年 9 月 21 日，宋庆龄在上海乘坐法国邮船士劳斯号赴欧，再一次选择了流亡海外。

听到这个消息，身为小妹的宋美龄也无可奈何。宋庆龄这次离沪不像上次赴苏那样小心翼翼，也没有回国时那样"风光"。当时去码头送行的只有弟弟子良、子安和姐夫孔祥熙等少数亲友。为了信仰，宋庆龄又一次悄然离开。

❀ 姐妹情深，美龄暗中保护二姐

1931 年春天，中国政局动荡不安。蒋介石虽然取得了中原大战的胜利，但是时局却远没有稳定下来。

这时的国民党内部矛盾重重，时任立法院长的胡汉民与蒋介石因约法之争，被蒋介石软禁在南京汤山。后胡汉民逃至广州，成为南方实力派领袖，持反蒋政治主张。广东军阀陈济棠兵变反蒋，李宗仁、白崇禧等桂系军阀重新统治广西。国民党元老唐绍仪联合孙中山之子孙科向全国发出通电，强烈要求蒋介石下野。

这时的蒋介石把精力再次转向对付中共武装力量方面，委任何应钦为总司令，令其率 20 万兵力，对共产党的中央革命根据地进行第二次"围剿"。9 月 18 日，日本关东军在沈阳炸毁柳条湖段铁路，反诬为中国军队所为，借机发动"九一八"事变。蒋介石命令东北军全线撤退至关内，采取不抵抗政策，日军借此迅速侵占东三省。蒋介石受到各界一致批评。

蒋介石眼见局势错综复杂，其在党内的位置又受到挑战，简直被弄得焦头烂额。

同一时期，宋庆龄在德国开始接触更多的马列主义著作，阅读了很多进步报刊，同时也接触到了欧洲的共产党员，如德国劳动妇女的著名领袖蔡特金、法国共产党领导人多烈士等。通过互相交流和学习，宋庆龄越来越认识到资本主义社会存在的种种弊端，内心与共产党越来越靠近。

1931 年 7 月 23 日，本来身体就欠佳的宋母听到宋子文被刺的消息，大受刺激，病逝于青岛。这一噩耗令宋庆龄悲伤不已，她想到从小最受母亲喜爱，长大后却因为婚姻问题深深伤害了母亲。她多年来流亡海外，更没能陪母亲走完人生的最后一程，实属不孝。从上次回国见面后，不到两年的时光，母亲就离开了人世，从此天人相隔，此生再无机会相见。悲痛万分的宋庆龄，决定立即启程回国参加母亲的葬礼。

宋庆龄抵达祖国后，8 月 11 日在国民党相关人员的陪同下，马不停蹄地到达大连，宋美龄派部下、励志社总干事黄仁霖亲自到车站迎接。宋美龄此举虽不乏政治色彩，但更体现了她对二姐的重视。

宋庆龄一行并未在大连多做停留，随后乘船前往上海，再乘车赴西摩路宋家老宅。下车后就看到母亲的灵堂，宋庆龄不禁悲从中来，泪如雨下。

就在宋母葬礼的前一天，宋庆龄的亲密战友邓演达因组织"国民党临时行动委员会"不幸被捕，这个消息让宋庆龄震惊不已。邓演达被捕后被押往南京，关在胡逸民任职的中央军人监狱。蒋介石软硬兼施，希望邓演达支持自己，以借此影响其好友宋庆龄，可邓演达始终没有屈服。

11 月 24 日，宋庆龄得知邓演达的关押处后，连夜赶往南京中央军人监狱，胡逸民安排了宋邓短暂的会面。邓演达向宋庆龄表示，他已经做好了为中国革命牺牲的准备，宋庆龄眼见好友受苦却无能为力，忍不住掉下了眼泪。这也是两人最后一次会面，11 月 29 日，邓演达被秘密杀害。

又一位好友的离去让宋庆龄极度悲愤，她决定一定要为好友做点事，不能让他白白牺牲。12 月 19 日，宋庆龄为邓演达被害发表檄文《国民党已不再是一个政治力量》。在这份文件中，宋庆龄这样愤怒地写道：

> 当做一个政治力量来说，国民党已经不复存在了。这是一件无法掩盖的事实。促成国民党灭亡的，并不是党外的反对者，而是党内自己

的领袖。1925年孙中山病逝北京，国民革命突然失去了领导，以致中辍。……蒋介石的个人独裁与军阀和政客之间的相互争吵，造成了宁汉分裂，使党和人民之间的鸿沟日益加深。

　　……残暴的大屠杀和恐怖迫使革命转入地下。国民党以反共为名来掩饰它对革命的背叛，并继续进行反动活动。在中央政府中，国民党党员力争高位肥缺，形成私人派系，以巩固他们的地位；……但是，忠实的、真正的革命者却被有意地百般拷打，以至于死，邓演达的惨遭杀害就是最近的例子。

　　宋庆龄的这篇讨蒋檄文一出，蒋介石再也坐不住了。早在这篇檄文发表前几天，蒋介石内外交困之下，于12月15日第二次下野。蒋介石虽然下野，却时刻都在密切关注南京方面的一举一动。这篇讨蒋檄文使他非常恼火，终于忍不住向宋美龄表示了他的极度不满。

　　宋美龄知道蒋介石要对二姐不利，感到十分焦虑。她和二姐从小感情很深，不管怎样都不能坐视不管，于是她极力试图说服蒋介石放弃对付宋庆龄的想法。

　　正在气头上的蒋介石哪里听得进去，他抓起书桌上的电话，让接线员接通杜月笙，宋美龄见状顿觉不妙。杜月笙是上海青帮头目，因耳朵较大，人称"杜大耳朵"。他在大上海有着很大的影响力，早年蒋介石因利益的需要，和杜月笙成为好友，他不便出手的棘手问题一般都交给杜月笙解决。这次宋庆龄惹怒了他，他需要杜月笙"帮忙"对付宋庆龄。

　　杜月笙这个人什么事都做得出来，宋美龄怕他会对二姐不利。着急之下，宋美龄一把扯掉了电话线，对蒋介石大发脾气，不许他跟杜月笙通电话。蒋介石看到宋美龄真的生气了，只好允诺不会联系杜月笙。

　　事情虽然暂时搁置，但宋美龄也深知二姐的处境很危险。但一边是自己的丈夫，一边是自己的姐姐，两人始终对立，宋美龄心里五味杂陈，着实不好受。

　　宋美龄以为二姐暂时安全了，但有一点她却不知道，早在宋庆龄发表

■ 宋美龄与宋庆龄
的温情合影

《国民党已不再是一个政治力量》的檄文之前，杜月笙就已经跟蒋介石交流
过，明确表示要除掉宋庆龄。因此，那天电话中断后，杜月笙便知道事情有
变，他决定亲自去找蒋介石。

杜月笙直奔南京蒋介石公寓，没想到见到蒋介石之前，宋美龄让他吃了
一个"闭门羹"。杜月笙见对方没有让自己进去的意思，准备硬闯。宋美龄
毫不客气地呵斥道："这里是南京，不是上海！"这显然是下逐客令。

杜月笙没有办法，只好愤愤不平地离开了蒋介石的寓所。他心里十分不
痛快，决心要加快对宋家姐妹的报复。宋美龄当然不会知道，本想保护二
姐，没想到却弄巧成拙，为杜月笙暗杀宋庆龄添了一把火。

当晚，蒋介石就知道了宋美龄拒绝杜月笙来访一事，他很不满夫人的所
作所为，埋怨宋美龄不应该这样做。宋美龄借口说当时蒋正在休息，看到杜
月笙贼头贼脑的，一定没什么好事，所以"轰"走了他。宋美龄不忘告诫蒋
介石，如果二姐有个什么三长两短，自己绝对不会善罢甘休。

第二天，杜月笙早早地来到蒋介石寓所，并与蒋介石见上了面。两人寒
暄一番后，杜月笙询问起那天中断的电话。考虑到昨晚夫人在耳边的"教

导"，蒋不敢再提对付宋庆龄的事，只好转移话题，问起上海那边近期共产党的活动情况。杜月笙洋洋自得地表示，有青帮在，共产党威风不起来，没有什么大的动静，还讨好蒋介石，让其放心，最近刚刚暗杀了一批"出头鸟"。蒋介石大大赞赏了杜月笙在上海的表现。

两人谈到下一批要暗杀的人时，杜月笙表态说，最近在上海发现的一批传单上面都是宋庆龄署名的"反动"文章，他很想除掉这个人，想征询下委员长的意见。

既然这个话题不可避免，蒋介石决定慎重表态。他字斟句酌地说，这件事远不止杀个人那么简单，宋庆龄身为总理夫人，如果杀了她，搞不好会引火上身，小不忍则乱大谋，需要从长计议。

杜月笙见蒋介石犹豫不决，考虑到宋庆龄与蒋介石的特殊亲戚关系，蒋又身为国民党最高长官，处理这件事肯定不是很方便。于是，他决定来个先斩后奏，帮蒋介石拔掉"眼中钉"。

一周后，上海传来消息，孙夫人遭遇车祸，受伤住院。这次的车祸需要从一个神秘电话说起。

事发当天，宋庆龄在上海寓所接到一个从复旦大学学生会打过来的电话，一个男人的声音在电话中焦急求助："夫人，学生领袖章士桐被捕，28名学生被抓，您快出面调停一下吧……"电话一挂断，宋庆龄就坐不住了，她匆忙找来司机小聂，立即赶往复旦大学。

宋庆龄乘坐的车刚从莫里哀路进入繁华市区，一辆汽车忽然迎面撞来。司机迅速转动方向盘躲闪，可是那辆汽车非常奇怪，宋庆龄的车往左它也往左，往右它也往右，直直地向他们的车撞过来。幸好司机躲闪及时，两车擦身而过，宋庆龄的车最终撞上了路边的一棵大树。如果不是司机眼疾手快，躲避及时，后果不堪设想。等宋庆龄惊魂稍定，再回头找那辆小车，早已不见踪迹。

宋庆龄当时坐在后座，受伤后马上被司机送进了医院，但孙夫人因车祸住院的消息还是不胫而走，爱国学生纷纷前往医院探望。

在探望的人群中，宋庆龄意外地看到复旦的学生代表章士桐，她不禁大为惊讶，诧异地问道："小章，你不是被捕了吗？"章士钊得知孙夫人是因为急着要去看望自己和同学们才受伤的，不禁大为感动："夫人，您为我们受苦了。"

这时，宋庆龄也忽然明白了事情的原委。这次事故是青帮故意而为，还好她比较幸运，捡了一条命。镇定下来的宋庆龄还跟大家开起了玩笑，说要不是司机小聂及时地刹住车，自己就再也见不到大家了。

宋庆龄遭遇车祸的消息传遍了上海与南京后，人们为之震惊。蒋介石听到这一消息，不由得一怔，马上打电话给杜月笙，杜月笙矢口否认。宋美龄得到消息后大发雷霆，怒声质问蒋介石为什么要这样做。蒋介石连忙推说并不知情，更谈不上什么谋划行动。

宋美龄怒气难平，质问杜月笙上次来访是为何事，并一口咬定这件事情与蒋介石和杜月笙脱不了干系。蒋介石连忙解释，杜月笙来南京后，两人谈的都是上海共产党的事情，并没有提到宋庆龄，况且自己已经跟杜月笙通过电话，杜月笙也否认这件事是他所为。

不管蒋介石怎么解释，宋美龄依然不依不饶，警告蒋介石不要在这件事上瞒哄自己。直到后来孔祥熙出面劝解，宋美龄才消了气。

其实这件事情的幕后主使人就是杜月笙，只不过他连蒋介石都欺骗了，并没有告诉蒋实情。当他知道宋庆龄大难不死时，立即召来那位小车司机，对其一顿臭骂，给了几耳光后还不解气，最终一枪将其毙掉了。

宋庆龄住院期间，又写了一篇谴责敌人阴谋的檄文交予章士钊，章士钊通过散发传单使其广为传播。爱国学生不断揭露青帮劣行，号召群众联合起来反抗青帮。一时之间，上海滩出现了众多指责杜月笙的声音，杜月笙偷鸡不成蚀把米，处于舆论谴责的旋涡里如坐针毡。因此当蒋介石问起此事，他当然矢口否认。

❖ 深深姐妹感情，爱恨情长

宋美龄因二姐出车祸大发脾气，怪罪于蒋介石，让蒋深知自己的老婆是一个不好惹的角色。

宋美龄虽不清楚这件事情是不是杜月笙所为，跟丈夫到底有没有关联，但是这种"有预谋"的行为，跟蒋介石庇护下的上海青帮绝对脱不了干系，她准备马上去上海一趟。虽说她与二姐在政治上的观点有所不同，但毕竟血浓于水，这是无法改变的。

宋美龄手捧鲜花出现在宋庆龄面前，宋庆龄对小妹能来看自己感觉很欣慰。姐妹俩跟陪同的院长寒暄之后，开始闲话家常。

宋美龄向二姐说起为了这件事，还跟蒋介石起了冲突，但蒋介石却说根本不知情。宋庆龄听到妹妹肯为自己出头，很是感动，表示事情已经过去，不必再追究。

温馨的谈话没进行多久，宋美龄便转移话题，劝宋庆龄不要固执己见。她说起之前的反帝大同盟电稿以及《国民党已不再是一个政治力量》的檄文，对于这两份社会上传得沸沸扬扬的锐利文章，是否出自宋庆龄之手表示怀疑。

宋庆龄很坦然地承认，这两份稿件确实是自己所写。宋美龄听后大为惊讶，赶忙劝宋庆龄不要再做类似的事情。宋庆龄听出了小妹的话外之意，也变得严肃起来，态度鲜明地表明了自己的立场。

宋美龄见宋庆龄与国民党日益疏远，逐步向共产党靠拢，忍不住想劝解二姐，结果两人话不投机，谈话无法进行下去。宋美龄只好改变话题，后匆匆告别，离开了上海。她满怀希望而来，想跟二姐重拾姐妹情谊，最终两人却不欢而散，败兴而归。宋美龄先前对二姐的同情心渐渐被气愤所代替。她清楚，两人再也回不到过去了，以后只能各走各的路。

回顾两人早年的经历，二人的姐妹情谊着实令人感叹。

宋庆龄和宋美龄儿时感情很好。相差五岁的姐妹俩在浓厚的宗教氛围与西方生活方式中度过了童年和少年时期。两人一起接受私塾教育，一起就读于上海中西女塾——马克谛耶女子学校，在同一间寝室学习和玩耍。姐妹俩的性格有较大差异，一个沉静谦和，沉默寡言，另一个却活泼任性，颇具男孩子气，但两人手足之情深厚，身为姐姐的宋庆龄一直照顾着小妹宋美龄。

1907 年，宋庆龄和宋美龄两人在姨夫温秉忠的监护下，漂洋过海来到美国。两人一起进入新泽西波特温学校就读，后来又一起转入了威斯里安女子学院，与大姐宋霭龄会合。两年后，霭龄学成归国，小庆龄勇敢地担负起了小妹监护人的角色。那一年，宋庆龄才16岁，宋美龄11岁。小美龄很喜欢二姐，常常不离其左右。

在美国留学期间，宋庆龄开始关心国内局势和革命发展情况，并在校刊上发表了多篇反封建和宣传民主思想的文章。但是宋美龄的兴趣却不在此，她更热衷于学习美国的生活方式，练习美式口语，接受西方人的思维方式，俨然成了一名美国化的中国人。

1912年新年的第一天，"中华民国"成立。远在大洋彼岸的姐妹俩收到了家人寄来的新年礼物，打开一看，竟然是一面"中华民国"国旗。从父亲的来信中，姐妹俩知道了"中华民国"成立的消息，还知道父亲和大姐都参加了孙先生临时大总统的就职仪式。

姐妹俩读完这封信后高兴地拥抱在一起，她们把悬挂在宿舍里的清朝龙旗扔掉，换上了新的"中华民国"国旗。那时的宋庆龄根本没有想到，三年后，自己竟然会和孙中山走到了一起。

宋庆龄比妹妹先完成学业，回到了父母亲侨居的日本，接替大姐成为孙中山先生的秘书。此后，宋庆龄与孙中山日久生情，并不顾父母的反对，毅然嫁给了比她大27岁的孙中山。

宋家上下为此都十分不满，唯有远在美国的宋美龄对二姐敢于追求幸福的行为表示理解，小妹的态度多多少少给了宋庆龄一些安慰。经过这场由婚姻引起的家庭纠纷后，庆龄跟美龄的关系变得比以前更为亲密了。

但随着时间的推移，庆龄和美龄之间开始出现了分歧，特别是宋美龄嫁给蒋介石之后，姐妹俩在思想观念、民族感情等方面的分歧更加明显，关系也随之发生了变化。

1927年，中国风云突变。这一年，蒋介石发动了轰轰烈烈的大革命，宋家成员被情势所逼，选择了各自不同的立场。

宋庆龄宣布退出国民党中央，坚决地站在已逝丈夫孙中山的一边，对背叛孙中山革命思想的汪精卫、蒋介石之流深恶痛绝，明确与汪、蒋决裂，最终选择了出国。而嫁给蒋介石的宋美龄选择站在丈夫一边，与蒋介石"夫唱妇随"，这也注定了她势必会与宋庆龄"唱反调"。

所谓"道不同不相为谋"，宋庆龄和宋美龄对彼此都很失望。为了国家和民族利益，宋庆龄选择了流亡海外去寻找新的革命道路，与宋美龄走上了不同的道路。

宋庆龄私下说起宋美龄时，经常对其赞赏有加，说小妹在很多方面都比自己优秀。但是在政见上，两人观念不同，所以一直各执己见，经常闹得不欢而散。可见，姐妹情的淡化完全是因思想信仰不同而导致的。

宋美龄对宋庆龄的态度，也同样很微妙。姐妹俩感情一直很好，尽管政治观念不同，却一直没有中断往来，偶尔还通信，但基本上都是由秘书代笔，而且只谈私事，其他一概不谈，两人仿佛都在刻意回避不必要的冲突。

姐妹俩从 1927 年正式"划分阵营"开始，经过了长达十年的政治分歧，直到一个可以弥合的契机出现——1936 年"西安事变"的爆发。

西安事变尽显姐妹情深

"西安事变"是中国近现代史上最重要的事件之一。西安事变的和平解决促进了国共第二次合作的形成，双方连同社会各界共同铸就的抗日民族统一战线是中华民族抗战期间的最坚固堡垒。

宋庆龄虽然没有直接参与此次事变的和平解决，但她在幕后做出了积极有效的努力。于公，她站在民族大义的立足点上，摒弃前嫌，赞成释放蒋介石，携手抗日；于私，宋庆龄深明大义的举动感动了宋家上下，为日后宋氏三姐妹在抗日救国保持一致性上做了良好的铺垫。由此可见，西安事变也是一次增进宋氏家族姐妹感情的绝好契机。

❖ 西安事变前，庆龄沟通国共中枢关系

20 世纪 30 年代的中国，笼罩在一片白色恐怖的阴霾中。整个中华大地

监狱密布、特务横行，当时《申报》还刊登了一篇题为《疯狂了的世界》的文章，对白色恐怖下的旧中国作了这样的描述：

> 整个世界是疯狂了，历史已回复到中世纪时代。战争、屠杀、恐怖、幽禁、破坏，魔鬼的舞蹈，奴隶的呻吟，整个世界是疯狂了！……"杀"替代了"自由"，"逮捕"与"幽禁"，禁锢了意志……文明破产了，野蛮复活了，白茫茫的雾弥漫了整个世界。

《申报》借此文章，抨击了国民党反动特务的一切罪行。一些优秀的共产党员和进步人士先后被国民党幽禁并暗杀，宋庆龄知道，国民党已经变质了，自己应该为保障人民自由而奋斗。在营救进步人士的过程中，宋庆龄更多地与共产党走在一起。

1931年，"九一八"事变爆发，东北大片国土沦陷。1935年，日军又制造华北事变，华北各省名存实亡。国难当头，宋庆龄意识到，面对外族的入侵，国民党和共产党理应联合起来，一致对外。

宋庆龄与担任共产党地下联络工作的董健吾取得联系，并掩护董健吾以圣彼得教堂牧师的身份在上海开展相关工作。董健吾开办了大同幼稚园，秘密收养了失散流落在江浙沪一带的革命者子女及遗孤，其中就包括中共领导人毛泽东的儿子毛岸英、毛岸青、毛岸龙三兄弟。

宋庆龄通过董健吾与共产党高层取得了联系，她与毛泽东、周恩来等人的信件也是通过董健吾传递的。在信件往来中，双方都谈到了国共合作。

1935年底，为了一致对外的共同目标，国民党也通过各种渠道与共产党方面接触，商讨双方谈判合作事宜。其中，宋庆龄起了重要作用。

1935年，日本策划华北五省自治，华北有可能成为第二个满洲国，国民政府统治受到极大的威胁。同时，日本侵华直接损害了英美在华利益，亲美的国民政府必须做出行动。而一直奉行不抵抗政策的蒋介石已被日本人逼入了绝境，他已经认识到中日战争不可避免，加之当时共产党提出建立抗日民族统一战线的政策，第二次国共合作成为可能。经过综合考虑，蒋介石认为，解决中国问题的最好办法，就是采用"政治方法"。

1935年8月1日，中共中央发表《八一宣言》，号召全国人民团结起来，一致抗日。宋庆龄、何香凝、柳亚子、经亨颐、陈树人、于右任、孙科等人先后响应，影响巨大。

同年12月9日，在中国共产党的领导下，声势浩大的"一二·九"运动在北平爆发。学生们举行了抗日救国示威游行，反对华北自治，反抗日本帝国主义，"停止内战，一致对外"的呼声响彻全国，全国上下团结抗日救国已经成为不可阻挡的历史趋势。

1936年5月，中共发表《停战议和一致抗日通电》，郑重地向国民党提出"停止内战，一致抗日"的建议。这一通电表明中国共产党对蒋介石的态度已经由"反蒋抗日"转变为"逼蒋抗日"。8月25日，中国共产党致电国民党：

> 现在是亡国灭种的紧急关头了，本党不得不向贵党再一次大声疾呼，立即停止内战，组织全国的抗日统一战线，发动神圣的民族自卫战争，抵抗日本帝国主义的进攻，保卫及恢复中国的领土主权，拯救全国人民于水深火热之中。
>
> 我们愿意同你们结成一个坚固的革命的统一战线，如像1925年至1927年第一次中国大革命时两党结成反对民族压迫与封建压迫的伟大统一战线一样，因为这是今日救亡图存的唯一的正确的道路。

随着中国共产党政策的转变，中共加紧开展了对国民党各阶层的统战工作。依照"上层统一战线"的策略，国民党中央委员、军政要员、中上级军官等人都包括在统战对象之列。

为了更好地开展统一战线工作，9月28日，周恩来和毛泽东分别致信蒋介石和宋庆龄。周恩来在信中言辞恳切地希望蒋介石停止内战，积极抗日，"愿先生变为民族英雄"。毛泽东写信给宋庆龄，高度评价了宋庆龄为中国革命做出的积极贡献，并希望她能在促进国共合作谈判中发挥更大的作用，请求宋庆龄介绍一些国民党中枢人员，与共产党派去的代表潘汉年谈一谈。

宋庆龄为了不辱使命，积极地与国民党中枢要人联系，为促进国共合作积极奔走。在上海，她引荐潘汉年与宋子文及宋美龄等人见面，对国共合作起到了重要作用。

❖ 张、杨逼蒋抗日，发动兵谏

面对日益高涨的抗日呼声和中国共产党做出的巨大努力，蒋介石政府却继续坚持所谓的"外交解决"和"国际公断"等消极政策。虽然宋庆龄等进步人士积极奔走呼号，蒋介石却仍期望能够借助英美与日本之间的矛盾，给日本施加压力。

但事情显然没有那么简单，美方甚至有意在必要时，联合英法海军力量进驻华南，扶植粤桂集团，另立中央，以防止日本继续南下，威胁其在华利益。蒋介石的如意算盘落空了，又迫于社会舆论压力，陷入非常被动的局面，不得不答应与共产党谈判。

事实上，蒋介石并非真心合作，而是在耍"剿"、"抚"相结合的手段，其最终目的仍然是"招抚"、"收编"工农红军。

蒋介石这样做是经过一番考虑的。在他看来，红军经过长征，已经伤亡过半，兵力最多不过3万人，自己只要调集几十万大军加上战斗机编队，将红军歼灭在陕北完全是可以实现的。因此，与共产党谈判时，蒋介石提出改编红军，这使共产党和红军难以接受，中共对此表示"我党绝不做无原则的让步"。

蒋介石"收编"红军的想法没能实现，令他格外气愤，决定按原计划进行，加紧对嫡系及精锐部队的调遣。他设定的方案是，如果身处西北的张学良、杨虎城部队"剿匪"不力，他派遣的几十万大军可随时调动以围歼红军，于是他把"剿共"的重任交给了东北军统帅张学良。

张学良为奉系军阀张作霖之子，别名汉卿，人称"少帅"。他相貌英俊，早年在上海期间，与宋美龄相识并成为好朋友。张作霖在东北被日本人暗杀后，张学良接过父亲的执鞭，开始领导东北军。1928 年，他率东北军"东北易帜"，成为蒋介石麾下一支重要军事力量。

■ 蒋介石和张学良

1934 年，张学良出任南京政府军队第二指挥官职位，并被任命为"剿共"总司令，其任务是把河南、湖北和安徽境内的共产党连根拔掉。

1935 年，红军长征西移后，蒋介石命令张学良进攻中国共产党根据地西安，把西安变成国民党的大后方。起初，张学良非常尊重蒋介石，无条件执行其命令，满怀信心地准备"剿共"。但是随着时间的推移和形势的逐渐明朗化，特别是蒋介石的"不抵抗"政策，使张学良落下了"不抵抗将军"的诨号，面对外界群众的质问与压力，他越来越意识到蒋介石的政策并不正确。

依照"上层统一战线"策略，周恩来与张学良取得了联系。周恩来在信中明确表示：中国人打中国人，特别还是在外敌入侵的紧要关头，实在是不可取的行为。原本就很爱国的张学良看过信件，联想到曾眼睁睁地看着家乡被日本人占领的情形，惆怅万分。

不仅张学良有如此感触，他领导下的东北军同样抱着共同对抗日本人的想法。东北军从上到下都是清一色的东北大汉，他们看到家乡被日寇侵占，痛心不已。身为军人不但不能保卫家乡和亲人，还要到西北与自己人互相残杀，实在荒谬至极，全军上下抵触情绪十分严重。在听到各地全民抗战的呼声后，东北军最想做的就是打回东北老家，赶走日本人，收复失地。

1936 年 4 月，张学良与周恩来两人在延安秘密会面，商讨国共合作事宜。

当时，在西安很少有媒体记者，但美国作家尼姆·韦尔斯女士是个例外，继美国新闻记者埃德加·斯诺访问延安之后，她于同年 10 月访问了西安，并作了如下报道：

> 在中国的西京西安府，张学良少帅驻在这里"剿共"的，激烈抗日的东北军队伍中间出现了一个严重的局面。
>
> 这些军队原来在 1931 年有 25 万人，如今只剩 13 万人，都成了"亡国奴"；想家、厌恶内战，对南京政府对日本继续采取不抵抗政策越来越愤慨。下层官兵中间的态度完全可以说是就要谋反了。这种激情甚至传染到了高级军官。这种情况引起谣传说，甚至张学良以前同蒋介石的良好个人关系现在也紧张起来，他打算与红军结盟，组成抗日统一战线，由一个国防政府领导。

随着张学良思想观念的转变，他对担负的"剿共"工作也越来越"力不从心"。他不止一次地向蒋介石提出停止杀害共产党、团结力量抗击日本的主张，但每次都遭到蒋介石的训斥。看到张学良"剿共"如此不给力，1936 年 10 月 21 日，蒋介石亲临西安布置"剿共"任务，准备亲自督战，与红军决一死战。

1936 年 10 月 31 日，这天是蒋介石的 50 岁生日。中国有句古话，"人到五十知天命"，蒋介石显然并不这样认为，他眼中只有一件事，就是"剿共"。

张学良为了劝阻这次行动，找到蒋介石"哭谏"，希望委员长能够收回成命，共同抗日，结果又挨了蒋介石一顿痛骂。祝寿大会上，国民党空军还举行了飞行编队表演，一为委员长助兴，二为"剿共"军力预演。

蒋介石结束"洛阳五十祝寿"后，立即飞赴西安，他并未带夫人宋美龄、顾问端纳、秘书陈布雷等人同行。为了安全起见，蒋介石在西安城 10 公里外的华清池设立官邸，作为这次"剿共"的行营。

之后不久，国民党高级将领陈诚、蒋鼎文、卫立煌、朱绍良等人先后抵达西安。一时间，西安的天上飞机轰鸣，地上战车滚滚，国民党"剿共"大战即将打响。张学良不禁心急如焚，他认为应该想办法阻止这场"中国人之间的屠杀"。

但单凭张学良一个人的力量，实在是非常有限，于是他找到了与他共守西安的西北军将领杨虎城。杨虎城早年参加过辛亥革命，同样是主张抗日的将领。杨虎城与张学良志同道合，也想阻止蒋介石发动"剿共"战争。

张学良与杨虎城两人来到蒋介石行营，再次请求蒋介石停战抗日。然而，蒋介石这时早已听不进去，他严厉拒绝

■ 张学良与蒋介石

了张、杨两人的"过分要求"，并严词警告张学良、杨虎城，如果不想"剿共"，就将东北军以及杨麾下的十七路军调入福建、安徽等地，听任中央调配。这样一来，就明显拆散了张学良的东北军势力，张学良当然不答应。

12 月 9 日，中国共产党在西安组织纪念"一二·九"运动一周年群众游行示威，号召全民抗日。蒋介石强令张学良出兵制止游行活动，并指示，必要的时候可以开枪镇压。张学良拒不执行蒋介石这一命令，他与蒋争论，惹怒了蒋介石，蒋介石决定不再起用张学良。

12 月 11 日晚，蒋介石任命蒋鼎文为西北"剿匪"军前敌总司令，正式接替张学良的位置，同时下令中央军接替东北军和西北军的"剿共"任务。蒋介石此举将张学良逼到了悬崖边。张学良无可奈何，准备联合杨虎城实施兵谏，"挟天子以令诸侯"。

当晚，张学良和杨虎城分别召见东北军和十七路军高级将领，宣布第二天清晨进行兵谏。

12 日早晨 5 点半，四辆军用卡车满载着 120 名全副武装的军人出现在蒋介石行营前。行营哨兵拒绝开门，首车营长一枪撂倒哨兵。此时的蒋介石刚刚起床不久，他习惯性地开窗晨练，突然听到一声枪响，不由得一惊，护卫队也一片慌乱。蒋介石深知大事不妙，起身翻窗逃跑。

蒋介石爬上墙，掉进了护城河，脚摔破了皮，但他顾不得检查伤势，慌乱中爬到了河边的骊山上，钻进了一个小山洞。天色渐亮，搜查队包围了骊山，小分队开始逐洞搜查，终于在一个掩盖着茅草的山洞里把吓得一直哆嗦的蒋介石拎了出来。当时正值冬天，蒋介石又惊又吓，脸色惨白，浑身打颤，抖个不停，狼狈不堪。

卫队营营长孙铭九见状，与其余几名士兵轮流将老蒋背下了山。下山后，蒋介石被送进西北军司令部，西安的新市政厅。张学良搀着蒋介石走进一间屋子，让大夫给他治伤。

简单医治了一下皮外伤之后，蒋介石愤怒地指着张学良大骂，责问张学良是不是想叛变，张学良仍对蒋介石非常客气，解释说此举只是万不得已，目的是革命，而不是叛变，如果委员长可以接受停止内战、共同抗日的要求，他将依然服从蒋介石的领导。至于这次事变的后果，完全交给人民来裁定。

蒋介石听张学良这样说，长吁了一口气，他知道张发动的这一次兵谏仍然是一次老套的政变，自己完全有机会活下来。只是张学良此举实属"大逆不道"，让他倍感失望。

❖ 宋庆龄不计前嫌，力促和平解决

蒋介石在西安被活捉，身边的几位军政大员也同时被软禁。西安事变的消息迅速传遍了全世界。

事变发生当天，宋美龄正在上海主持会议，讨论改组"全国航空建设会"事宜。忽然，她的大姐夫、财政部长孔祥熙神色慌张地来到会场，对宋美龄说："西安发生兵变，委员长消息不明。"宋美龄听到这一消息，差点晕了过去。随后，惊魂未定的宋美龄在孔祥熙和端纳的陪同下迅速赶往南京国

民党党部。

1936年12月12日，即西安事变当天傍晚，张学良、杨虎城等19人联名通电全国，申明逮捕蒋介石的理由，并向国民党中央提出八项要求，其电文内容部分如下：

> 东北沦亡，时逾五载，国权凌辱，疆土日蹙，淞沪协定，屈辱于前；塘沽、何梅协定，继之于后。凡属国人，无不痛心……我中枢领袖，应如何激励军民，发动全国之整个抗战。乃前方之守土将士浴血杀敌，后方之外交当局仍力谋妥协。自上海爱国冤狱爆发，世界震惊，举国痛愤。爱国获罪，令人发指。蒋委员长介公受群小包围弃绝民众，误国咎深，学良等涕进谏，屡遭重斥……学良等多年袍泽，不忍坐视，因对介公作最后之诤谏，保其平安，促其反省。我西北军民，一致主张如下：
>
> 一、改组南京政府，容纳各党各派共同负责救国；
>
> 二、停止一切内战；
>
> 三、立即释放上海被捕之爱国领袖；
>
> 四、释放全国一切政治犯；
>
> 五、开放民众爱国运动；
>
> 六、保障人民集会，结社一切之政治自由；
>
> 七、切实遵行总理遗嘱；
>
> 八、立即召开救国会议。

电文中所说的"八项主张"就是张、杨发动西安事变的政治主张。同时，张、杨二位将军也将"西安兵谏"的情况及其"八项主张"等，通报给了时驻陕北保安的中共中央。张学良随后以个人名义向宋美龄发出了一份电文，申明绝不会加害蒋介石，此举实属无奈，"耿耿此心，可质天日"，请蒋夫人放心。

蒋介石被抓后，国民党党中央乱成一团。为了尽快了解西安方面的真实情况，宋美龄决定马上派遣顾问端纳前往西安。端纳早年曾是张学良的知交和顾问，另外他是外国人，不太可能会受到伤害，所以宋美龄派他去也比较放心。

12月14日，端纳带着宋美龄的信件飞抵西安，同行的还有宋美龄的得力助手黄仁霖。宋美龄写给张学良的信全文如下：

西安张副司令汉卿兄勋鉴：

奋密。昨在沪上，惊悉西安兵变，即晚来京，接奉文电，深以为慰。吾兄肝胆照人，素所深佩，与介兄历共艰危，谊同手足。在沪未接电前，已知其必承吾兄维护，当决无他；来京获读尊电，具见爱友之赤诚，极为感慰。惟精诚团结，始足以御侮抗敌；沉着准备，乃足以制胜机先。介兄自九一八以来，居处不宁，全在于此。吾兄久共军机，凤所深悉。凡吾兄有所建议，苟利国家，无不乐采纳。介兄以地位关系，不得不加以慎重，藉避敌人耳目。吾兄贤明，当必深惊此意。我国为民主制，一切救国抗敌主张，当取公意。只要大多数认可，介兄个人，当亦从同。

昨日之事，吾兄及所部将领，或激于一时之情感，别具苦衷，不妨与介兄开诚协商，彼此相爱既深，当可无话不说。否则另生枝节，引起中外疑惧，不免为仇者所快，亲者所痛，想吾兄亦必计及于此。至如何安慰部曲，消弭事端，极赖苓筹。介兄一切起居，诸祈照拂，容当面谢，并盼随时电示一切为荷。

蒋宋美龄叩

当天，蒋介石见到端纳，甚是感动，待看完了夫人写给自己的信件，更是感慨万分。宋美龄在信中写道：

夫君爱鉴：

昨闻西安之变，焦急万分。窃思吾兄，平生以身许国大公无私，凡所作为无丝毫为自己个人权利着想，只此一点，寸衷足以安慰，且抗日亦系吾兄平日主张。惟兄以整个国家为前提，故年来竭力整顿军备，团结国力，以求贯彻抗日主张，此公忠为国之心必为全国人民所谅解。目下兄所处境况真相若何，望即示知，以慰焦思。妹日夕祈祷上帝赐福吾兄，早日脱离恶境。请兄为国珍重。临言神往，不尽欲言，专此奉达，敬祝健康！

妻美龄
廿五年十二月十三日

当天下午，端纳电告宋美龄，委员长一切安好，身体无恙。宋美龄这才放下心来。

西安事变发生后，南京政府高层对于如何处理西安事变，主要分成了两派，一派以宋氏家族成员为代表，他们主张和平解决；另一派则是军政部长何应钦等亲日派为代表的高层，他们表面上主张武力讨伐张学良，其实最终目的是想趁机将蒋介石置于死地，然后取而代之。

目的截然不同的两派进行了尖锐的斗争。宋美龄毫不客气地指责何应钦此举不是在救委员长，而是"谋杀"委员长，一句话顶得何应钦哑口无言。但是对于宋美龄提出的斡旋营救等策略，何根本听不进去，他立即颁布讨伐令，并迅速调集了 20 个师，派飞机到西安上空示威。

针对这一情况，宋美龄召集了黄埔军官紧急会议，声泪俱下地请求他们不要听何应钦的命令。

在宋家内部，宋美龄又组织了一次家庭会议，大家出谋划策，研究营救蒋介石的对策。宋子文认为，这次事件的关键人物是张学良，而张学良跟共产党走得很近。纵观整个宋氏家族，也只有宋庆龄跟共产党走得近。要想解救蒋介石，唯有请二姐帮忙，斡旋解决。宋美龄听弟弟一说，虽然知道二姐跟蒋介石的关系一直很僵，恐怕二姐不会答应，但当时已经无计可施，也只能试着联系宋庆龄。

身在上海的宋庆龄同样被蒋介石遭兵谏的消息震惊了。从 1927 年开始，宋庆龄跟蒋介石差不多已经针锋相对地斗了十个年头。这次蒋介石被抓，她在深深佩服张、杨两人勇气的同时，也对全民抗战统一战线的即将形成持乐观态度。

宋庆龄刚刚得知消息不久，就接到弟弟宋子文打来的电话。宋子文在电话中说是受小妹委托，请求二姐出面。如果二姐能够在西安说得上话，请二姐务必帮忙。宋庆龄表示，只要蒋介石同意停止内战一致抗日，一定会出手相助。

不久，孔祥熙又找到宋庆龄。他知道，自己的命运是和蒋介石拴在一起的，这次救蒋，自己必须做点什么。他起草了一个谴责张、杨的声明，希望宋庆龄能在声明上签字，以此来号召民众，规劝张学良放人。

宋庆龄看过声明后，并没有签名的意思，而是将它放回桌子上，说道："我看汉卿做得对，没有什么好谴责的。要说我处在他的位置，我也会这么做的，甚至还会做得更多。"孔祥熙听宋庆龄这么一说，知道宋庆龄心意已决，只好告辞。

孔祥熙铩羽而归，宋美龄决定亲自求姐姐帮忙，在电话中声泪俱下地哀求二姐挽救丈夫的性命。作为同胞姐妹，宋庆龄听到小妹哭得如此悲伤，难免有所动容，依姐妹之情，理应帮助小妹，但偏偏要救的是蒋介石，内心相当矛盾。

宋美龄还在电话中谈到南京政府的一些情况，也道出了何应钦等人的野心。宋庆龄深知亲日派的何应钦一旦出动兵力轰炸西安，事态会变得更为复杂。说不定就因为亲日派的崛起，中国会更快地陷入日本人之手。

目前国内外形势都很严峻，日本人虎视眈眈，随时都有可能发动大规模的侵华战争。如果这次蒋介石的生死问题被人利用，再以此做文章挑起内战，那么一切都会变得更加不可收拾。蒋的生命安全关系重大，牵一发而动全身。

宋庆龄答应宋美龄会好好考虑一下，尽快给她答复。随后，宋庆龄与陕北中共中央取得联系，中共决定以国家利益为重，把以往的恩怨暂时放下，竭力促成国共合作。另外，宋庆龄还收到了来自第三国际的电报，要求她做工作力保蒋介石生命安全。

经过综合考虑，宋庆龄决定以国家和民族利益为重，争取和平解决西安事变，营救蒋介石，借机促成抗日民族统一战线的形成。当时形势下，国共合作共同抗日才是一切问题的重中之重，正如宋庆龄后来强调的："所有军队的当务之急是：求同存异，组成一个抗日的统一战线。任何阻碍此战线形成的做法，都是在犯罪。"

心急的宋美龄很快又将电话打了过来，宋庆龄表示愿意同张、杨联络并好好谈谈，希望他们保证蒋介石的安全，并在必要的时候放蒋介石回南京。

听到二姐的表态，宋美龄破涕为笑，连连表示感谢。宋庆龄表示，她之所以这么做，并不是图什么报答和酬谢，而是从民族大义出发，营救蒋介石也是有一定条件的，那就是他必须明确答应接受张、杨的八项要求。假如他不答应，那么就算她去西安也是徒劳无功。

此时的宋美龄完全顾不上讲什么条件，只要能安全地将丈夫营救出来，便是最重要的事情。她向宋庆龄承诺，就算蒋介石出来后出尔反尔，她也会制止蒋介石，并请二姐放心。

结束与宋美龄的电话后，宋庆龄立即找到了救国会总干事胡子婴女士，把西安事变的大致情况告诉了她，希望她能陪自己去一趟西安。胡子婴很不理解孙夫人为什么要选择这个时候去西安，当她得知夫人是想力劝张学良释放蒋介石时，就更加不解了。

宋庆龄确实很鄙夷蒋介石的某些做法，也很赞成张学良对蒋进行兵谏。但是形势瞬息万变，国民党亲日派代表何应钦很想取代蒋介石，发动更大规模的战争。这种情况下，草率杀掉蒋介石是不可取的。

宋庆龄邀请胡子婴和何香凝与她一起去西安，但是把持军政大权的何应钦等只愿派出轰炸西安的军用飞机，拒绝提供前去和平解决西安事变的飞机。宋庆龄只好放弃此次出行，但她随后立即约见了中共代表潘汉年。潘向宋庆龄转达了中共中央以及张、杨方面希望在西安和平谈判的意愿。宋庆龄便安排潘汉年与南京当局有关人士进行联络。

宋庆龄虽然没有直接参与和平解决西安事变，但在这次事变中，宋庆龄与宋美龄进行沟通，并为和平解决"西安事变"、释放蒋介石而积极奔走，这无疑是宋氏三姐妹摒弃前嫌、携手走上抗日道路的良好开端。宋美龄也曾在她的《西安事变回忆录》中写道：

> 当余心精神肉体忧劳交迫之时，孔部长及余两姊孔夫人、孙夫人与其他戚友，掬诚慰藉，爱护之情，至足铭感。因此，余竭全力求赴西安，孔部长与余诸姊弟皆愿伴余同往，尤足感人。然主张讨伐者仍竭力阻我成行。

从此文可见，宋美龄对二姐宋庆龄充满了感激之情。

❖ 和平解决西安事变，国共合作一致抗日

张学良、杨虎城很希望南京政府方面可以派人前往西安解决问题，但却遭到何应钦等人的万般阻拦。宋庆龄最终没能成行，但在宋氏兄妹的据理力争下，宋子文以蒋介石大舅哥的"私人身份"博得了去西安的机会。

12月20日，宋子文乘机抵达西安。蒋介石看到家中终于有人前来，感动得说不出话来。宋子文将宋美龄写的信交给蒋介石。当蒋介石读到宋美龄信中的"如子文三日内不回京，则必来与君共死"一句时，忍不住潸然泪下。

蒋宋两人单独谈话，商讨和谈的相关问题。宋子文向蒋介石简要述说了南京方面现状，并传达了西安初步商讨的结论。宋子文本来就对蒋介石打内战耗费国库的行为持否定意见，于是又添油加醋地陈述了利害关系。他希望蒋能好好考虑，停止内战，一致抗日。

随后，宋子文和端纳先后回到南京。宋美龄听到西安方面的情况时，坚持要亲赴西安。她坚信自己只要去西安，就一定能找到解决问题的方法。这样的紧要关头，她相信只有亲赴西安，才能了解最真实的情况。

22日，宋美龄、宋子文以及端纳、戴笠等人一同来到西安。蒋介石一见到宋美龄，感觉就像做梦一样，声音也哽咽了，责怪妻子"入了虎穴"；而宋美龄看到蒋介石如此落魄不堪，颇为心疼，也忍不住流下了眼泪。

两人对当前形势作了一番分析，宋美龄认为，只要蒋介石答应停止内战

■ 中共代表赴渝
  解决西安事变

一致抗日的要求，他的生命安全就能得到保障，如今保住性命才是最重要的
事情。

　　为尽快落实国共两党合作建立抗日统一战线事宜，共产党代表周恩来
于24日抵达西安。谈判于当天开始。中共代表周恩来、东北军代表张学良、
西北军代表杨虎城出席会议。蒋介石表示由宋氏兄妹全权代表自己，所以并
没有出席，另外他还表示，他只以"领袖人格"为担保，不做任何书面签
字，待回南京后执行谈判协议。

　　连续两天，国共双方代表展开了激烈的讨论。宋美龄等人被周恩来的风
度所折服，特别是当周说到"在国家生死存亡的这个时期，除了委员长没有
人能够领导这个国家"时，宋美龄很感动，她事后甚至表示，周恩来是她见
到的"最通情达理的共产党人"。

　　蒋介石很不愿意在这个时候看到共产党人来访，但是周恩来友好地安慰
了这个被扣押的对手，令蒋的疑虑与不安很快被打消。

　　周恩来早年任职黄埔军校政治部主任，与身为校长的蒋介石一起共过
事，因此他仍以"校长"尊称老蒋。蒋介石得知周恩来为救他，替他向杨虎
城说情，并说服杨接受宋子文的资助，辞去公职"出国考察"，避免不必要
的"惹祸上身"。蒋介石很感谢周恩来为他所做的一切。

　　经过两天的谈判，国共双方达成基本协议：改组国民党和国民政府，肃

清亲日派，容纳抗日分子；释放被捕爱国人士和一切政治犯，保证人民自由权利；停止"剿共"，联合红军抗日；召集各党派各界各军举行救国会议，制定抗日救亡方针；与同情中国抗日的国家建立合作关系等。

条件基本谈妥后，宋氏兄妹要求张学良尽快释放蒋介石。当时圣诞节临近，宋美龄希望蒋介石能够回南京过圣诞节。圣诞节当天下午，张学良答应正式释放蒋介石，宋美龄终于如愿以偿。

西安事变后，蒋介石获释，很多具体细节至今仍是一个谜，比如宋子文有没有交付赎金，苏俄方面有没有给共产党施压等。在当时严峻的时局之下，放不放蒋介石涉及多方利益，但西安事变的结果显然是最完美的，这个被英国大使形容为"完美魔术"的大事件在中国历史上留下了浓墨重彩的一笔。

西安事变的和平解决暂时结束了内战，面对日本侵略军，中国人的枪口开始一致对外。

对于宋美龄而言，西安事变的意义非常重大。她以蒋夫人的身份英雄般地出现在西安，本身就是一件值得所有人佩服的举动。在西安期间，她对蒋介石的影响显而易见。没有她全力调解，西安事变也许就没那么容易解决。

宋美龄凭借着在西安事变中的表现大大提升了在蒋介石心中的地位，同时也改变了西方人对她的看法。美国《时代周刊》这样评价宋美龄："在任何时候她的智慧都显露无遗，她的力量使她成为一个不平凡的人，即使是在面对邪恶时。"

西安事变对于宋氏家族来说，也是一次难得的增进姐妹感情、增强家庭凝聚力的机会，为宋氏三姐妹在日后抗日救国保持一致性做了良好的铺垫。

三姐妹携手抗日救国

日本侵华，国难当头。西安事变和平解决后，国共两党在抗日的态度上保持一致。摒弃前嫌、重新聚集在一起的宋氏三姐妹同心协力，在上海、南京、香港、重庆等地一起出席会议，一起参加活动，一起为战争奔走呼吁，在后方引起了巨大的反响，可谓抗战时最美的一道风景线。

三姐妹携手抗日救国，也是姐妹三人一生中第二次重聚的最好时光。三人抛开对彼此政治上的成见，尽享亲情带来的欢愉。

✤ 日本全面侵华，三姐妹沪宁两地呼应抗日

1937 年 7 月 7 日，日军制造卢沟桥事变，全面发动侵华战争。

西安事变后，蒋介石愿意停止内战，一致抗日，但他没想到日本人这么快就发起挑衅。他原本以为日军的这次行动跟"九一八"事变、"一·二八"事变一样，会迅速停火。在国内，公众舆论一致反对蒋介石政府再次妥协，加之共产党已经宣战，蒋介石不得不正视此次事件。

蒋介石也意识到，日本发动卢沟桥事变，侵扰华北各省，目的是将华北变为第二个满洲国，从中国版图上分离出去，如果再次妥协，国民政府将再无退路，"攘外必先安内"的政策也已经被否定，除了和日本开战，别无选择。

7 月 17 日，蒋介石在江西庐山发表抗战宣言，正式对日宣战。

宋庆龄见国共合作走向正轨，全国出现高涨的抗日局面，感到非常欣慰。正在她着手准备支持抗战的妇女工作，却不知道从何处入手时，大姐宋霭龄出现了。

宋霭龄本来不问政事，但是日本人打到了家门口，她的生意也没办法进行。宋霭龄受父亲影响很大，父亲生前常教育她们要爱国，因此她听说二妹准备发起"妇女抗敌后援会"，便表示也要参加。

宋庆龄见大姐如此积极主动，并且想法超前，非常高兴，当即表示有了大姐的参与与姐夫的帮助，抗敌后援会一定会发展壮大。宋庆龄希望姐姐能挂帅，领导大家共同援助抗日。但宋霭龄并不喜欢抛头露面，她愿意出钱出力，至于组织上的事，她不想发表意见。宋庆龄见状，便举荐由廖仲恺夫人何香凝来领导组织行动，宋霭龄表示赞成。

很快，上海的妇女界行动了起来。宋氏姐妹的提议得到了何香凝的赞同，她立即通知《妇女生活》主编沈兹九、两江体育专科学校校长陆礼华，

中共地下党黄定慧和陈波儿、胡兰畦等，发起成立了抗战团体。

"妇女抗敌后援会"在何香凝住宅召开了成立大会。在宋氏姐妹的建议下，何香凝被公推为理事会主席，沈兹九、王孝英、宋庆龄、宋霭龄、张学良夫人于凤至、孙科夫人陈淑英、蔡元培夫人周养浩等人任常务理事。理事会下设总务、征募、慰劳、救护四个小组，负责具体的组织工作。

国民政府提出坚决抗战的号召后，"妇女抗敌后援会"是上海妇女界率先响应的第一个救亡组织。随后，上海国民党党部联合上海工、商、学、妇女、慈善等团体成立了上海市各界抗敌后援会。

中国妇女抗敌后援会在上海成立后，在南京的宋美龄也有所反应，她在南京成立了"中国妇女慰劳自卫抗战将士总会"，还声称她那个组织才是全国最高组织，其他各地的相关组织都算她的分会，应该受她领导。宋霭龄对小妹的作为表示十分不理解。

宋庆龄知道小妹一直都很好强，便安慰大姐，救国人人有责，美龄身为委员长的夫人，这样做为人们树立了一个好榜样，且更具影响力。宋霭龄见二妹这么看得开，知道宋家姐妹多年的情谊依然还在，也感到很欣慰。

为了支援抗日，更好地规范领导妇女抗敌后援会，宋氏姐妹与何香凝等理事商议，决定把团体改名为"中国妇女慰劳自卫抗战将士总会上海分会"，作为南京宋美龄领导的妇慰会的分会机构。宋美龄得知这一消息后，打电话给宋庆龄，对二姐表示由衷的钦佩和感谢。

在政治立场上势如水火的宋氏三姐妹，为了抗日救国这一共同目标，再次走到了一起。

1937 年 8 月 13 日，日军集结重兵进攻华东门户上海，叫嚣"三个月内灭亡中国"。8 月 14 日，国民政府发布了自卫抗战声明，宣布"实行自卫，抵抗暴力"。国民党军队开始进行正面防守，淞沪会战打响。

❖ 三姐妹同心协力，争取美国支援

战争改变了一切，也改变了每个对此曾漠不关心的人。比如宋家大姐宋霭龄，以前只关心做生意和炒股票。但随着日本人的入侵，她觉得还有比做

生意更有意义的事情，也忽然理解了父亲口中所说的"国家的重量"。每天有那么多的穷苦难民，那么多受伤的前线战士，中国人被日本侵略者赤裸裸地欺凌，这一切都深深震撼了她。她愿意尽自己的能力帮助他们，为将日本赶出中国效力。

不爱抛头露面的宋霭龄把更多工作放在了幕后，比如组织人员把粮食运进难民区，抢救从前线撤下的伤员、捐资购买救护车以及军用卡车送给医院和红十字会等。她还和南京的小妹宋美龄呼应，热切关注中国空军，捐献卡车和飞行员皮衣等。另外，安排运送汽油到松江前线，这样细心的事情也是出自她手。

从不参加民间团体的宋霭龄，以抗战的名义，在上海担任了抗日救国公债会妇女组组长，在力促国民政府公债发行方面尽心尽力，努力完成相关指标。10 月 28 日，上海各妇女团体联合会在国际饭店举行，各国妇女领袖悉数到达。何香凝、宋霭龄、田淑君、金光楣等人负责接待，抗日救国"七君子"之一史良和廖仲恺之女廖梦醒主持会议。宋霭龄用流利的英语作了致词：

> 我们妇女为确保世界和平，必须维护国际间的正义，我希望大家信仰这一真理。中国对于你们犹如第二故乡，你们对中国的声援和爱护，我表示感谢！

各国在华公使夫人争相发言，一致表示将尽力参加救护工作。她们齐声赞同致电国际联盟妇女和平会会长丁曼女士，呼吁大家都行动起来，主持正义，保卫和平。

面对从前线退下来的受伤将士，宋霭龄还特意组织了伤员救护委员会，并派长女孔令仪去香港做劝募救护品等工作。香港各界名流听到消息后，纷纷捐款，孔令仪依照母亲吩咐，用这笔钱购买了药品和外科医疗用具。暂居香港的孙科夫人陈淑英、宋子文夫人张乐怡、哈同（犹太裔地产大亨）夫人罗迦陵等立即成立了中国妇女慰劳会香港分会，募捐了一笔巨款，并聘请了

24 个医护人员随孔令仪回到上海。

10 月 20 日，增援日军在上海北部蕴藻浜登陆，守卫的中国国民军奋起迎战。宋庆龄不顾个人安危，来到美商 RCA 广播电台用英语发表演说，她的声音通过电波传到了大洋彼岸：

中国已发动抗战，抗拒惨无人道的侵略者，我们的非战斗员惨遭屠杀，对这种威胁世界文明的公敌，谁还能保持消极态度？所谓日本开明的首相，竟说"日本的唯一方法是鞭挞中国，使之屈膝，使不再有战斗的精神"。日本其他外交家也诡辩着……抗日思想应排除尽净，他们的野蛮行为应该由我们解释为奉天承命的神圣事迹。这是怎样荒诞的事！目前日本虽仅威胁中国，但谁能保证到了某种时候，不会从行动上危害其他民族呢？

几十年来，日本帝国主义不断侵略中国，攫取我们的土地。最近六年来，日本的侵略现已发展到进攻华北、上海，达到中国生死存亡的最后关头。……中国为什么贫弱，日本为什么能在中国领土横行，扼要说来，十几年来，中国的虚弱无力，是由于内部的摩擦与自相残杀所致。日本现想进一步的侵略，可是它失败了。……不管日本军阀怎样的疯狂，必定在我们的领土上遭遇灭亡，中国人都准备以最后牺牲，来保卫祖国。……我深信美国对我国争取自由独立的奋斗，必然同情。我们的抗争，不单是为了自己，也是为了爱护自由民主的人们。

你们自发地愿意抵制一切日货，这对于我们还有许多迫切的要求，请你们不要让任何一只船从美国开往日本去，因为日本可以把你们的出产物改造，来对付我们。金钱上的帮助对我们固然重要，但更重要的是请你们源源不断地输送军火来充实我们的军队。……罗斯福总统的演说说出了全世界对国际恶棍的暴行都加以谴责，请你们拥护他的演说，使他的话能见诸行动，趁残酷的火焰尚未延烧到全世界之前将它扑灭。我吁请美国人士起来领导这个神圣的十字军。……

在广播中，宋庆龄强烈谴责了日本的侵略行为，强调了中国军民上下一心，与日本抗战到底的决心，最后希望美国能够站在人道主义的角度，拒绝向日本提供物品，在罗斯福总统的领导下，支持中国，为自由而战！

国民党与日军在上海抗战的几个月里，宋庆龄除了演讲宣传之外，还和大姐宋霭龄积极发动妇女捐款捐物，训练照看伤员的战地护士，组织抗日宣传工作。

9月份，国民党政府准备发行5亿元救国公债。担任救国公债劝募委员会总会会长的宋子文，力邀二姐出任该会常务理事，宋庆龄欣然答应。这是十年来宋庆龄第一次对国民政府发行的公债表示支持，她还提议将9月5日作为首个"献金日"，号召上海各界妇女和市民积极"献金"，支持抗日战争。

何香凝女士带头拿出50块银洋，妇慰会上海分会的其他领导人也纷纷带头捐献，社会各界妇女都积极献出了自己心爱的戒指、手镯、项链等首饰，支持抗日。不到一个月，妇女们献金认购国债数额就达到了2.4亿元，接近发行总额的半数。

宋霭龄在妇慰会分会中也发挥了积极作用。她积极协助宋庆龄组织各种演讲，出席各种联席会议。在宋庆龄因病不能出席一些活动时，她还能及时

■ 享受重聚时光的宋氏
三姐妹

地顶替二妹，出了不少力。正是由于大姐宋霭龄在身边，宋庆龄心情也比以往要好，能够更好地投入后援救国工作中。宋氏姐妹为抗日做出的努力，受到上海各界的一致好评，姐妹三人也仿佛亲密如往昔。

宋美龄作为中国妇女慰劳自卫抗战将士总会负责人，四处奔波，有一次还差点失去性命。

1937年10月23日，宋美龄来到上海前线视察看望伤员，顾问端纳和副官张琪同行。汽车刚过苏州时，由于道路上弹坑较多，行驶缓慢，被正在天上盘旋侦察的日军飞机发现了。轰炸机朝着宋美龄乘坐的汽车冲来，司机加大油门准备脱逃，后轮却突然爆破，车子一下子翻滚进了路边的土沟。宋美龄顿时昏厥过去，最后被端纳救醒。

宋美龄摔得满身泥土，还好躲过一劫。端纳征询宋美龄意见，是继续去上海还是返回南京。宋美龄经过考虑，还是选择了继续去上海。在上海前线慰问士兵时，宋美龄再次昏倒，被端纳等人送进了医院。

经医院查实，宋美龄的一根肋骨断裂。她虽然逃过一劫，但由于延误了最佳治疗时间，落下了病根，一旦劳累过度或遇到下雨阴天时，胸口就会隐隐作痛。

宋庆龄通过广播向美国传达中国军队对日作战相关情况后，在美国引起了一定的反响，宋美龄决定趁此机会，亲自飞赴美国寻求支援。

到美国后，宋美龄做了很多关于中国抗战方面的报告和演讲，一方面强烈谴责日本的罪恶侵略行为，一方面宣传中国革命思想，希望唤起美国各界的重视及支持。在白宫，罗斯福总统接见了宋美龄。

宋美龄用流利的英语向罗斯福介绍了中国当前的革命形势，特别介绍了日军在中国犯下的罪行。她向罗斯福表示，这次来美国，一是向总统阁下通报中国严峻的革命形势，二是受中国航空委员会的委托，希望美国能够出手帮忙，解决飞机援助问题。她希望身在中国的陈纳德将军的"飞虎队"能够得到美国政府的支持，帮助培养中国空军人才，共同抗日。

罗斯福听完宋美龄的讲话后，有所触动。经过综合考虑，他答应宋美龄，为中国国民政府提供120架飞机的援助，并派遣美国空军志愿军前往中国。后来，这批飞机和陈纳德将军的"飞虎队"在中国的抗战史上，留下了光辉的记录。

淞沪会战打得异常惨烈，在日军强大的火力攻击下，上海失守。11 月 9 日，驻守上海的守军兵分两路，分别向杭州和南京方向撤退，一路上伤亡惨重，上海落入敌手，成为"孤岛"。日伪特务横行上海滩，残杀革命志士，制造白色恐怖活动，上海各界人士纷纷逃离上海转移至香港。

中共中央特别关心宋庆龄的安危，通过中共驻上海代表潘汉年转达了希望宋庆龄撤离上海的建议。1937 年 12 月 23 日，宋庆龄在中共地下党员的陪同下，撤离上海前往香港。

宋庆龄到达香港后，易名简居。她到香港并不仅仅是为了避难，香港虽然只是个弹丸之岛，但是由于其特殊的政治与地理位置，人才荟萃，信息发达，正好可以利用这些优越的条件更好地开展抗战救亡工作。

❀ 宋庆龄建立"保盟"，三姐妹齐聚香港

宋霭龄和宋庆龄对大后方的妇女儿童工作也是特别关注。日军的大举入侵，导致无数儿童流离失所，无家可归。为了收容并培养这些落难的孩子，使他们能够健康成长，中国妇女慰劳总会还筹设了战时儿童保育院，宋霭龄和宋庆龄都出了不少力。另外，宋霭龄还和丈夫孔祥熙创办了全国儿童福利会，由宋霭龄主持日常工作。

宋美龄是新生活运动妇女指导委员会（简称妇指会）的指导长，全权负责各项日常工作。她经常出入于保育院、妇女干训班、伤兵医院、收容所等场合，指导大后方工作。1938 年 4 月，宋美龄以妇指会指导长的名义，函请各党派和各地区妇女代表，参加 5 月下旬在庐山举办的"战时妇女工作谈话会"。

宋美龄的此次邀请得到各方响应。中共方面任命长期从事妇女工作的邓颖超作为中共代表团团长，与王明夫人孟庆树一起参加此次会议。左派廖仲恺夫人何香凝、慰劳总会代表冯玉祥夫人李德全、民盟救国会代表史良等一大批妇女界的著名人士也确定出席庐山谈话会，宋氏三姐妹再一次聚在了

一起。

　　会前，宋美龄与邓颖超就领导全国妇女运动组织问题交换了意见，她本意还是以"妇指会"为统一组织，但很多人并不赞成，如果另外成立组织，在战时也很难召开全国性的大会。邓颖超提议，战争时期相关事宜都可以变通办理，原妇指会可以适当改组，由各党派成员组成。邓颖超强调，组织叫什么名字并不重要，重要的是组织有没有实质内容，宋美龄表示赞同。

　　5月20日上午，"战时妇女工作谈话会"在庐山原图书馆如期举行。宋美龄致开幕词，邓颖超在会上作了《关于陕甘宁边区妇女运动概况的报告》，并将一份《我们对战时妇女工作的意见》的书面报告提交给大会代表讨论。

　　会议经过五天讨论，与会代表一致同意妇指会仍作为领导全国战时妇女工作的统一组织，选举宋美龄继续担任指导长，增补李德全、邓颖超、孟庆树等人为妇指会领导人，并任命了训练组、文化事业组、联络委员会的相关负责人。

　　大会制定了《动员妇女参加抗战建国工作大纲》，作为今后妇女运动遵循的共同纲领，提出抗战时期妇女工作的总任务："有计划有组织地来推动全国妇女大众，参加这神圣的抗战建国工作。"抗战期间，全国妇女统一战线就这样正式建立了起来。

　　宋霭龄在会上建议，每年的"三八"节要举行例会，商讨国是，为建立一个民主自由的新中国而努力。宋庆龄见大姐全力支持妇女工作，感到非常高兴。

　　5月25日下午，为期五天的妇女谈话会顺利结束，会议发表了《告全国女同胞书》，号召全国妇女联合起来共同抗击日本侵略者。

　　谈话会在友好轻松的氛围中结束，有人建议唱首歌，宋美龄提议："既然我们这个谈话会是以合作抗日为宗旨而召开的，那我们就唱那首《松花江上》吧。"大家一致赞同。于是，在邓颖超的指挥下，各界各派代表妇女齐声高唱《松花江上》，歌声悲壮激昂，声声浩荡，飘扬在中国大地上……

　　在庐山期间，宋氏三姐妹跟各界各派妇女代表对妇女工作做了深入的探讨。会议期间，各界妇女代表之间也结下了深厚的情谊，宋庆龄和邓颖超成了好朋友。

庐山会议后，宋庆龄跟随大姐宋霭龄回到了香港。为了进一步推动和巩固抗日民族统一战线，争取更多外国友人及海外华侨的援助，宋庆龄高瞻远瞩，决定在香港发起组织"保卫中国大同盟"（简称保盟）。她决定摒弃前嫌，团结亲人。宋庆龄的大弟、时任国民政府财政部长的宋子文，以及孙中山之子、担任行政院长的孙科被选为保盟发起人。

保盟发起后，香港各界人士以及暂居香港的内地爱国人士先后积极加入，中共方面派出的代表是八路军驻香港办事处主任、廖仲恺之子廖承志。另外，为了方便争取和联络国际力量支持，很多国际友人也在"保盟"中担任要职，如香港医务总监司徒永觉的夫人希尔达·沙尔文女士担任名誉书记，香港大学教授诺曼·法郎士担任司库，原美国联合社记者伊斯雷尔·爱泼斯坦担任宣传等。

1938年6月14日，保盟在香港正式宣告成立，宋庆龄任主席，宋子文任会长。同日，保盟在《保卫中国同盟宣言》中，向全世界宣告：

> 保盟目标有二：一、在现阶段抗日战争中，鼓励全世界所有爱好和平民主的人士进一步努力以医药、救济物资供应中国；二、集中精力，密切配合，以加强此种努力所获得的效果。
>
> 保卫中国同盟一经诞生，就积极参加了争取民族生存的尖锐斗争，积极参加了反抗法西斯主义与军国主义，争取民主、自由与人类进步的世界性的斗争。

宋庆龄发起保盟的重要任务就是为了广泛争取国际援助，支援中国抗击日本侵略者。她深知舆论宣传的重要性，为此发表了大量文章和对外广播演说，并写信给外国友人，论述了中国抗日战争的正义性，以及在国际反法西斯斗争中的重要地位。

1939年5月，她在《给全世界的朋友的信》中强调，中国的抗日战争和英美等反法西斯国家人民的利益是休戚相关的。她在信中写道：

我们看到每次日本在中国获得军事上的胜利，它就加紧进攻太平洋的英国和美国的据点。如果中国不战而沦为日本法西斯军事机构的一个物资供应基地和人力补充站，那么，请想一想，我们还能够在香港安静地坐在这里吗？

宋庆龄并没有一味地因追求国外力量支援而忽视国人的伟大能量，她严正地驳斥了中国人"依赖外国的倾向"的错误论调，在《致美国工人们》一信中，宋庆龄提到：

不积极参加我们民族斗争的中国人才会对人民缺乏信心，以至哭哭啼啼表示说，倘使明天外援不来，后天我们就会垮台了。为我们的国家和为我们的前途而战斗的人是要求援助的，可是，他们为之而作了这样多牺牲的目标是不受任何条件的影响的。

宋庆龄虽身在香港，却并没有忘记在敌后战场英勇抗战的共产党队伍。她在呼吁外国力量的援助时，还着重强调了援助的重点应该是中共领导下的抗日根据地。

与条件较好的国民党军队比起来，牵制了在华一半兵力的共产党几乎得不到来自外界的支援。正是在宋庆龄的呼吁下，负责宣传工作的保盟中央委员爱泼斯坦开展了出色的宣传工作，中共领导下的人民军队奋勇杀敌的英勇事迹更多地被外界知晓。国际友人、海外华侨通过这些通讯报道，更好更全面地了解到这支伟大的敌后抗战力量，相关物资支援通过各种方式飞向革命根据地。

宋庆龄得知共产党的敌后战场缺乏主治医师后，经过精心安排，加拿大白求恩、印度柯棣华等许多医术精良的大夫被安排到解放区工作。他们发挥人道主义精神，协助中国抗日、救死扶伤、培养医护人员，许多人最后甚至将生命留在了这个国度，为中国革命做出了不可磨灭的贡献。

重庆屡遭轰炸，虽有美国军官陈纳德将军的帮忙，但是中国空军相关建设发展缓慢，一时也没有什么实质性进展。宋美龄身为航空委员会秘书长，不禁急火攻心，先前受伤的肋骨又彻夜疼痛，令她难以入睡。

蒋介石希望夫人暂时放下相关工作，先休养一段时间。他知道宋美龄性格倔强，于是联系大姐宋霭龄，希望她能劝宋美龄赴港治疗并休养身体。在宋霭龄和孔祥熙的努力劝说下，宋美龄动身前往香港。

宋美龄到香港后，住在了位于沙逊街的宋霭龄别墅，宋霭龄请宋庆龄也搬过来一起住。从那天起，三姐妹爽朗的笑声就经常从这栋房子里传出。

"度尽劫波兄弟在，相逢一笑泯恩仇"。姐妹三人已经很久没有这样开心地在一起生活了，她们的关系仿佛又回到了二十多年前那段无忧无虑的留美岁月。姐妹三人第一次丢开了压在身上的沉重包袱，轻松愉快地享受着姐妹间的美好时光。这时的她们没有隔阂，没有矛盾，没有争吵，她们用上海话聊家常、开玩笑，下厨房，交换穿衣，偷偷说着女人间的秘密，亲昵地追忆往事，回忆那段让人羡慕的静好岁月……

姐妹三人陆续参加了香港爱国人士举行的一些茶话会和抗日集会。在抗日集会上，宋美龄通过讲演公开赞扬了宋庆龄领导的保盟运动和在内地进行的工合运动。宋庆龄、宋霭龄也相继发言，宋庆龄还代表保盟向宋霭龄领导的"伤兵之友"运动捐款。

宋庆龄口中的"伤兵之友"运动，是宋霭龄和丈夫孔祥熙在1937年抗日战争打响后成立的组织。宋霭龄曾任原"伤兵之友"理事，迁居香港后，她兼任香港伤兵之友协会会长。"伤兵之友"的主要任务是集资筹钱救助伤员，保证每个伤员出院或者退伍时，都可以得到一套新军服、一包食品和一些零用钱。

就在三姐妹在香港积极活动，引起各路记者追踪的同时，国民党内部发生了一件大事。

1940年3月，在日本人的支持下，汪精卫叛变，在南京建立伪政权。当时正处于中国全民抗战关键时期，汪精卫的这一举动无异于叛国。日本的舆论界顺势造势，借机挑拨国共关系，并将矛头指向了身在香港的宋氏姐妹。有报道说，宋氏姐妹逃避现实，在前线官兵奋勇作战的时候，她们却躲在香港享乐，已经准备抛弃中国这艘"破船"。

报道一出，谣言四起，面对日本媒体的恶意中伤和诽谤，宋氏三姐妹特别气愤，她们决定不再沉默，三人一起出现在公众舆论面前，明确了自己的态度。

实施计划前，宋霭龄请来了三姐妹的老朋友、后来因写作《宋氏家族》而名声大噪的美国记者埃米莉·哈恩，霭龄告诉哈恩："今天晚上我们三姐妹准备一起去香港饭店共进晚餐，我想这次聚会绝对很热闹，值得一看。"

她将这个消息告诉哈恩，目的显而易见，就是希望通过媒体宣传，让社会各界见识一下这场三姐妹的公开聚首。果然，宋氏三姐妹将在香港饭店共进晚餐的消息迅速传遍了全港。

当晚，香港饭店大厅各路记者云集，人群拥挤，其中亦包括香港各界名流、英国洋行的经理和官员。每个人都想见到宋氏三姐妹同时出场的盛大场面。舞曲停歇，宋氏三姐妹在司仪的介绍下华丽登场。现场所有人都被三姐妹高雅、脱俗的气质所吸引，每个记者都在昂着脖子寻找最佳拍摄位置，闪光灯顿时闪成一片。当时曾有人评价三姐妹的神态：气质沉静的孔夫人、容光焕发的蒋夫人以及神情庄严愉悦的孙夫人。

在场的一些记者们看到宋庆龄时，感到十分惊讶，他们原先根本不相信孙夫人也会出现在这个场合。孙夫人的政治观念跟另外两姐妹不同，是众所周知的事情，宋氏姐妹三人一同出现在公众面前，已经是十年前的事情了。

这段场景后来被埃米莉·哈恩写进了《宋氏家族》一书，书中是这样描述的：

> 消息很快传开，顷刻间舞厅看来有点像温布尔登的人群一样拥挤，一对对舞伴沿着长桌翩翩起舞，他们的头转来转去，好像猫头鹰把脖子伸得长长的，一双双眼睛按英国礼貌所允许的限度紧紧地盯着她们。千真万确！宋氏姐妹在那里，全都在那里，举止文静而衣着华丽的孔夫人，新近康复而容光焕发的蒋夫人，穿着黑色衣服，头发光泽两眼露出愉快神情的孙夫人。

三姐妹联袂出席晚宴，令整个香港为之轰动，香港媒体争相报道现场情形。一连数天，香港的街头巷尾仍在聊着这个话题。

宋氏三姐妹以这种方式表达了她们团结在一起的立场，有力地还击了制造恶意中伤事件的日本媒体。随后，宋美龄邀请两位姐姐与自己一起回重庆。虽然宋庆龄有些为难，但是考虑到当时的形势，也答应了下来。

宋氏三姐妹一起回到重庆，向全世界展示了姐妹三人摒弃前嫌，坚定为国，坚持为民的决心。

❀ 转战重庆，三姐妹为抗日积极活动

1940 年 3 月 31 日，三姐妹在香港启德机场登上中国民航公司专机DC-3 型飞机，飞往陪都重庆。十多年前分道扬镳的三姐妹这次联袂赴渝，轰动全国。

宋霭龄和宋庆龄是第一次到重庆。正午时分，飞机降落在重庆的珊瑚坝机场。侍从室主任张治中到机场迎接，并再三解释说蒋介石正在主持一个重要军事会议，不能亲自前来迎接三位夫人，希望她们理解。

对宋庆龄而言，这次到重庆有着特别的意义。她作为蒋夫人宋美龄的贵宾赴渝，表示结束了与蒋介石在政治上的十年对峙。这是她第一次踏上国民政府陪都重庆，自然引起了社会各界的高度关注。

宋氏三姐妹此次联袂赴渝也有着极为重要的政治意义，她们

■ 宋美龄（中）在重庆郊外向大姐（左）、二姐（右）说明防空设施

用行动证明，汪精卫的投日和分裂国家的行为只不过是大环境下一个不和谐的插曲，民族团结的根基、抗日战争的前途依然都在。不少人对民族团结和抗战前途的担忧也因此烟消云散。

共产党的《新华日报》以及国民党的《大公报》都对此做了报道，并对三姐妹特别是宋庆龄的到访表示了热烈的欢迎。两大报社均表示，三姐妹以实际行动，向海内外和全国人民显示了她们心系团结抗战和民族解放大业、抛弃前嫌共赴国难的博大胸怀。

《新华日报》发表了题为《欢迎孙夫人来渝》的短评，部分内容如下：

> 我们除向领导女运、积劳成疾且病后重新工作的蒋夫人，及初次来渝的孔夫人敬慰外，谨向久与我们阔别的妇女界领袖孙夫人，表示最热烈诚挚的欢迎和致意。
>
> 孙夫人于中山先生逝世后，始终积极地坚决地为实现中山先生的遗教而奋斗，始终和广大人民站在一起，领导着妇女界，不倦地为中华民族的解放而努力。她在促进团结抗战，力求实施民权方面，尤多显著的成效。
>
> ……我们深信，重庆的，以至于全国的妇女界，在孙夫人和蒋夫人领导之下，一定能够获得更进一步的团结，能够使妇运有更迅速的、广泛的和深入的发展。这样的一个有广大群众基础的妇女运动，将大大地增强抗战力量，将促进人民所要求的民主宪政，而使抗战更早地得到胜利。

《大公报》也对宋庆龄来渝表示欢迎，并撰文说：

> 我们欢迎孙夫人这次到内地来。因为自抗战以来，孙夫人还未到首都来过。孙夫人此次到重庆来，无论其任务有无或大小，都是团结的有力象征……因为，敌人已走向败亡之路，我们已看见胜利的曙光。
>
> ……新兴的中国，是孙中山先生所手创，也正在孙先生的精神领导

下而抗战而建国。我们欢迎孙夫人，更希望孙夫人帮助政府，使抗战早成，建国早成！

宋氏三姐妹到重庆后，顾不上休息，开展了多种形式的活动。

4月3日，霭龄和庆龄在小妹美龄的陪同下，视察了"新生活运动"妇女指导委员会，并与该会全体工作人员合影。她们随后又接见了"妇指会"高级干部训练班学员，并与学员们共进午餐。考虑到第二天是儿童节（国民政府规定4月4日为儿童节），当天下午，她们一同驱车前往乐山，探望了战时儿童保育会第一保育院的500多名孩子。

见到这群活泼可爱的孩子，姐妹三人都很高兴，没有孩子的宋庆龄和宋美龄对孩子尤为怜爱。保育院知道三位夫人要来，还做了提前准备，让孩子们表演了精彩的文艺节目。节目表演完毕，三姐妹把带来的小礼物分发给大家，并与孩子们合

■ 三姐妹与保育院的孩子们

影留念。在离开保育院的归途中，三姐妹还参观了"新生活运动"妇女工艺社，对妇女们所做的工作表示了肯定和赞扬。

宋霭龄在当晚的日记里很高兴地记录下当天发生的事情，特别是在保育院跟孩子们在一起的情形，让她感慨颇多。她认为这些都是自己做过的最有意义的事情。

4月7日，宋美龄为两位姐姐在黄山官邸举行"为欢迎孙、孔两夫人莅渝"盛大欢迎会。冯玉祥夫人李德全、邵力子夫人傅学文、吴国桢夫人黄卓群以及英国驻华大使的夫人等180多位重庆妇女及国际友好人士受邀前来参加欢迎茶会。

黄山官邸是蒋介石在重庆的抗战指挥中心，重庆屡遭敌机轰炸，指挥中心是重庆为数不多的安全之地，绿树掩映下的一幢幢小楼雕梁飞檐、精巧别致。时值春天，官邸周边芳草如茵，花团锦簇，使在场的贵宾都心情大好。

　　欢迎会设在大草坪上，当三姐妹拉着手走进会场时，中外来宾全体起立，一齐鼓掌欢迎。能看到三姐妹同时出场，人们都显得很兴奋。三姐妹款款而行，宋庆龄神情自然、质朴，显得很恬静；宋美龄活跃、自信，一副女主人的模样；大姐宋霭龄庄重而内敛，给人一种老大姐应有的老成持重的感觉。

　　宋美龄首先致欢迎词，她强调孙夫人和孔夫人不仅仅是自己的姐姐，更是全国姐妹们的同志。两位姐姐抗战以来为国家、为民族所做的一切努力有目共睹。宋美龄在讲话中提到，抗战以来，二姐在国外努力做宣传工作，大姐在上海为伤兵和难民做了不少工作，最近她们在香港做推动"伤兵之友"活动。她这次赴港求医，有幸能与两位姐姐并肩作战，做了不少有意义的事情。现在，她将两位姐姐请到重庆，希望她们能够长住重庆，领导妇女工作。全场响起热烈掌声，表示赞成这一提议。

　　宋庆龄紧接着发表讲话。她表示这次回重庆，看到不少被日军轰炸的残迹，知道还有很多同胞在受苦受难，感到十分难过。她希望更多的妇女姐妹们团结起来，多做实际工作，"多参加国民大会，因为民主政治的实施与妇女解放有着很重要的关系，宪政运动和妇女也是不可分离的"。

　　宋庆龄讲完话之后，宋霭龄也应邀讲话。她表示虽然身在外地，但是一直心系重庆，希望全国姐妹们都能继续努力工作，"要以忠诚来贡献祖国，这只是为了一个可以在短期内达到的目的——造成一个新的强盛的中国"。

　　欢迎会过半时，蒋介石才姗姗来迟。原本老蒋也知道这个茶会，但是他上午有公务缠身，没能及时出席。当初三姐妹抵达重庆时，他因为参加军事会议没能亲自到机场迎接，这次再缺席就有点说不过去，况且这还是一个和宋庆龄冰释前嫌的机会。于是，他让孔祥熙"压阵"部门例会，自己先"逃"了出来。

　　蒋介石作为"二战"时期中国战区最高统帅，又身为宋家女婿，对宋氏

■ 蒋介石与宋氏三姐妹在
一起。左起宋美龄、宋
霭龄、蒋介石、宋庆龄

姐妹的此次到访，他做了一个简短的讲话："孙夫人和孔夫人到重庆来，不仅是全国的姊妹们喜欢，而且是全国的民众都喜欢的事情，因此，我代表全国民众表示欢迎。"

会后，在宋霭龄的提议下，蒋介石愉快地与三姐妹一同合影。也许，这样和谐的场景只能在抗战的特殊背景下才能看到。

4月8日，宋庆龄造访共产党领导下的新华日报社，并题词："抗战到底。"同一天，宋氏三姐妹赴"伤兵之友"社总医院——第五陆军医院慰问伤兵。第五陆军医院有"新生活运动典范"和"花园式医院"的称号，此次得知宋氏三姐妹要造访，全院早已提前做好了迎接准备。

三姐妹到来时，宋美龄在前，宋霭龄居中，宋庆龄紧随其后。宋美龄在院长的陪同下探问病床伤员的情况；负责后勤的副院长则跟着宋霭龄，汇报医院医药补给等问题，希望得到孔夫人的支援，财大气粗的宋霭龄一口答应；同两位姐妹比起来，宋庆龄显得很谦逊，她跟在后面，微带笑容，讲话不多。

此次三位夫人视察医院，给伤员留下了美好的印象。姐妹三人沿着一排排病房往前视察，和伤病员握握手或者谈谈话，那些沮丧、自暴自弃的伤员又重新燃起了生活的勇气，轻伤员则大都表示等伤养好了，再去前线打鬼子。一时间，医院上下，对生活的激情冲淡了伤病的痛苦与悲伤。

在重庆期间，姐妹三人日程都安排得很满，她们除了出席各类会议、向抗战团体发表讲话之外，还参观了工厂、学校和机关部门。她们走到哪里，群众就跟到哪里。

在此期间，日军战机一直对重庆骚扰不断，蒋介石再也坐不住了，在他的安排下，国民党中央广播电台邀请宋氏三姐妹于4月15日通过电波向美国听众演讲。

宋庆龄在重庆期间，并没有住在姐妹家中，而是独自安顿下来。之所以这样做，除了因为不喜欢警卫森严的控制之外，还方便社会进步人士和共产党方面相关人员找到自己。

就在演讲的前一天晚上，日军再次派飞机轰炸重庆，这一次差点打中了宋庆龄所住的房屋。空袭警报解除过后，宋庆龄去城内四处查看，看到到处被炸的凄惨场景，心里久久不能平静。这让她更加坚定了信心，第二天要在广播中狠狠揭露法西斯的侵略本质。

4月15日，三姐妹按计划分别来到了国民党中央广播电台，这场广播由美国ABC电台向全美转播，三姐妹用英文广播，这样的号召力是其他任何人都无法比拟的。

宋庆龄首先发表讲话，她介绍了中国战备资源短缺、需要美国支持的情况：

> ……我们缺乏武器、燃料、钢材和食品，更缺乏全世界主持正义和公道的国家，包括美国这样的民主国家的道义上的支持。……我们呼吁你们，在力所能及的范围内给予我们力所能及的援助。……我们呼吁你们，敦促美国政府抛弃所谓的"中立"政策，尽快与法西斯帝国宣战。因为今天发生在中国的惨祸，明天或者后天就有可能降临到贵国人民的头上……

一年后的12月7日，日军偷袭美国太平洋海军基地珍珠港，惨祸降落在美国人民头上，正应了宋庆龄的话。在演讲最后，宋庆龄指出：

> 日本藉着它拥有优越的武器，在开战以前，曾向世界夸口说，要使占全世界五分之一的中国人民于三个月内向日本屈服。可是我们中国，曾始终不屈地作有效的抗战三十三个月以上，而且抱定了继续抗战的决心，自信必能获得最后胜利。

宋庆龄情绪很激动，结束讲话后一时还难以平静。宋美龄安排她在休息室休息。宋霭龄的演讲没有像宋庆龄那样激动，她用平和的语调说道：

> 当我向美国讲话时，我感到并且深知，我正在向真正同情中国的朋友们讲话。在不断捐赠我们最需要的救济金中，我们看到了这种同情。在我们与日本帝国主义进行生死存亡的战斗中，我们始终都没有被孤立的感觉。……中国妇女们已从与世隔绝的生活中解放出来，到处参加工作……在工业和公共事业里，都有妇女们作出的贡献。

在演讲中，宋霭龄抨击了南京的汪伪政权：

> 南京那幕可怜的丑剧，那所谓政府也者，完全是一个笑话，这是人类智慧上的一个侮辱。它不能代表中国，它只是政府污水中的渣滓，这些日本利用的工具，是中国人所诅咒的叛徒，世界上任何有自尊心的国家，都会加以唾弃的。

最后一个演讲的是宋美龄。宋美龄的演讲口才并不逊于两位姐姐，她所做的演讲话题跟姐姐们也有所区别，她把演讲的对象重点指向了美国的国会议员和新闻界。多次跟美国政界有过交流的宋美龄知道，只有这两者才能左右美国政府的态度。

宋美龄希望美国中止对日本战争物资以及油气资源的供应，并希望中国能在国际上得到公正的对待，要求美国政府给予回答。为了让美国方面有所触动，她还说道：

> 我们并不是没有放弃战斗的可能，但我们仍旧在这样困难艰苦的情形之下，不怕挫折，为着自由而继续抗战。我不知道贵国的国会议员，可曾想过，万一中国被日本军阀的武力征服了，将会发生怎样的情形？……如果列强不认识援助中国抗战的重要性，日本就有获得这种侥幸收获的可能。那时节，世人将会公认，中国的功绩对于整个人类是怎样珍贵的贡献。

宋美龄在广播的最后呼吁：

> 只要给我们以正义的同情，到相当时期，一定能使他们完全失败……现在问题只在能不能对我们表示正义的同情，这个问题只能让美国人民、美国国会议员给我们一个答复，中国人民已经被炸弹声震耳欲聋，但是他们仍在焦急地等待着贵国方面的答复。

宋氏三姐妹同时登台向美国作出的生动演讲，显示了中国人民团结抗战，誓死捍卫国土完整的决心，引起了国际社会的广泛同情和支持。

据说，在听到三姐妹演讲的第二天，数千名纽约的大学生上街集会游行，声援中国抗战。美国国会内部显然也受到了影响，部分国会议员向国会递交了对日制裁意见书，美国国内舆论也倒向支持中国抗战这一面。显然，宋氏三姐妹的联袂演讲达到了预期效果。

日本人对宋氏三姐妹在重庆的所作所为非常愤怒，他们用行动做出回应。日本飞机更加频繁地"光临"重庆，姐妹三人索性钻进防空洞，聚在一起讨论当前形势，商讨相应对策。

在重庆期间，只要三姐妹联袂出场，就少不了摄影记者争先恐后的抢镜头。很多照片上都能看到姐妹三人，脸上常常挂着微笑，给人亲切的感觉和美好的希望。在那个充满恐惧和悲伤的时代，她们仿佛成为了这座城市的希望。

细心的人还会发现，姐妹三人出席各种活动时，霭龄与美龄时常手挽着手，两人的关系显然更为亲密一些。在记者拍照时，庆龄总是谦逊地站在一旁，而让大姐和小妹更多地走到镜头前。这些微妙的细节也说明了此次三姐妹之所以聚首，在宋庆龄看来，一多半原因是为了国家和民族的需要。

安排完在重庆的日程后，宋氏三姐妹又决定去四川成都。抗日战争爆发后，中国沿海沿江各类工矿企业、高等学校及文化团体纷纷迁至四川，成都也因此成为中国的大后方。三姐妹经过商议后，决定去那里看望当地的抗日军民和妇女儿童。

于是，宋氏三姐妹冒着可能被空袭的危险来到了成都。她们的到来，给战争中的人民群众带来了希望，在当地引起了巨大关注。一名外国记者在《大公报》撰文这样写道：

> 她们在中国旅行就要投宿于当地的客栈里，这样不仅床上有臭虫咬而且天上还有飞机追赶，但你别指望，例如孔夫人，会很自然地适应这种环境。她看起来似乎还是待在城市中自家舒适安全的房子里为好，那才是她这种人住的地方……但是，她吃苦耐劳，三姐妹个个能吃苦耐劳。面对空袭，她们面带微笑，旁若无事，谈吐自然。

4月25日，宋氏三姐妹前往中国合作社成都事务所，受到了数百名女工的热烈欢迎。宋美龄在短暂演说中赞扬了合作社为抗战所做的贡献，并希望更多的爱国妇女积极加入，进一步扩大合作社。

在参观合作社毛纺班过程中，一些女工正在赶制军衣。宋美龄也来了兴趣，她坐到缝纫机旁，亲自动手为抗日将士缝制军衣。随行的美国摄影师及时抓拍了这一场景，不久，这张照片就刊登在国内各大报刊上。

宋美龄在成都期间，还别出心裁地组织了一次励志社茶会，欢迎两位姐姐的到来。宋美龄此举，其实主要是为了二姐宋庆龄。这次好不容易说服二姐到四川，她和大姐都心照不宣地利用机会对宋庆龄进行"感情投资"，尽量消除姐妹之间的隔阂。

由于宋氏姐妹的极大影响力，尽管工作人员一压再压，这些茶会上，成都各界到会人数还是超过了400人，比在重庆黄山官邸那次欢迎会还要盛大。三姐妹均在会上发表了演说，强调了妇女在抗战中的重要作用，希望姐妹们都能够积极参与到这场全民族的抗战中来。

宋氏三姐妹的这次重庆之行，成为了中国抗战史上的一段佳话。特别是宋庆龄，不计前嫌，为了民族大业和姐妹们团结在一起，更是赢得了众人的称赞。宋氏姐妹团结抗日的活动影响深远，使得中国人民团结抗战的阵营更加巩固和纯洁，为中国人民的抗日战争做出了巨大的贡献。

❖ 协力办"工合"，主持"一碗饭"运动

宋庆龄在重庆期间，该参加的活动基本上都参加了，在重庆、成都等地住了一个多月以后，感觉是时候回香港了，那里还有更多的事情等着她去做，比如保盟的活动等。另外，她也不喜欢重庆，特别是重庆官场阿谀奉承的气氛，言不由衷的客套话让她觉得很不舒服。

宋庆龄提出了返回香港的想法，但是宋美龄和宋霭龄都不想让她回去。之前宋美龄曾明确表示，希望宋庆龄能长住重庆，指导全国的妇女工作。蒋介石听到宋庆龄要走的消息后，也特意带来口信，希望她能够长住重庆。但是宋庆龄执意要走，宋霭龄很了解这个倔强的妹妹，知道她一旦做了决定，别人很难劝得动，只好同意放行。

其实，这次宋庆龄回香港，与"工合"运动有着很大的关联。此次来重庆，促进"工合"运动的发展，是宋庆龄的任务之一。

"工合"的全称是"中国工业合作协会"，起源于1937年，是由国际友人美国记者埃德加·斯诺夫妇和时任上海工部局工业科科长路易·艾黎发起组织。这三位国际友人一直同情和支持中国的抗战事业，他们在中国进行了许多支持抗战的活动。

抗日战争爆发后，沿海工业区逐渐沦陷，大批人员撤往内地，后方工业

品匮乏，这个时候，仅凭农业牧业支撑的中国，要想战胜日本是难以想象的。三位国际友人认为，这个时候必须在后方采取有效行动，动用人力物力重建工厂，发展生产，以供应战备需要。同时，还要解决那些流离失所的难民、伤兵的就业问题，对稳定后方秩序能起到一定的作用，于是他们提出了在非敌占区发起建立小工业合作社运动的想法。

宋庆龄很赞成这个提议，并向各界做了宣传。她是宋家第一个站出来支持"工合"事业的人，随后宋霭龄、宋美龄以及宋子文也加入了该阵营当中。

宋子文之所以积极投身工合运动，有着多方面的考虑。首先，宋家在上海和江浙一带的工业和金融业被日军毁灭殆尽，使他对日本的侵略行为深恶痛绝，因此他一直有着比较坚定的抗日决心；其次，由于孔祥熙掌握了国民政府财政和金融大权，宋子文无力抗衡，需要有一个空间来扩大自身影响力与孔抗衡。

因此，综合考虑之后，宋子文坚定地站在二姐宋庆龄一边，支持工合运动。宋子文在后来工合涉外募捐筹款活动中，起到了重要作用，帮了二姐宋庆龄不少忙。

工合运动开展后，发起者和组织者深知，仅有民众支持是不够的，政府支持和资金支援也是很关键的因素。于是，他们找到财政部孔祥熙部长寻求支持。一开始，孔祥熙对此不冷不热，他不愿意做这种"吃力不讨好"、"没钱可赚"的事情。宋庆龄知道，要想改变姐夫孔祥熙的看法，大姐宋霭龄是关键。她跟姐姐交流后，宋霭龄表示赞成工合，由自己来做丈夫的工作。

宋霭龄当时爽快地答应有着两方面的原因：第一，可以团结二妹宋庆龄，宋氏家族能够重新拧成一股绳；第二，宋霭龄办过救济工厂，对这方面也有兴趣，况且这是一个可以让自己声名鹊起的好机会，不容错过。

在夫人"枕边语"的规劝下，孔祥熙勉强答应，但还是存在一些抵触情绪。由于时任英国驻华大使阿奇博尔德·卡尔和宋庆龄对这件事都很赞同，国民政府为了不得罪国外势力和社会各界，蒋介石也只好接受成立中国工业合作协会的事实。

1938 年 8 月 5 日，中国工业合作协会在汉口正式成立。路易·艾黎出任技术顾问，孔祥熙任理事长，宋美龄任名誉理事长。

毛泽东曾于 1939 年致函工合国际委员会，对在抗日边区和游击区建立工合表示坚决支持。在宋庆龄的帮助下，延安工合运动积极高涨，并成立了工合延安事务所。路易·艾黎还两次前往延安与中共方面洽谈发展工合的相关事宜。在宋庆龄的大力支持下，工合运动在抗日根据地取得了显著效果，根据地的困难得到了很大的缓解。

在抗战时期，工合组织想要筹钱是一件非常困难的事情。国民政府把财政收入大多投到了军费开支上，实际上并没有给工合拨多少经费，所以工合组织把筹募资金的任务放到了海外。宋庆龄提议发起组织工合国际委员会。

1939 年 1 月，工合国际委员会在香港成立。香港英国主教何明华（罗纳德·霍尔）任主席，宋庆龄任名誉主席，宋子文、埃德加·斯诺、路易·艾黎、文达·普律德女士（美国社会工作者）等为委员。

在宋庆龄的委派下，普律德女士赴美宣传工合运动，得到了上至总统夫人、下至普通市民的强烈支持，很快，美国援助中国工合委员会在纽约成立，罗斯福总统夫人任名誉主席。两院议员、教会领袖以及美国各界知名人士构成了百余人的委员阵容，总统夫人还专门在《纽约世界电讯报》上撰文指出：

> 中国人民就工合运动，作极有趣味之试验，我本人对此极应予以赞助。盖中国之胜利及其经济的建立，将可保证远东在民主政府下生存的民族间之交换自由。

随后，英国、法国、新西兰、澳大利亚等地先后成立了援助中国的工合组织。

由于宋庆龄的崇高威望，工合国际委员会受到了国际友人和海外华侨的广泛支持。大量捐款、物资、技术通过各种方式飞往中国。路易·艾黎甚至说过"外国朋友看到宋庆龄的名字就认为可靠"，可见当时宋庆龄在工合国际委员会中所起到的巨大作用。

1940 年宋庆龄在重庆期间，除了与姐夫孔祥熙礼仪上的接触外，两人谈论最多的就是工合运动。宋庆龄很清楚，工合不能全靠国外的援助，符合中国国情的国内支援同样重要，如此一来，就不得不争取掌握国民政府财政大权的孔祥熙。她认为，即使孔祥熙不出钱，只要能出力，出席一些相关活动，也会在商家和企业界产生影响。

但是遗憾的是，孔祥熙虽然总是口头上表示支持，却很少付诸行动，好在大姐宋霭龄对工合运动还很热心，运动在重庆也得到了一定的发展。宋庆龄认为来重庆的目的已经基本达到，便决定离开重庆。

1940 年 5 月 9 日，宋庆龄和大姐霭龄一同返回香港。回港后，宋庆龄接受了记者采访，介绍了这次重庆之行中对大后方的印象以及此行感受，发出了"只要坚持抗战，必可战胜日寇"的号召。

工合在国内最大的一次募捐，是宋庆龄领导的 1941 年 7 月至 8 月间在香港举行的"一碗饭运动"。所谓"一碗饭运动"，顾名思义，就是每人用"一碗饭"的费用支援中国人民抗日斗争。

■ 在香港举办的"一碗饭运动"海报

1939 年，"一碗饭运动"由美国医药援华会、妇女赈济中国难民会等团体首倡，整个活动得到的捐助将作为工合国际委员会扩大救济伤兵、难民的基金。

"一碗饭运动"首先在美国得到响应。旧金山唐人街更是万人空巷，广大侨胞纷纷慷慨解囊，支持"一碗饭运动"。随后，这一操作简单而又行之有效的独特的募捐方式扩张到更多国家。

1941 年盛夏，"一碗饭运动"在香港举行。当时的工合委员会确定了这样一种募捐方式：由委员会发售餐券 1 万张，每张 2 元，由参加赞助的饭店、酒家、茶室提供炒饭，买到餐券的人可到指定的餐室吃炒饭一碗，这种差额盈余将交给中国工业合作社作为救济西北难民的基金。

"一碗饭运动"的消息传出后，在香港引起极大震动。众多酒楼、茶室、茶居、西菜、饭店纷纷响应号召，加入"一碗饭运动"队伍。7 月 1 日，在香港湾仔著名的英京酒家，宋庆龄举行了规模盛大的"一碗饭运动"成立典礼，为一个月后的正式运动积极造势。

开幕式那天，时任香港总督罗富国爵士虽因故未能出席，却写来了贺信，有力地支持了这项运动的开展。他在信中说：

> "一碗饭运动"是一项弘扬正义、激发善举的运动，相信它在香港会和在英美一样成功。因为它的目的是为了援救侵略战争中的遇难者。凡有爱国之心、凡属血气之人，均应引为己任。

随后，宋庆龄、保盟名誉书记克拉克夫人等纷纷发言并致词。路易·艾黎在开幕典礼上还放映了他亲赴各地拍摄的影片，影片形象地介绍了中国的工合运动开展过程中各地出现的一些动人场景。宋庆龄率先做出表率，将珍藏多年的孙中山生前墨宝、纪念品等物品当场义卖，义卖所得全部作为"一碗饭运动"活动经费。顷刻间，这些珍品就被抢购一空。

在宋庆龄的号召下，文艺界人士也纷纷以不同方式支持该运动。一时间，香港的大街小巷贴满了支持"一碗饭运动"的标语、海报等。香港《华商报》还专门出版了"一碗饭运动"特辑，刊登了克拉克夫人和美国记者杰姆斯·贝尔特兰的题词。

克拉克夫人的题词是："买一张一碗饭运动的饭券不仅是做一件慈善的事，还可以使中国的难民有工作，能生活——帮助他们吧，使他们以合作来自助。"贝尔特兰的题词是："你，中国的朋友，在香港的饭店里买一碗炒饭，那黄河边上千万无家可归的人民就可以一起工作，过着快乐的生活。"

1941 年 8 月 1 日，计划为期三天的香港"一碗饭运动"正式拉开帷幕。《华商报》刊登了宋庆龄为该运动所作的亲笔题词："日寇所至，骨肉流离，凡我同胞，其速互助"。该题词登在了报上最显著的位置。

这一天，香港中环、西环、湾仔等闹市区热闹异常，到处可见响应号召，全家出动去吃饭的人群，整个香港都沸腾了。当天捐助的炒饭就卖出了14700 碗，接近原计划的一半指标。接下来的 8 月 2 日和 3 日正好是周末，全香港市民全家出动，盛况空前，香港当局的很多官员及军官也纷纷购买餐券去吃爱国饭。很多市民表示，吃这碗饭是小事，援助祖国抗战是大事。

由于需求量太大，"一碗饭运动"决定相应地延长时间。9 月 1 日，"一碗饭运动"闭幕式在英京酒家举行，宋庆龄在会上公布了"一碗饭运动"的成果。"一碗饭运动"取得了空前的成功，这项运动共募集纯收入港币22144.95 元、国币 615 元，扣除开支后，英国赈灾会香港分会将捐款凑整，共计港币 25000 元整。

"一碗饭运动"结束后不久，宋美龄、宋霭龄联合爱国民主人士发起保盟和工合联合举办的"嘉年华会"。"文化搭台、经济唱戏"，民众联欢，展销工合生产的产品，以此来募集资金。

"一碗饭运动"和"嘉年华会"都是宋庆龄、宋霭龄等人在香港募集资金的一种方式，有效激发了香港各界的抗日救亡热忱，为支持抗战做出了积极的贡献。

1941 年 12 月 7 日，日军突然空袭美军太平洋军事基地珍珠港，太平洋战争爆发。紧接着，日军出动飞机轰炸香港、新加坡等地。繁华的香港已战云密布，即将沦陷。中共中央发来紧急通知，大家都劝说宋庆龄赶紧离港。

就在九龙启德机场被日军攻占前的几小时，宋庆龄和大姐宋霭龄乘最后一班飞机离开香港飞往重庆。

在重庆，宋庆龄除了忙于工作之外，还与霭龄和美龄积极参加各种妇女组织活动。三姐妹再一次团聚在重庆，继续为抗日做着自己最大的努力。

宋氏家族内部存在严重矛盾与纷争

宋氏家族拥有"姊妹兄弟皆裂土"的无上特权，成为近代中国政治舞台上令人侧目的家族集团，宋氏三姐妹更是声名远扬。作为姻亲的孔氏家族也因此"沾光"，走上历史的舞台。

然而，蒋、宋、孔三大家族表面和平，内部却充满着矛盾与猜忌、对抗与制衡，他们之间的关系随着蒋介石政权的兴衰发生着极其微妙的变化。

❖ 利益冲突，家族内部矛盾再起

经过两次由于婚姻导致的家庭分裂后，身为宋家老大的宋霭龄虽然积极调解周旋，但也只能勉强维持宋家貌合神离的状况。由于政治观念的不同、权力利益上的冲突，宋家兄妹矛盾重重，危机暗伏，随时都有可能发生爆炸性危险。

蒋介石统治中国的20多年中，郎舅宋子文是一个不可或缺的人。然而，由于出身、个人经历、性格上的巨大差异以及在政治经济等领域的利益关系，两人摩擦不断。

1926年北伐战争开始后，时任两广盐务稽核所经理的宋子文积极筹措经费，保证了北伐战争的顺利进行。北伐军占领武汉后，国民政府讨论迁都事宜，将武汉作为首都的提议基本通过。但后来蒋介石却突然变卦，要求国民政府同意将他的司令部设在南昌。蒋介石的用意很明显，他想把中央政府归之于自己的军事管理范围内。

宋庆龄坚决不同意蒋介石的这一主张，两人发生了激烈的争论。紧要关头，宋子文选择站在二姐这边，掐断了蒋介石的经济来源。蒋介石是个只管军事不管经济的人，在此情况下，他只好无奈地同意将国民政府迁往武汉。自此，蒋介石与宋子文就结下了"梁子"，为以后两人的冲突也埋下了伏笔。

武汉国民政府成立后，宋子文出任国民党常务委员兼财政部长。1927年3月，宋子文奉命去上海规劝蒋介石不要搞分裂，反被蒋介石软禁了起来。回武汉后，宋子文又受到了姐夫孔祥熙的劝说，希望其加入南京政府共事。

孔祥熙分析了当前大革命发展的形势，武汉政府与南京政府实力的对比，汪精卫与蒋介石个人成就的对比等等。渐渐地，宋子文的态度在个人安危、前途利益等面前发生了变化，先是同意加入南京政府，后来又同意蒋宋联姻。

宋子文投靠蒋介石后，也曾与蒋介石配合默契，比如蒋介石下野，两人配合排除异己孙科，增加国民政府财政收入等等。但是在1934年，两人的关系又发生了变化。蒋介石将国库收入用于打内战，引发了宋子文的不满，两人分歧越来越大，经常争吵，争吵得最激烈的时候，宋子文还被蒋介石打了一记耳光。

宋子文为此极为愤怒，两天后就将辞职报告递了上去。蒋介石也毫不犹豫地批准了宋的辞职请求，并派孔祥熙接替了他的位置。

■ 宋家合影，后排左起宋子文、蒋介石、孔祥熙、宋子良，前排左起宋美龄、倪桂珍、宋霭龄

宋子文的辞职在宋家引起了轩然大波。宋母倪桂珍非常生气，宋美龄也觉得丈夫此举太过武断，就这样将大哥撤掉，实在太不顾及宋家的面子。于是，宋美龄气冲冲地去找蒋介石理论了一番，并威胁说，如果蒋介石不给大哥恢复职务和名誉，她就搬回娘家住。

蒋介石见事情越闹越大，也不想跟宋家闹得太僵，没多久便任命宋子文为全国经济委员会主席。至此，这场蒋宋之争暂时归于平息。

随着日本军国主义对中国的侵略战争日益猖狂，为了稳固统治，蒋介石越来越意识到争取美英抵抗日本的重要性，便派遣亲美的宋子文作为他的私人代表出使美国寻求帮助。

1940 年 6 月，宋子文被蒋介石委任为"外交部长"，出使美国。在宋子文的努力下，美国之行的收获很大。美国政府表示愿意向蒋介石的南京政府提供包括物资在内的数亿美元的援助。毫无疑问，宋子文这次出马起到了一定的效果，同时他也在美国大捞了一笔，让宋氏家族除宋庆龄之外的其他成员特别眼红。

根据传闻，宋子文在美国的环球贸易公司处理大约 35 亿美元的租借法补给品时，得到了巨大的好处。大量军用补给品以仓库着火、敌特破坏、轮船沉没等理由推脱丢失，但实际上，有些东西根本就没有离开过美国本土，还有些物资刚到中国不久便出现在了黑市上。

宋氏家族爱财的不止宋子文一个，他得到了如此大的利益好处，有人就坐不住了，尤其是爱钱的宋霭龄。

宋霭龄询问了宋子文传闻的真假及其他相关情况，宋子文并没有给出实质性的回答，这让宋霭龄更觉得弟弟赚了"大头"。想到自己只能在股票、运输等方面赚点"小头"，宋霭龄也很想在这方面插上一手，但是宋子文坚决说那些传闻都是假的，并希望大姐不要插手干预。

宋子文对姐姐的态度不好也是有原因的，姐夫孔祥熙接手财政部后，对他之前整顿国家经济所做的成就进行过破坏，让他一直耿耿于怀，所以不想看到大姐再在这方面添乱。

两人话不投机，闹得很不愉快，在宋霭龄眼里，弟弟此次行为是置整个家族利益于不顾的行为。因此，她觉得有必要做些事来制止。

宋霭龄将相关情况略带夸张地告诉了宋美龄，于是，宋美龄跟蒋介石也开始找宋子文了解情况，但宋子文坚决否认，一再强调自己在处理租借外资时没有任何"猫腻"。

蒋介石认定宋子文不说实话，就决定剥夺他的外交部部长的权力，另交给孔祥熙的财政部。对于这种结果，宋霭龄和宋子文反应各异，宋霭龄颇为愉悦，毕竟丈夫从中得利了。

宋子文看到老蒋又欲从自己手中夺权，很是不满，他据理力争，表示不服。宋家姐弟及相关人等决定坐下来好好谈一谈。宋霭龄和宋美龄表示外面的传闻实在太多，希望子文自己能够站出来澄清事实，以免丑闻继续流传。宋子文认为这是一种恶意中伤，这件事换任何人去做都会受到怀疑，招致非议在所难免。

蒋介石说这次谈话的目的不是为了抓住某些人的"小辫子"，而是为了证明宋子文在这件事情上的清白，希望他把手头上关于处理租借物资的相关工作内容移交给财政部，这样管理上也方便。

宋子文拿出了一封美国来信。这是北卡罗来纳州一个读经班写的，他们捐献了一点救助中国孩子的钱，但是也听闻这些钱被用在黑市上汇兑，进了某些官员的腰包。信中说到的这笔钱是对华救济联合会的海外捐款，由财政部掌管。宋子文借此讽刺财政部的肮脏行为，并表示如果由财政部接管了租借物资，结果可想而知。

宋子文随后又陆续拿出几张纸片，列举财政部通货膨胀率居高不下，黑市兑换混乱等种种问题。宋子文将攻击矛头直指孔祥熙，而这一切情况的始作俑者又是蒋介石，所以老蒋打断了宋子文的话，说道："那你说财政经济问题应该怎么处理？"

刚说完这句话，蒋介石就反应了过来，明明是自己质问宋子文，现在怎么一下变了，顿觉落了下风。搞经济的宋子文倒乐于接受这个话题，他说："之所以出现混乱的状况，根本原因就在于机构太多，但又没有一个机构具备解决所有经济问题的权力，政出多门，根本就不能做有效的管理，成立一个专门机构部门来监督其他部门尤为重要。"

蒋介石回应说："成立机构没有什么不可以，但这样一来就打乱了现在的政府机构部门，从根本上来说，私自设立这样一个部门也是不符合宪法的。"

宋子文愤怒极了，开始出言不逊，两人便争吵了起来，蒋介石大为恼火，大骂一声"娘希匹！"抓起一只茶杯就朝宋子文头上砸去，宋子文赶忙躲闪，但茶水还是溅了他一身，额角也擦破了，鲜血直流——这便是宋子文和蒋介石之间继"耳光风波"之后发生的"茶杯风波"。

随后，宋子文立即派弟弟子良赶赴美国，严抓环球贸易的进货和管理，防止受到大姐控制。一连数天，宋子文以受伤为由，拒绝参加任何会议，这让蒋介石想从他手中夺权之事也不得不拖延了下来。

但宋霭龄和宋美龄仍在蒋介石耳边鼓吹宋子文在经济上的问题，蒋介石不耐烦地道："你们谁要有本事，就替他和美国人打交道啊！谁能弄到美国钞票，我就相信谁。"也许这句原本只是蒋介石的气话，宋美龄却当了真，回应道："我可以去！"宋美龄自信满满，再加上宋霭龄和孔祥熙极力推荐她，蒋介石考虑过后，便同意了。

1942 年 11 月，英语和外交水平均不在哥哥宋子文之下的宋美龄以蒋介石夫人的身份赴美访问。到达美国后，她按照蒋介石的指示，迅速展开了亲近美国政要，寻求美元支持等行动，此外，宋美龄还要查清宋子文在美国的人际关系网络，以及其争取美元的渠道等。

宋美龄在美国 7 个月，经过不懈努力，最终取得了不错的成绩。不论是争取美元金额上，还是与美国政府高层的接触成就上，丝毫不逊于宋子文。

宋美龄曾对好朋友、美国女作家项美丽（艾米丽·哈恩）说，她在 9 岁以前都一直穿哥哥宋子文的衣服，宋子文在哈佛大学读书时常到威斯里安学院探望美龄，两人感情很好。可质朴的兄妹之情，长大后却因政治、私利与狭隘的胸襟而变得水火不容。在她看来，大哥大权独揽，极难共事；而在宋子文眼里，宋美龄则在政治上过于突出，有些嚣张跋扈。宽容、友爱的信条显然并未在这个基督教家庭里生根发芽。

蒋介石对宋美龄的表现由衷地赞赏，而宋子文的日子就不好过了。太平洋战争爆发后，宋子文被蒋介石"委以重任"，出任国民政府外交部长，长驻美国纽约。这样一来，宋子文大部分时间都待在美国和欧洲，很少回国。1949年，蒋介石政权走到了崩溃的边缘，准备退居台湾，而宋子文也准备偕同夫人飞赴美国。

这对争吵了20多年的亲家与冤家，据说在分别之际有一段很有意思的对话。蒋介石说："你为党国做了许多事，我都记得。"宋子文则回应道："你打了我几次，我也记得。"

1963年初，在宋美龄的要求下，蒋介石分别致电在美国的孔祥熙、宋子文，盛情邀请他们合家到台湾一起过旧历新年。

1963年2月8日是正月十五元宵节，宋子文、宋子安兄弟，孔祥熙、宋霭龄夫妇，以及蒋介石、宋美龄夫妇，一同前往台湾南部澄清湖。在澄清湖招待所，东道主蒋介石、宋美龄夫妇设宴招待。蒋经国、蒋纬国兄弟，也参加了这次"家宴"。这也是蒋介石一家人与孔氏家族自1948年以来，头一回全体团圆聚首。这场家族聚会，也是蒋宋孔三家的最后一次聚会。

❖ 宋霭龄掺和，郎舅俩争权不止

20世纪30年代初期，宋霭龄的私心膨胀，她巧妙利用蒋介石和宋子文的矛盾落井下石，想趁势把宋子文推下水，将丈夫孔祥熙拉上政坛高位取而代之。这对姐弟的矛盾日益尖锐，斗争也更加表面化。

在打内战筹措经费一事上，宋子文与蒋介石之间出现了种种不愉快。"九一八"事变后，蒋介石采取不抵抗政策，"一·二八"事变时，他又调开抗战的十九路军，与日本签订停战协定。

蒋介石奉行的不抵抗政策遭到全国人民的强烈反对，宋子文本人也极为愤怒。当时，他的金融利益主要在上海和江浙一带的财阀身上，如此一个个"不抵抗"，他的金融利益便受到了严重威胁。

另外，在宋子文看来，蒋介石"不抵抗"也就罢了，又来了一个"攘外必先安内"，动用国库储备，对中国共产党领导的工农红军进行大规模的

"围剿"，将国家财政用在了打内战上。

在这个问题上，宋子文与蒋介石之间出现过一场激烈的争论。宋子文认为蒋的做法完全是本末倒置，并陈述了平衡国家财政预算的重要性。这番话把一直奉行在"剿共"问题上没有商谈余地的蒋介石惹怒了，他把宋子文狠狠地批评了一顿。

蒋介石一意孤行，宋子文觉得和他实在没法共事。随后，宋子文心灰意冷，辞去了中央银行总裁一职，借参加世界经济会议之机，准备去美国散散心。他的举动正中蒋介石下怀，宋子文卸任后，蒋介石随即任命孔祥熙为中央银行总裁。

宋子文卸任财政部长一职后，并没有把孔祥熙放在眼里。宋子文利用英美背景，各政治势力的关系，与江浙财阀的紧密联系，以及安排在金融界的人事关系等，使他并没有因与孔祥熙对抗而处于下风，宋子文依然是一位举足轻重的人物。

宋霭龄感到很不满，她最恨的是宋子文始终抓住财政部一些油水很好的部门不放，各重要部门的亲信也多听命于他，孔祥熙的号令在这些人面前根本起不到作用。宋子文的亲信们一直以来都瞧不起孔祥熙及其手下的"老土鳖们"。

面对这样一个"霸气"的宋子文，宋霭龄决定通过多种方式帮助孔祥熙。聪明的宋霭龄知道，正面冲突是极为不可取的，向蒋介石争宠才是值得下工夫的事情。孔祥熙按照夫人的"指示"，在蒋介石面前一直都是毕恭毕敬，处处唯蒋马首是瞻，一切都是老蒋说了算。

孔祥熙本人在人际交往上确实有一套，他在各个方面所流露出来的长处恰恰是宋子文所欠缺的。如此一来，争宠的结果也就可想而知了。

孔祥熙坐稳了财政部长宝座后，在夫人的策划下，开始了一系列针对宋子文的行动。孔祥熙利用权力，对宋子文管理的中国银行、交通银行处处发难，打压宋子文的手下。宋孔争宠，宋子文暂时败下阵来，只好负气避走香港，不肯与蒋孔合作。

1937 年，中日正式开战前夕，蒋介石派遣孔祥熙出访欧美。访美期间，

■ 左起：孔祥熙、宋霭龄、
宋美龄、宋庆龄、宋子良
的合影

"七七事变"爆发，日本侵华战争正式打响。由于孔祥熙在美还有重要任务，国内战时经济状况必须要一个负责人协调处理，所以在蒋介石的一再请求下，宋子文答应回到上海，以中央银行常务理事的名义处理中央银行事务，并就此在上海成立四联总处（中央、中国、交通、农业四大银行），全面主持金融业务。

得知宋子文卷土重来，随同丈夫在海外考察的宋霭龄决定先回国，以谋划对策。见国内金融业有所好转，宋霭龄深知目前状况对丈夫不利，而她又不方便出面，便将长子孔令侃推了出来，在上海成立财政部驻沪办事处，与宋子文唱对台戏。孔令侃打着财政部长大公子的名号，每天到中央银行总裁室处理事务，在母亲的吩咐下，与大舅宋子文抗衡。

不久，上海沦陷，孔祥熙出访归来，四联总处撤往汉口，孔祥熙任主席，令亲信谭光接任秘书一职，孔重新控制了对全国金融的领导权。宋子文再次回到香港，但不愿意出席汉口四联总处的活动。后四联总处又迁往陪都重庆，中国银行和交通银行联合起来，抵制孔祥熙组织的相关金融活动。四联总处办事消极，让身为理事会主席的孔祥熙一筹莫展。随后，孔祥熙不得不妥协，与宋霭龄密谋后，建议由蒋介石兼任四联总处主席，孔则退居副主席。如此一来，宋子文也就无话可说，两人间的矛盾才逐步缓解。

宋霭龄和宋子文，一个是宋家大小姐，一个是宋家大少爷，两人有手足之情，本不应该针锋相对，然而现实却是残酷的。身为宋家长子的宋子文，不甘心受到姐姐的控制；而好强的宋霭龄则不愿意看到自己的位置受到威胁，所以对丈夫的直接竞争对手宋子文时刻保持高度警惕。况且她的孩子也已经长大，她需要在财政金融领域留下一块"自留地"给孩子们，特别是跟她的作风十分相近的长子孔令侃。

于是，宋霭龄毫不犹豫地站在孔氏家族这边，即使损害了宋氏家族的利益也在所不惜。20世纪30年代的宋氏家族，实质上早已经分崩离析。在宋霭龄眼里，宋家的"异类"二妹庆龄早已脱离了这个家族的利益范畴，她和小妹美龄嫁人后，也已经和孔氏家族、蒋氏家族的命运牢牢联系在一起。

在宋氏子良、子安两人看来，宋霭龄等三姐妹嫁为人妇，早已代表不了宋氏家族，宋氏家族的门面应该是大哥宋子文；但是宋霭龄却接受不了这样的事实，因为父亲临终之际，将重振宋氏家族雄风的重担交到了她的手上。

可以说，宋氏姐弟之间的一切矛盾纷争均是源于对权力之杖的争夺。孔祥熙和宋子文的财政部长之争，由于宋霭龄的幕后参与变得更功利，以他们为首的阀阅之家充满着矛盾与猜忌、对抗与冲突。

1967年8月15日，孔祥熙因心脏病发在美国去世，终年87岁。宋美龄偕蒋经国等人赴美吊唁，然而，宋子文并未出席追思仪式。

1971年4月25日，宋子文在旧金山的一场晚宴中因食物哽住气管而呛死，终年77岁。宋子文去世后，美国总统尼克松曾出面，邀约宋家姐妹以奔丧为名，聚首美国。三姐妹起初全答应了，但到最后却都因种种原因而未能参加。尼克松总统因此叹息道："不知中国人怎么这么对立，会牵扯进如此大的政治因素来。"

孔宋郎舅之间的宿仇积怨，严重到"老死不相往来"的地步，这让美国总统迷惑不解，宋家姐弟的关系竟沦落到这般境地，让国人也欷歔不已。

❖ 虽有纷争，庆龄与姐弟真情不变

1945年，抗日战争胜利后，中国的前途命运和发展方向完全由中国人自己掌握。由于国共两党政治目的的不同，宋氏姐妹再次作出了截然不同的

选择。1949 年，解放战争胜利后，蒋介石率国民党退居台湾。

从 19 世纪末到 20 世纪中叶，半殖民地半封建的中国发生了翻天覆地的变化，历史也刻下了宋氏家族两代人的生命印记。在这个显赫家族中，对中国近现代革命影响时间最长、最引人注目的两位人物，便是宋庆龄和宋美龄。

这一对姐妹花从小在一起学习、玩耍、出国留学，经历了属于各自的爱情和婚姻故事。两个人的婚姻都轰轰烈烈，令人瞩目。一个是"中华民国"的国母，聪慧可人，支持和捍卫孙中山的革命事业和政策，爱国爱民，与时俱进，与中国共产党战斗在一起，成为广大劳动人民最敬仰的人，被尊称为"国之瑰宝"；另一个则是权倾一时的国民政府第一夫人，聪颖优雅，睿智能干，在世界政治舞台上纵横捭阖，忠心辅佐丈夫蒋介石，与蒋家王朝贯彻始终，是个不折不扣的优雅夫人。

她们仿佛都是带着使命来到这个世上，在纷乱多变的近现代中国，因政治信仰和政治追求的差异，最后走上了截然不同的人生道路。两姐妹之间的情感故事也随着国家命运沉沉浮浮。

抗日战争胜利后，中国人要解决的是国家的内部问题。宋美龄力主联美反共，选择了支持丈夫蒋介石，依靠美国的援助将枪口瞄向了共产党领导的革命队伍，以此来维护和巩固国民党独裁统治；宋庆龄则坚持反对打内战，支持和谈组成联合政府。

1946 年，宋庆龄在《关于促成组织联合政府并呼吁美国人民制止他们的政府在军事上援助国民党的声明》中指出："内战不能促成团结和解放，不能解决民生问题。内战带给中国人民的只是混乱、饥饿和破坏。"

宋庆龄认为在中共区域内"实行了孙中山的政纲，将耕地分配给农民。同样的民生主义的筹策应推行到全国。"因此，她希望国共双方能够一笑泯恩仇，实现第三次合作。

那段时间，虽然姐妹二人的政见有所不同，但是依然保持着联系。因为都患有家族遗传性皮肤病，两人还经常在电话中交流治疗心得，聊聊生活琐事，尽量避免谈政治。

但是一场不可避免的解放战争还是爆发了。四年内战，国民党败走台湾，在最后分别的日子里，宋美龄依然十分惦念二姐在大陆的生活。

1949年5月19日，上海解放前夕，身在美国的宋美龄和二弟宋子良联名致函宋庆龄，信中充满了真切的骨肉亲情。信中这样写道：

亲爱的姐姐：

……最近，我们都经常想起你，考虑到目前的局势，我们知道你在中国的生活一定很艰苦，希望你能平安、顺利。

如果我们在这儿能为你做些什么的话——只要我们能办到，请告诉我们。我们俩都希望能尽我们所能地帮助你，但常感到相距太远了，帮不上忙。请写信告诉我们你的近况。

致以最衷心的问候。

忠实的美龄、子良

这封信并不是表示宋美龄没有立场，而是一种美国做派的体现，将政治和家庭分开。意识形态上的差异与亲情是两码事，她不愿意把两者混为一谈。

这是宋美龄写给宋庆龄的最后一封信，两人后来也有几次可以见面的机会，但由于身份的不同和种种因素的干扰，始终没能再见上一面。

■ 宋霭龄与宋庆龄两姐妹的合影

宋庆龄和大弟宋子文的感情一直很好，两人一开始在对待蒋宋联姻问题上保持一致意见，坚决反对将小妹嫁给蒋介石，一起站在大姐宋霭龄的对立面。但是在1927年，宋子文在宋霭龄与孔祥熙的"策反"下脱离了武汉国民政府，投身蒋介石的南京国民政府。因革命政见不同，子文选择了与二姐不同的道路。从此，姐弟俩一个继续为寻找新的革命道路而奋斗，另一个则为蒋氏和自己的前途四处奔波。

1937 年，日本帝国主义侵略中国，全中国人民统一起来联合抗战，在民族的生死存亡面前，姐弟俩放下政见携手合作。

宋庆龄深知她这个弟弟崇拜的是英美式的资产阶级文明与民主，不喜欢日本封建法西斯主义。所以，她坚信在反对日本侵略这一点上，他们是完全可以重新站在一起的，事实也证明确实如此。

宋子文坚决反对蒋介石奉行的"不抵抗"政策和"攘外必先安内"政策，日军侵略上海时，宋子文还派出稽查队协助十九路军抗日，与后方宋庆龄等组织的妇女运动积极回应。另外，宋子文对二姐营救共产党人和抗日进步人士的行为也是睁一只眼闭一只眼，没有按照老蒋的"旨意"去管制。

在香港期间，子文大力支持庆龄领导的"工合运动"以及"一碗饭运动"。所有的这一切，宋庆龄都看在眼里，对大弟的作为深感欣慰。

解放战争胜利后，除了宋庆龄留在大陆之外，宋家其他家庭成员及后代或留在台湾，或远在美国，宋家的辉煌时代一去不返。

第五章

缘尽今生，恩怨散尽的黄昏岁月

"贪财富婆"宋霭龄：诀别大陆，孤魂飘异乡

孔氏夫妇侵吞巨额美元公债，昔日风光无限的两人成为众矢之的，国民党各派系人人骂之。在经济领域的不作为不改革，在金钱问题上的极度贪婪，使蒋介石决心要换下这个跟了自己十年的财政部长。

面对党内咄咄逼人的打击和人民大众的谩骂，孔祥熙、宋霭龄夫妇走到了人生的十字路口。下台后的孔氏夫妇只能怀着复杂的心情落寞地离开中国，飞赴异国，最终魂飘他乡。

❖ 陪夫参加就职十周年纪念庆典

与夫人宋霭龄联手策划侵吞美元公债之后，1943 年 11 月 1 日，孔祥熙迎来了就任国民政府财政部长十周年纪念庆典。

1943 年，国家财政经济状况每况愈下，而孔氏夫妇贪污舞弊、中饱私囊的行为越发猖狂，惹来党内无数抗议声。蒋介石认为孔祥熙的行为无异于趁火打劫，如此下去，恐怕自己的统治地位也会受到影响。蒋在日记里曾多次表露痛恨孔氏行为的心情。

让蒋介石更加难堪的是，在财政紧张的关头，孔祥熙还大搞纪念庆典，让党内同行耻笑。蒋介石并不知道，这个庆典其实是由宋霭龄一手策划的，她希望丈夫能借庆典之机巩固他在党内的地位，顺便看看党内有哪些人还值得继续信任。

蒋介石想，既然宋霭龄想借此提高孔祥熙的声誉，消除倒孔风波，那么何不借机打击一下孔祥熙呢？与此同时，他也想看看党内其他政要对孔祥熙的看法和态度。

于是，蒋介石决定参加孔部长的纪念会，还特意交代秘书陈布雷准备发言稿。蒋介石当时正准备参加当月月底在埃及开罗召开的美、英、中三国首脑会议，会议前的准备工作本就十分繁重，这时他还去参加这个名不正言不

顺的会议，党内很多人对此表示不解。

尽管如此，在得知蒋介石要参加孔部长的任职纪念庆典后，人们纷纷来捧场。在庆典上，蒋介石率先发言，这样"歌颂"了孔祥熙一番：

> 度支之任，经治国用，遭时艰虞，厥责弥重。来战之先，为战之血，革法圉法，实惟至汗。文战之时，肆应益劳，排除万难，虽免夕朝。冉二十载，鬓发已苍，继是戮力，为国龙光。下关民力，上计帮储。自强不息，日居月诸。

总体看上去，这篇颂词还是肯定了孔祥熙的贡献。随后，发言的高级官员大多跟着蒋介石稿子的调子走，军政部长何应钦、外交部长宋子文等先后发言，大多是溢美之词。

何应钦发言：

> 战争开始时，敌人根据我国当时经济与武力情况，估量我们最多只能支持一年半载，不料后来在财政方面意外坚强。财政部在孔部长策划下，对长期抗战之所需均能供应无缺，不虞匮乏，而使我们的军事形势稳定下来。……中国抗战能转弱为强，转败为胜，表面看来是前方将士浴血牺牲的结果，殊不知财政实为重要因素。……现在前方将士，士饱马腾，军粮无缺，均为孔兼部长所赐。我谨代表全国陆海空军将士，向孔兼部长致以十二万分的谢意！

宋子文发言：

> 本人以往也曾把任财政部工作，深知抗战财政有一般人想象不到的困难。……在抗战六七年当中，孔兼部长担当艰巨，为国家辛勤奋斗，卒能克服一切困难，使抗战经济能平稳发展，不但军事需要不虞匮乏，就是经济建设也能齐头并进。这种成就，实在是对国家民族的伟大贡

献，为历史上显著功绩。

孔祥熙听到大家对自己赞誉有加，不禁暗自高兴，宋霭龄这时却有些担心了。她隐隐感觉到，一个财政部长的就职纪念庆典搞得比国际庆典还要奢华，终究不是件好事。她悄悄地跟坐在身边的孔祥熙交代，稍后发言的时候，一定要能低调就低调，免得惹上麻烦。但是，正在兴头上的孔祥熙已被眼前这一批人的热捧所感染，哪里还低调得起来？众人发言完毕后，他上台讲话，列举了自己就职财政部长十年来为国家财政所做的一切贡献，并不忘说自己今天能取得这些成就全仰仗蒋介石的英明领导以及同仁的大力支持。

孔祥熙讲完话后，蒋介石带头鼓掌，庆典活动达到高潮，各政要大员纷纷上前祝贺，并送上贺礼，孔祥熙高兴地一一接受，宋霭龄却预感着某种不祥之兆正在降临。

❀ 宋霭龄背负"莫须有"罪名

当了十年财政部长，孔祥熙为国家做了不少贡献的同时，也为自己积累了大量财富。暴富后，难免遭到国民党内部其他派系的眼红嫉妒，一旦有了机会，各种形式的攻击就接踵而至。

这些妒忌的声音中，最积极的要数中统"CC系"陈立夫、陈果夫二兄弟。另外，在孔祥熙眼里，军统特务首领戴笠也是一个跟自己对着干的人，很难对付。在国民党内部，表面上看去，大家都相安无事，但是在背地里，各派系之间玩手段、通过打击排挤对方来维护既得利益的勾当数不胜数。

为使中美英三国政府共同组织力量战胜日本法西斯，以及决定战后对日本的处置，美国总统罗斯福提议美英中三国召开首脑会议。1943 年 11 月 22 日，中美英在开罗举行三国首脑会议，蒋介石偕夫人宋美龄出席，这使得英国首相丘吉尔颇为不满。但丘吉尔碍于宋美龄在美国的影响力，并未表现出来，两人还不时地说说笑笑。

尼罗河畔，蒋介石、罗斯福、丘吉尔、宋美龄四人一字排开，在礼宾官员的安排下留下了一张有意思的三国首脑合影。

随着照片被各大报社发往世界各地，蒋介石的国际地位也得到了显著提高。但是宋美龄和蒋介石没有想到的是，此时的重庆正在酝酿着一次由高级军官发起的倒蒋政变。

倒蒋政变事出有因，并非临时发起。早在1939年的重庆中央陆军学院，以青年军官王凤起为代表的一群黄埔出身的国民党少壮派军人，因对当局强烈不满，便组织了中国青年军人将校团，试图在中国发动军事政变夺取政权，"挽救"中国。

倒蒋政变的工作一直悄悄准备着，还得到了在华美国准将廷伯曼的支持，廷伯曼把这一重要消息告知了美国政府。美国政府虽然表面上没有答应，但是联邦调查局显然对这个阴谋很感兴趣。加上之前蒋介石和美国中将、中国战区统帅部参谋长史迪威将军在军事领导权上的冲突，美国政府采取了任其发展的态度。

青年军官认为，此次蒋介石夫妇出访开罗，无疑是倒蒋的最佳时机。他们把动手的日期定在西安事变的纪念日，让老蒋不能回国，或者即便回国也要面临被赶下台的事实。然而，这些秘密计划还是被军统特务发现了。

军统特务首领戴笠知道这个团体的存在后，联合中统陈果夫、陈立夫兄弟，立即采取了相关措施，封锁相关消息，悄悄地做好相关布局，准备将这些人一网打尽。

就在蒋介石离开重庆后的第三天，准备发动政变的军官们组织召开了一次秘密会议，密谋商议最后的政变实施，他们根本就没有想到秘密早已外泄，他们所有人已经成了瓮中之鳖。

蒋介石结束开罗会议回到重庆后，戴笠马上跟他汇报了详细情况。蒋介石震怒，命令戴笠彻查此事，一定要揪出主使人。如果有主使人员的话，那个人就是军官王凤起以及他的长官，时任第六战区司令长官陈诚。

正是在陈诚的默许下，王凤起密谋倒蒋的工作才得以顺利地展开。作为蒋介石的爱将，陈诚表面上对蒋介石一直恭恭敬敬。他当时的想法是，倒蒋成功了，功劳簿上有他一份；失败了，他也并未参与，一切跟己无关。聪明的陈诚选择睁一只眼闭一只眼，静观事态的发展。

最终，倒蒋举事失败，戴笠要审问王凤起之前，陈诚故意派人提前将王凤起调审，并向王凤起许诺日后可以解救他，其实他怕的是王凤起将他供出来。正因如此，王凤起在戴笠的审问下并没有将陈诚供出来。因正值用人之际，蒋介石保住了这些青年将校团核心成员的性命。

戴笠一向唯恐天下不乱，作为军统特务头目的他，阴险狡诈，杀人如麻，平时就喜欢派系争斗，被称作"中国的盖世太保"。倒蒋事件发生后，好大喜功的戴笠并没有就此放弃打击仇敌的机会，想把陈诚拉下马，于是将矛头对准了此前一直看不惯的孔氏夫妇。

失势之人最容易成为攻击目标，也最容易被击中。就这样，宋霭龄顶替了这个"莫须有"的罪名。戴笠和同样对孔祥熙有微词的陈氏二兄弟旁敲侧击地在蒋介石耳边提示，这次政权的真正策划者很可能就是蒋介石身边的人，并有意无意地点到了宋霭龄。

一提到宋霭龄，蒋介石猛然一惊，还真起了疑心。因为在蒋介石看来，这次政变必定有自己家族和政权内部的要人参加，而正处于失势状态下的宋霭龄很可能孤注一掷，况且这样的事情宋霭龄完全做得出来。

戴笠和二陈兄弟添油加醋地述说了一番宋霭龄如何影响和控制孔祥熙参政揽权。为了证实这种可能性的存在，蒋介石又找来了宋子文。宋子文对孔祥熙一直不满，同时对姐姐的压制也充满仇恨，他也表示孔氏夫妇有"重大嫌疑"。

这样一来，蒋介石对宋霭龄的疑心更重了，加之夫人宋美龄屡次插手干涉政治，也使得老蒋深深怀疑这背后的始作俑者便是宋霭龄。多年来，他一直想摆脱控制自己的力量，此时正是个好机会。

考虑到还处于战时状态，家族内部的阴谋以及可能导致的丑闻很容易让敌人钻空子。同时，蒋还考虑到家族的面子问题，严令戴笠和二陈保守秘密，不准向外界透露一个字，一切问题由自己来处理。戴笠和二陈只是秘密处决了十几名最有晋升希望的青年军官。

蒋介石交代完这一切后，直接去找宋霭龄。宋霭龄见蒋介石忽然来访，心中一惊，揣测一定没什么好事。果然，她的猜测很快被证实是正确的。蒋介石借口说夫人宋美龄身体一直不好，需要到美国疗养一段时间，有亲人陪同去最好。但是他因为国事繁忙无法成行，而宋霭龄作为宋家大姐，办事能力较强，由她陪同宋美龄一起去最为适宜。另外，他还让孔祥熙也一起过去考察美国的实业，讨一些债务。

蒋介石此举，聪明的宋霭龄怎能看不出来？老蒋这招实在是狠：第一，在国家抗战的紧要关头，老蒋将身为财政部长的孔祥熙支开考察实业，本身就极不符合情理。趁此机会将孔氏掀翻下台才是老蒋的初衷所在；第二，支走宋美龄，以免因家族亲情干预内政。

后来，有人向宋霭龄通风报信，说重庆前一段时间秘密处决了一批高级军官，上面调查这事和她有关。宋霭龄这才知道，这个倒蒋"莫须有"的帽子老蒋是给她戴定了。无论宋霭龄多么强大和聪慧，她毕竟是个女人，面对蒋介石这样的劲敌，她也会害怕、软弱、无助，她第一次哭了。

家族内部的争斗虽然可以被铁幕遮住，但是不可能没有一点迹象外露。驻守在重庆的美国《纽约时报》记者布鲁克斯就曾发过报道，称重庆阴谋密布，"是一个充满忧虑、猜疑和诡计的女巫施术场。"

❖ 多方夹击下，孔氏垮台

1944 年 4 月，一位与国民党上层人物交往密切的美国官员写下了这样一份备忘录：

> 目前，最明显的事实是，财政部长孔祥熙博士受到几乎所有派别的攻击。同他一道成为众矢之的的还有他的妻子和小姨子蒋夫人。……孔夫人在国内政治斗争中似乎变得不那么活跃，夏天可能会去国外度长假。

所有一切都表明，孔氏夫妇已经失宠。宋霭龄知道自己的处境非常危险。于是，宋霭龄决定趁蒋介石还未正式对孔祥熙摊牌之前，借出国的机会，赶紧把国内的巨额资金转移出去。

和孔祥熙商量后，宋霭龄决定将资产转移到美国银行，但又考虑到美国与中国联系频繁，难免会出现一些不安全的因素。于是，他们又拿出部分资产存入南美的巴西银行。因中国和南美交流不多，宋霭龄认为钱放在那里会比较安全，还有一个原因就是宋霭龄可以将这笔钱投资到巴西矿产的开发中去。这个爱钱如命的女人，在逃亡之际都没有忘记她的钱罐子。

就在孔祥熙夫妇加紧转移财产的时候，国民党内部倒孔行动也变得公开化明朗化。在蒋介石的安排和授意之下，在一次例行的国民党中央执行会上，中统二陈兄弟率先发难，他们在发言中暗示权力太过集中的不利，含沙射影地将矛头直指孔祥熙。孔祥熙偷偷瞄了眼蒋介石，蒋还是一如既往的严肃表情。但是他感觉到了，蒋这次是带着杀气来的，是时候该主动辞职了。

这样的会议让孔祥熙如坐针毡，终于轮到他发言了，面对压抑的会场气氛，他冷汗直冒，稍微镇定了一下后，他对着端坐在会场前排中央的蒋介石说道："鄙人才疏学浅，本是委员长赏识，能为党国贡献绵薄之力，如有贻误，本人愿承当责任。为了国家大计，我请求委员长恩准，辞去行政院长和财政部长之职。"

孔祥熙说完这番话，安静的会场发出低低的议论声。蒋介石对此似乎早已料到，轮到他作总结的时候，不忘继续夸奖了孔祥熙一番，给了孔不少面子，但还是接受了孔的辞职申请。为了表示民主，蒋介石还"特意"询问了在场的人，对孔部长的辞职有没有异议。会场鸦雀无声，这样的状况下当然不会有人再有异议。随后，蒋介石提议让宋子文接替孔祥熙出任行政院长，原财政部政务次长俞鸿钧任财政部长。大家一致同意，全票通过。

就孔祥熙辞去行政院长和财政部长职位一事，重庆《中央日报》寥寥几笔发布了这一消息。随后，孔就依照蒋介石的意思，飞赴美国参加国际货币基金会议，夫人宋霭龄和宋美龄一同飞往巴西疗养。

1944年7月，美国总统罗斯福对国民党军队在豫湘桂战役中一溃千里的表现深表不满，他随即将史迪威将军晋升为上将，要求蒋介石迅速让史迪威统率中美所有军队，遏制日军的继续深入。蒋介石当然不愿意将兵权交出，但如果拒绝罗斯福的建议，国民政府可能会失去美国政府的支持。

这又勾起了蒋介石对孔祥熙的不满。一年前，他本就准备将史迪威撤走，但由于史迪威控制着援华物资，宋霭龄不愿意看到丈夫的对手宋子文替换史迪威，所以横插一脚，亲自调解蒋史冲突，将史迪威留了下来。

蒋介石越想越生气，于是做出了抛弃孔祥熙的决定。孔祥熙原本想参加完会议后如期回国，却被蒋介石给"摁"住了。他给了孔祥熙一个私人驻美代表的职位，让孔专职在美负责游说美国军政界放弃支持史迪威。

孔祥熙接到这个尴尬的命令后，虽然极不情愿，但也只能服从。就这样，孔祥熙被"流放"在了美国。

在巴西的宋霭龄知道这件事情后，立即明白了蒋介石此举是对丈夫职务的一种变相罢免，事情已到了无法挽回的地步，这更加坚定了她在巴西投资产业的决心。宋美龄在巴西就医期间，宋霭龄多次与巴西政坛铁腕人物热图利奥·瓦加斯接触，商讨在巴投资计划。除了在圣保罗投资之外，她还进一步向委内瑞拉首都加拉加斯、阿根廷首都布宜诺斯艾利斯等南美各地银行存入巨款。

蒋介石当时正在重庆对国民党政府高层进行人事调整，讨论政府改组问题。在 11 月 19 日的国民党会议上，蒋介石正式宣布财政部、军政部、教育部、内政部新的人事决定，这是国民党重庆政府自抗战以来第一次人事大革新，俞鸿钧正式接替孔祥熙出任财政部长一职。

从 1944 年下半年到 1945 年上半年这段日子，对于宋霭龄和孔祥熙来说简直就是煎熬。那段日子里，蒋介石吩咐宋美龄主要负责对美关系等外交问题，并没有让其插手孔氏家族的内部问题，这样一来，在蒋介石身边很难找到可以帮孔氏家族说话的人了。随着宋子文地位的逐渐恢复，孔祥熙更是没了机会，宋霭龄再也无法招架倒孔风潮。

1945 年 7 月，抗日战争接近尾声，国民政府召开国民参政会。会上，一批人抛出了孔祥熙夫妇鲸吞美元公债的提案，要求有关部门彻查。另一批人联合宋子文及政学系力量，共同提出罢免孔祥熙中常委与行政院副院长等党内外职务。不久，又不断有人举报孔祥熙，检察院院长于右任提出对孔祥熙的弹劾案，爱国民主人士马寅初不断质问蒋介石政府关于孔祥熙贪污侵吞公债的行为。

面对这种情况，蒋介石只好委任新任财政部部长俞鸿钧等人查办。当时仍在美国讨要国债的孔祥熙利用其最后的影响力为蒋介石讨回了 1 亿多美元的垫款，作为国民党政府发动内战的准备基金。蒋介石也许正是看到孔祥熙为打内战帮了忙，关于侵吞美元公债一事最后不了了之，并没有出现所谓的批判大会，也算是蒋介石卖给了孔一个面子。在蒋介石看来，只要孔祥熙不是贪得过头，他权且可以原谅他。但是遇到党内外如此重大的压力，孔祥熙下台已成必然。

内外交困之下，孔祥熙于 1945 年 7 月辞去了中央银行总裁一职，10 月又辞去了中国农民银行董事长、四行总处副主席等职。在差不多一年的时间里，孔祥熙先后辞去五个最重要的职务，只剩下如国府委员和国民党中央执行委员等几个没有实权的挂名闲职。

孔祥熙手中的权力尽散，孔、宋两大家族轮流控制财政金融系统的局面也不复存在。孔氏家族的江山开始崩塌。

1945 年 8 月，日本宣布无条件投降。一时间，锣鼓喧天，举国欢腾。但是孔祥熙却无论如何也高兴不起来。在热闹的映衬下，他的处境显得特别凄凉。八年来，自己辛辛苦苦助蒋介石保下的胜利江山，却成了宋子文、陈果夫等人的天堂。

不久，孔祥熙随国民政府返回南京，宋霭龄也随后从美国归来，她看到自家落到如此境地，心中愤愤不平。深知蒋介石秉性的宋霭龄明白，就算找蒋介石理论也无济于事。

孔祥熙认为，抗日战争胜利后，蒋介石肯定会发动内战，国民党的形势跟共产党比起来，也好不到哪里去。这场大战，谁输谁赢，谁也说不好。加之自己已经是个 65 岁的老人了，再也没有精力去操心更多的事情，离开中国去美国安享晚年才是他的最佳选择。

可宋霭龄还是很不甘心就这样退出政坛，临走之前，她还张罗着办了这样一件事——让孔祥熙去竞选立法院院长一职，此事搞得南京满城风雨。虽然后来在二陈兄弟及政学系的夹击下，孔祥熙败下阵来，但是，宋霭龄觉得这次选举很值得，至少可以让南京政坛见识一下孔祥熙的实力。之后，孔祥熙夫妇开始着手赴美前的准备工作。

1946 年下半年，宋霭龄在上海对孔氏家族的财产进行最后的清理，同时在美国纽约购买了一幢别墅作为孔家定居海外的居住地。

1947 年初，孔氏夫妇准备做一次旅行告别。他们去南京看望了宋美龄，然后一起同游夫子庙，观赏花灯。抛开了政治，生活显得那么怡然愉悦。

离开南京后，他们又陆续游览了北平、天津、太原、太谷、青岛等地。孔祥熙回到了阔别 32 年的故里，看到家乡再也没了过去的繁华，忧伤不已。这次回乡，他的身份发生了重大的变化，再也不是过去那个风光无限的"御前红人"，而是一个落魄的悲伤老人。他虔诚地为孔氏列祖列宗做了最隆重的祭祖活动。他知道，这次离开，基本上再也不会有机会回来了。回到上海后，宋霭龄去上海万国公墓拜谒了父母的陵寝，心情亦是忧伤无比。

从太谷返回上海后不久，宋霭龄因身体不适先行赴美，也好事先对美国的家做个安排。孔祥熙暂时留在国内，处理一些遗留杂事。这年秋天，孔祥熙将国内事宜处理完毕，这个已经满头灰发、眼睛浮肿、略显苍老的老人，以"忽接家人自美来电，谓夫人染患恶病，情况严重"为由离开上海，飞赴美国。

从此以后，宋霭龄和孔祥熙再也没有机会踏入中国大陆，这一去，就成诀别。

✿ 孔氏夫妇晚年客死异乡

从 1947 年秋天起，宋霭龄就一直跟随丈夫定居美国纽约。作为宋氏家族中第一个站出来支持蒋介石南京政府的人，宋霭龄催生了蒋家王朝。如今，她又成为了第一个离开蒋家王朝的人，漂洋过海去了大洋彼岸。

两年后，中国共产党领导的解放军以秋风扫落叶般的凌厉攻势横扫中国大陆，蒋介石政权不得不退居台湾。当大多数国民党官员如梦初醒开始作鸟兽散的时候，宋霭龄和孔祥熙夫妇已经在美国过上了舒适无忧的平静生活。

宋霭龄投资香港、美国以及南美大陆等地的资产开始生财，赚钱无数。

从这个方面来讲，孔氏夫妇当初选择远赴美国定居并非是件坏事，这也再次反映了宋霭龄务实的生活观念和作风，没有了外界的纷纷扰扰，她在乎的就只剩下挣钱了。

宋霭龄赴美后，起初住在里弗代尔大道 4904 号别墅。没过多久，她又另寻到一块更好的居住地——纽约长岛蝗虫谷。蝗虫谷距纽约曼哈顿市中心也只有一个多小时车程，来往市区比较方便。这里地价奇贵，当地法令规定，在此建筑房屋，都必须留下至少两英亩的绿化地，所以能在此置地建房的都是有钱人。

宋霭龄看上了这块上流社会的美好家园，后来她还跟宋美龄商量买地建房的情况，美龄也比较感兴趣，她决定跟大姐合资购地建房，这样自己以后也可以在美国长居。

姐妹两人合资在蝗虫谷购买了 37 英亩土地，兴建了一组庄园式豪华别墅，一共花掉了 172.5 万美元。3 幢主建筑，整体房间近百套，奢华至极。其中 1 幢在宋美龄名下，其余 2 幢由宋霭龄夫妇以及孔氏家族的小辈们居住。

宋霭龄在蝗虫谷过着与世隔绝的生活，外界媒体很难看到宋霭龄的身影。宋霭龄从不与从大陆逃到美国的国民党官员、遗老遗少们来往，她只是安静地躺在自己的金库里，注视着子女们如何在海内外大展身手。

令宋霭龄感到欣慰的是，儿女们并没有让她失望，特别是长子孔令侃与幼子孔令杰，他们两人都继承了自己和丈夫的经济头脑，在赚钱方面都堪称高手。

中国和美国朝野一直都感兴趣的是，宋霭龄一生中到底为孔氏家族累积了多少财富？美国联邦调查总局虽想尽各种办法调查，但都不了了之。

孔祥熙的部属、原先长期在中央信托局工作的徐佳涵先生估计，孔氏家族的资产在抗战时期约 10 亿美元以上；著名经济学家、当年曾大骂孔祥熙的马寅初先生在 1946 年估计，孔氏家族的资产约有 40 亿美元；美国纽约广播电台在介绍世界首富时，就将孔祥熙列为其中之一。

孔氏家族到底拥有多少财富，半个世纪以来，众说纷纭，充满了神秘色

彩。这个家族到底有多少钱始
终未有定论，也许除了孔氏家
族的主要成员之外，谁都不知
道确切答案。

■ 何应钦（左）为孔祥熙八十大寿祝寿

1962 年 10 月，蒋介石快
75 岁生日的时候，宋美龄向
大姐宋霭龄发出了邀请，希望
姐姐和姐夫回台湾看一看。她
在电话里告诉孔祥熙，蒋介石
很想再见见他，希望大家在有
生之年再聚聚。听宋美龄这样说，孔祥熙和宋霭龄确实也很动情，决定飞往
台湾。这是他们夫妇离开中国大陆 15 年后第一次返回中国台湾。

宋霭龄夫妇在宋美龄的陪同下游览台湾的风景名胜，探望老朋友，过了
一段很惬意的生活。后来由于孔祥熙身体不好，台湾的医疗条件远不如美
国，加上他在台湾也没有多少人可见，便决定回美国。

1966 年 2 月 28 日，孔祥熙赴美治病，和宋霭龄及长女孔令仪离开了台
湾。至此，他在台湾居住了 3 年零 4 个月。

一年之后的 1967 年 8 月 16 日，孔祥熙因心脏病死于纽约医院，享年
88 岁。这位最早荣列于世界首富排行榜上的中国巨富，就这样在异国他乡
离开了这个世界。

宋美龄偕同蒋经国等人赴美吊唁，当时身在美国的宋子文并没有参加葬
礼，只给宋霭龄打了一个电话致哀。可见，这时的他对孔祥熙的怨恨、对姐
姐的成见依然郁结于心。

孔祥熙死后，宋美龄希望大姐回台湾和她做伴，但宋霭龄拒绝了。当时
中国大陆还在搞"文化大革命"，宋霭龄和宋庆龄渐渐失去了联系。宋霭龄
的大部分时间都是在女儿孔令仪的陪伴下，守在自己的别墅里。

1973 年 10 月 19 日，宋霭龄在纽约哥伦比亚长老医院去世，享年 85
岁。很早以前，宋庆龄曾经说过这样的话："倘若大姐是个男人，委员长恐

怕早就死了，她在 15 年前就会统治中国。"

随着宋家"女王"宋霭龄的故去，宋氏家族成员只剩下宋庆龄、宋美龄以及宋子良姐弟三人。三人分居中国大陆、台湾岛以及美国纽约三地，遥遥相望。

"温情国母"宋庆龄：致力福利，"文革"遭劫难

宋庆龄一生娴静、谦逊、不张扬，和孙中山先生一样，是中国共产党最值得信赖的老朋友。逝世前半个月才正式成为中国共产党党员的她，追随中国共产党历经抗日战争、解放战争以及参与新中国的建设，为新中国的成立和发展做出了重大贡献。但与此同时，她也经历了"文革"浩劫，以及亲人们陆续去世带来的无限悲伤。

❀ 入职中共中央政府，参加开国大典

随着解放军在全国战场上的节节胜利，中国战事和政局开始出现历史性的转折。1948 年 5 月 1 日，中共号召"各民主党派、各人民团体、各社会贤达迅速召开政治协商会议，讨论召集人民代表大会，成立民主联合政府。"

中共中央的这一号召得到了各民主党派的积极响应，大家一致同意召开新政协，成立联合政府。毛泽东等中共中央领导人认为，这样的活动绝对不能少了宋庆龄。1949 年 1 月 19 日，毛泽东和周恩来联名从河北西柏坡中共中央给上海的宋庆龄发出了一份电报：

中国革命的形势已使反动派濒临死亡的末日，沪上环境如何，至所系念。

新的政治协商会议将在华北召开，中国人民革命历尽艰辛，中山先生遗志迄今始告实现，至祈先生命驾北来，参加此一人民历史伟大的事业，并对于如何建设新中国予以指导。至于如何由沪北上，已告梦醒和

汉年、仲华熟商，总期以安全为第一。谨电致意，伫盼回音。

宋庆龄看到这封信后很高兴，她也期盼着这一天能早点到来。

人民解放战争的胜利发展之快，大大超出了宋庆龄的预料。1949 年 4 月 21 日，毛泽东、朱德向人民解放军发布了向全国进军的命令，渡江战役打响；4 月 23 日，南京解放，红旗插上了总统府，这也标志着蒋介石国民政府在中国大陆统治的正式覆灭。

5 月 27 日，解放军攻占上海，负责指挥战役的陈毅一到上海首先打听宋庆龄的寓所，随后在潘汉年的陪同下，亲自登门拜访了宋庆龄。解放上海的同时，中共中央也开始在北平积极筹备新政治协商会议的召开。

6 月 15 日至 19 日，新政治协商会议在北平召开，新中国即将诞生，中共中央真诚地邀请宋庆龄来北平共商建国大计。毛泽东和周恩来商议后，一致赞成派遣邓颖超作为中共特使，专程去上海迎接宋庆龄。随后，邓颖超带着毛泽东、周恩来的亲笔信，和鲁迅夫人许广平、妇女领袖罗叔章一起，前往上海。

邓颖超和宋庆龄是老朋友，在长期的妇女工作中，两人结下了深厚的情谊，情同姐妹。邓颖超此次亲自从北京赶来，宋庆龄被深深感动了。邓颖超拿出毛、周的亲笔信后表示，中央人民政府即将建立，党中央急切盼望庆龄先生能够北上共商建国大计。宋庆龄看到这些信后异常激动，但表示还得再仔细想一想。经过慎重考虑，宋庆龄在一个多月后再次与邓颖超相见，并向邓表达了愿意北上之意。

8 月 28 日，毛泽东、周恩来、朱德等共产党领导人以及李济深、沈钧儒、郭沫若、何香凝等爱国民主人士，齐聚前门火车站，热烈欢迎宋庆龄的到来。如此高规格的欢迎阵容，大大超出了宋庆龄的意料。她与老朋友何香凝紧紧拥抱在一起，场面非常感人，大家都沉浸在胜利后重逢的喜悦之中。

此后，宋庆龄迅速投入到了新中国筹建的一系列活动中。9 月 21 日，宋庆龄出席了中国人民政治协商会议第一届全体会议，并当选为主席团常务委员。这次会议通过了临时宪法、国名、首都、国旗及代国歌。9 月 30 日，

■ 宋庆龄参加开国大典

■ 宋庆龄（右二）在开国大典上

第一届政协举行最后一次会议，会上选出了中央人民政府主席和副主席，毛泽东当选为主席，宋庆龄、朱德、刘少奇等当选为副主席，这无疑是中共对宋庆龄为中国革命所做贡献的充分肯定。

1949 年 10 月 1 日，是中国人民永远不会忘记的一天，中华人民共和国中央人民政府的成立，宣告中国人民从此站起来了！

宋庆龄参加了开国大典，登上天安门城楼，看到满眼的彩旗招展、万众欢腾，十分激动，因为她心中梦寐以求的胜利局面终于成了现实。透过欢乐的海洋，遥望着天安门广场中央矗立的孙中山巨幅画像，她不禁激动得泪流满面。

宋庆龄后来曾这样描述当时的心情："这是一个非常庄严的典礼，但是在我的内心，却有一种难以抑制的欢欣，回忆像潮水般在我心里涌起来。我想起许多同志们牺牲自己的生命换得了今日的光荣。"

❖ 建立中国福利会，致力儿童福利事业

在宋庆龄一生的光辉业绩中，致力公益慈善事业，关心儿童身心健康成长，是很重要的组成部分。

抗日战争时期，她发起并领导了保卫中国同盟，建立中国战时儿童保育会，收容难童，募集救济物资等活动。抗日战争胜利后，保卫中国同盟改名为中国福利基金会，建立儿童福利站，主要以妇女、儿童为对象，进行文化、教育、卫生等福利工作。

新中国成立以后，宋庆龄决定仍然要做好战时所做的救济福利工作，她认为"救济福利工作是每一个现代国家政治制度必需的附带物"。

随着新中国的成立，宋庆龄觉得福利基金会的任务应该发生转变，由支援中国人民的解放事业改变为发展中国人民的福利事业，特别是妇女儿童事业。1950 年 4 月，《儿童时代》诞生，一时间读者遍布全国及海内外。

1950 年 8 月，宋庆龄将中国福利基金会更名为中国福利会，并明确规定"中国福利会的宗旨，是尽可能彻底地迅速地解放妇女和儿童"，宋庆龄继续担任中国福利会主席。

1951 年 9 月 18 日，宋庆龄荣获苏联"加强国际和平"斯大林国际奖金，她将 10 万卢布奖金全部捐献给了中国福利会，作为发展儿童、妇女福利事业之用；同年 11 月 26 日，中国人民保卫儿童全国委员会成立，宋庆龄任主席。第二年，中国福利会创办了国际和平妇幼保健院，并立石纪念。

一直以来，宋庆龄都很关注新中国妇女工作，为保障中国妇女的正当权益做了不少工作。1953 年国际"六一"儿童节前夕，她专门写了《致全国儿童保育工作者和儿童教育工作的同志们》一文，要求儿童工作者以身作则，多用心去培养儿童，用良好的态度和行动教育影响孩子们。

为了给儿童创造良好的教育环境，在宋庆龄的关怀下，经过中国福利会领导策划，全国最早、规模最大的少年宫在上海开幕，宋庆龄说："在解放前那些小先生们曾幻想过将来要有自己的少年儿童宫，到那时候将不再是一幢铁皮房子，而是很大的房子。现在他们的幻想实现了，但是他们那时最大胆的幻想，也没有想到现在的少年宫竟是在一幢大理石的宫殿里。"

宋庆龄还为上海少年宫题写了题词："儿童们在少年宫里不能只是享受幸福的童年，更要紧的是学习劳动的本领，学习为集体工作，为祖国做有益的事，准备为人民谋幸福。"这段题词不仅是她对孩子们的亲切教诲，还成了少年宫的办宫方针。从此，少年宫成了少年儿童在校园外的欢乐天堂，他们在这里交朋友、学习技能、健体活动、活跃身心。

随后，每年国庆节，宋庆龄都会带领福利会儿童剧团的孩子们给中共中央领导人作汇报演出，孩子们热情的演出博得了毛泽东主席、朱德总司令、周恩来总理等领导人的阵阵喝彩。

在宋庆龄的关怀下，中国福利会领导的儿童剧团于

■ 宋庆龄与孩子们

1957 年正式改名为儿童艺术剧院，使得剧院有了正规的演出场所。

"文革"期间，宋庆龄以及她领导的儿童艺术剧院屡遭劫难，文化艺术的发展也陷入了历史最低谷。1976 年，随着"四人帮"被打倒，中国再次迎来了艺术的春天。1977 年春，宋庆龄特意购买了一条几十斤重的大青鱼和一些年糕送给儿童艺术剧院的工作人员，鼓励他们重新开始，创作出更好的艺术剧目，再现艺术风采。

1979 年初，社会上刮起一股取消儿童剧及儿童剧院之风。宋庆龄两次致函中国福利会儿童剧院，要求他们顶住这股歪风，创造出更多优秀的儿童剧，并强调这是"我们既定的方针，不可曲解和转变"，"我们多年培养的专业人员，不允许调走"。

1981 年 5 月 14 日，身患重病的宋庆龄还为庆祝"六一"国际儿童节报告会发了贺信，她在贺信中说："我不能参加这次大会，但我关怀热爱儿童和少年的心和你们一起跳动。"简简单单、朴朴实实的一句话，令报告会现场所有人都为之动容。半个月后，宋庆龄病逝，依依不舍地离开了那群她最爱的孩子们和她热爱的这个世界。

宋庆龄一生写下了大量脍炙人口的文章、文献，在她生命即将走到尽头的最后时光，还写下了一篇献给少年儿童的文章——《愿小树苗健康成长》，刊登在《儿童时代》1981 年第 11 月号上。她在文章中这样告诫孩子们：

> 要学会在这个纷繁复杂，千变万化的世界上，辨别什么是真的，什么是假的；什么是美好的，什么是丑恶的；什么是正确的，什么是错误的。这样，你们就会像小树苗一样，长成大树，聚成森林，成为祖国需要的有用之才。

❀ 迁入北京后海，生命的最后归宿地

20 世纪 50 年代初，宋庆龄常在北京、上海两地工作和生活。当时，她在北京的寓所位于方巾巷（今西城区钟楼湾胡同附近），后来政府考虑到那里道路狭窄，环境嘈杂，决定为她另修一幢新住宅。宋庆龄觉得国家百废待

兴，各处都需要资金，谢绝了政府的好意，此事一拖便是几年。

1960 年，政府安排她迁入西河沿居所（原宣武区西河沿），但是那边房屋比较潮湿，常引起她关节疼痛。中央了解到这一情况，准备为她修建新宅。刘少奇夫人王光美写信给身在上海的宋庆龄，征求新宅设计方案，宋庆龄再次婉言谢绝。她在给王光美的回信中说："为了我个人的住所增加国家的开支，这样将使我感到很不安。故我不打算再迁新址了。"

中共中央和人民政府考虑到宋庆龄还要在住所会见中外宾客，应该有一处适宜的居住地，决定给她安排新居，最终选中了后海的载沣王府花园。

载沣乃清朝末代皇帝溥仪生父，清朝摄政王，其王府花园一直被弃用。政府考虑到这个花园比较开阔，适合宋庆龄居住。于是由著名建筑学家梁思成亲自设计改造，在园子里建造了一座中西合璧的两层楼房。1963 年 4 月，宋庆龄乔迁至此，从此这座门牌为后海北沿 46 号的院落成为她在北京的宅第。那年，她已经 70 岁高龄。

不久，宋庆龄在新居举行了一次"招待会"，一是为庆祝她创办和领导的中国福利会成立 25 周年，二是请朋友们在新居相聚叙旧，周恩来、邓颖超、郭沫若等国家领导人和老朋友均前来庆贺。

宋庆龄的美国朋友格兰尼奇在 1966 年写给她的一封信中提到："听说你现在住在一座宫殿里，是真的吗？"宋庆龄在回信中说："是的，我住在醇亲王府里……我确实在享受着'皇家'的待遇，尽管我并不快乐，因为有许多比我更有价值的人，现在还住在简陋的小屋里。"由此可见，宋庆龄依然为别人着想，而且还是那样地谦逊。

在搬进新居的最初几年，宋庆龄的生活非常丰富，她还经常和国家领导人出访，在京会见外国首脑及代表团。闲暇时，她还为报刊撰写了多篇有关儿童和妇女工作的文章。此外，她还养养花、喂喂鸽子，偶尔还会亲自下厨，但最让宋宅工作人员记忆犹新的，是快乐的圣诞之夜。

受家庭熏陶，宋庆龄是个虔诚的基督教徒，加之自小接受西方教育，在美国成长，过圣诞节对于她来说，再自然不过了。每当这个节日来临，新居就成了欢乐的海洋。工作人员会在客厅竖起圣诞树，挂满很多可爱的小礼物，其中有不少就出自宋庆龄之手。

每年圣诞节，宋庆龄都会邀请孩子们一起来家里庆祝。工作人员装扮成圣诞老人，给孩子们发放礼物，孩子们都亲热地喊宋庆龄为"妈妈太太"。他们在一起玩游戏，用晚餐，宋宅上下一片祥和。

"文革"十年浩劫，宋庆龄历经磨难

在幽静安适的庭院里，宋庆龄的心情也变得很好，她在这里处理国家大事、接待国内外宾客，日子过得繁忙却舒适。但是好景不长，一场政治大风暴骤然而至，打破了她平静的生活。

1966年，"文化大革命"横扫中国，这场造反运动将"革命无罪造反有理"、"反修防修"等口号喊得震天动地。在"大鸣、大放、大字报、大辩论"的指示下，全国上下乌烟瘴气，大字报浪潮铺天盖地。所有这一切，让宋庆龄感到困惑不已。

作为首都，北京遭受了史无前例的冲击和破坏。红卫兵大破"四旧"（旧思想、旧文化、旧风俗、旧习惯），全国上下"抄家"四起，国家动荡不安。在人们的生活起居方面，红卫兵也屡次干涉，发出通牒，警告"妇女一律剪成三八式齐耳短发"，男人不准留"飞机头"，"穿尖头皮鞋当场砍尖"，"着牛仔裤者立即剪掉"等，一时间人心惶惶。

在这种形势下，宋庆龄也接到了红卫兵的警告，要她改变梳了几十年的发髻。宋庆龄的发型是根据母亲临终前要求女儿不剪短发的遗训而留，是具有中华民族传统的发型。她不清楚这群红卫兵有什么意图，但固执的她不肯改变留了几十年的发型。

迫于当时形势，宋庆龄不得不在其他方面注意一些，省得落下被人攻击的把柄。她让秘书悄悄摘下了墙上的人体画，将"毛主席语录"贴上去。在那段疯狂的岁月里，很多中央领导人以及各界爱国人士都先后遭到了迫害，比如国家主席刘少奇等。

"文革"前，宋、刘两家私交甚好，刘少奇夫人王光美知道宋庆龄非常爱孩子，就常让自己的孩子给她写信，并让孩子称她"宋妈妈"。宋庆龄也很喜欢刘少奇的孩子们，经常写信鼓励他们好好学习，并赠送一些小礼品。

"文革"中刘少奇被扣上了"中国的赫鲁晓夫"帽子，惨遭迫害，宋庆龄表现出了极大的同情。据宋庆龄解放初期的秘书罗叔章回忆，在全国刚掀起打倒刘少奇的风潮时，宋庆龄常请罗到她寓所来说话。她曾疑惑地问罗："刘少奇这样一位伟大的革命家，突然变成了反革命，有这样的怪事？对刘少奇这样的老革命家，怎么可以这样对待呢？"

1967年后，刘少奇和家人受到了最严重的迫害，他被逐出中南海后，妻离子散，历尽千辛万苦。孩子们打听不到父母的下落，就只好写信给"宋妈妈"。宋庆龄不怕担风险，立即把信转给了毛泽东，同时尽其所能保护孩子们，照顾他们的生活。直到"文革"结束，宋庆龄还让工作人员给刘少奇的子女转送物品。

在那段忠良遭害、奸佞横行的疯狂日子里，不要说人难以睡个安稳觉，就连动物都无法幸免于难。

一天清晨，宋庆龄还在睡梦中时，她最喜爱的鸽子惨遭红卫兵毒手。红卫兵认为养鸽子是资产阶级的生活方式，所以选择结果了这些鸽子的性命。鸽子是和平的象征，宋庆龄一直很喜欢。没想到，在中华民族遭到空前浩劫之时，作为人类朋友的鸽子同样在劫难逃。

在"四人帮"的操控下，革命功臣遭迫害，已逝先辈被凌辱，宋庆龄父母在上海的墓穴也没逃过红卫兵的魔掌。在红卫兵眼里，上海万国公墓是旧社会有钱人的墓地，可以划到资产阶级范畴，他们将宋庆龄父母的墓碑砸烂，捣毁了墓穴。

宋庆龄听到这个噩耗后，悲愤交加，立刻将此事报告给周恩来总理。周总理获悉，立即给上海市革委会领导人打电话，当地民政局根据周总理指示，重新修缮了宋氏墓地。当宋庆龄看到新墓地的照片后，才长舒一口气。

然而，另一个消息接踵而至，红卫兵要毁掉南京紫金山中山陵孙中山先生铜像。这个消息对于宋庆龄来说，不亚于晴天霹雳。在她的心目中，孙中山先生是圣洁的，不能遭到任何形式的侮辱。

周恩来总理再次出面与红卫兵进行了长时间的谈判。他说，孙中山对中

■ 周恩来总理与宋庆龄

国革命做出了伟大贡献，且每年的"五一"和"十一"在天安门广场矗立孙中山画像，也是毛主席亲自指示的，孙夫人宋庆龄更是从未向蒋介石低过头，她是宋氏三姐妹中唯一一个出来支持中共革命的，在抗日战争和解放战争时期为这个国家做出了很大贡献，共产党人都很尊重她。如今，在她家里贴大字报，在南京要毁掉孙先生之墓的行为都是极为不可取的。

在周恩来的劝阻下，红卫兵这才放弃了毁像行动。随后，周恩来为了保护宋庆龄的安全，特意拟了一份应予保护的爱国民主人士名单，排在第一位的便是宋庆龄。

由于周恩来总理的帮助，以及宋庆龄在孙中山百年诞辰上大段引证毛泽东主席高度评价孙中山的语录，宋庆龄得到了"最高指示"的保护。后来，工作人员献计，在宋宅外面的围墙上写上"伟大的领袖毛主席万岁"10个大字，这样就更没有人敢往这块墙上贴东西了，宋庆龄也就更安全了。

尽管如此，红卫兵的疯狂行为多多少少影响了宋庆龄的生活。一直陪伴自己用餐的两位寓所秘书刘一庸、黎沛华，在"文革"开始后不久，在不得已的情况下，分别离开了宋庆龄。刘被人指控出身不好，而黎曾在国民党机关办事，乃资产阶级人物，两人不想给宋庆龄带来负面影响，选择了回避，宋庆龄只好独自一人用餐。

另外，那架陪伴宋庆龄多年的钢琴也不敢再碰了，因为抒情的钢琴曲被扣上了"修正主义之音"的帽子；以前举办的舞会更是谈不上了，连过个圣诞节都得悄悄进行，宋宅再也没有了以往的欢歌笑语。

虽然宋庆龄没有遭受多大的迫害，但是当她听到各地老朋友被迫害的消息时，心情久久无法平静。她不顾自己的处境，尽力去关心老朋友、老战友的安危，帮助他们解除危难。除了之前提到的保护刘少奇家人外，宋庆龄还先后写证明信，避免了国际朋友路易·艾黎、孙中山老部下叶恭绰等人落入红卫兵的"迫害陷阱"。

十年浩劫，除了人才被迫害，艺术也遭到了红卫兵的摧残。宋庆龄领导的中国儿童艺术剧院被无端撤销，随后，"四人帮"在上海的代理人又开始对宋庆龄直接关怀下的上海儿童艺术剧院开刀，要将上海儿艺与上海人艺、上海青年话剧团合并成"上海话剧团"。宋庆龄坚决不同意，亲自出面干预，才使得上海儿艺逃脱了被合并的厄运。但是，宋庆龄保护得了儿艺，却没能保住上海的亲人。

宋庆龄的表妹倪吉珍毕业于上海圣约翰大学，1968年5月，这个可怜的柔弱女子不幸被扣上了"资产阶级孝子贤孙"的帽子，惨遭批斗，最后她不堪凌辱，跳楼自杀。身为国家副主席的宋庆龄连自己的表妹都保护不了，心情跌落到了极点。

表妹自杀带来的冲击还没完全消除，次年2月，宋庆龄又接到了小弟子安在香港病逝的噩耗。宋庆龄认为，子安是最了解她的家族成员。当年，子安从美国哈佛大学毕业归国时，特意选择了绕道德国柏林看望她，虽然他在欧洲只逗留了一周，却成了宋庆龄流亡海外时最大的安慰。

如今，最了解她的小弟离开了，宋庆龄怀着悲痛的心情亲拟唁电。1971年4月，大弟子文又在美国旧金山不幸去世。一连串的打击使年迈的宋庆龄郁郁寡欢，这也让她更加想念还在世的亲人。但是由于政治上的歧见，她与兄弟姐妹们的书信往来极少。

那段昏暗的岁月，宋庆龄不仅要承受失去亲人的痛苦，还要承受病痛的折磨。家族遗传的过敏性皮肤病以及年轻时便落下的关节炎一直困扰着她，虽经多方治疗，但还是没有办法痊愈。

1973 年，她又患上了胃病，神经性的皮肤炎也再次复发。那段时间，宋庆龄出现了脸部浮肿、全身长满红色脓疮等症状，让她痛苦万分。她在写给好友英国驻华大使夫人的信中，经常提起被疾病折磨的无限痛苦。

但是，比起病痛，最令她痛苦的还是"四人帮"的倒行逆施给国家带来的空前灾难，她不知这场浩劫何时才能结束，为此忧心忡忡。

1971 年 9 月 13 日，林彪叛逃，死于坠机。周恩来在毛泽东的支持下，接手主持中央日常工作，各方面工作也逐步走向正轨，但是周恩来提出要批判"左"的思潮的意见遭到抵制，"四人帮"依旧猖狂。不久，周总理病重，刚刚出现的一点阳光再次被阴云遮蔽。

1975 年，邓小平被重用，接手主持中央工作，进行了大刀阔斧的整顿，形势才得以好转，但是晚年的毛泽东并不赞成邓小平系统地纠正"文革"错误，发动所谓的"批邓、反击右倾翻案风"，全国再次陷入一片混乱之中。

毛泽东曾派江青看望宋庆龄，并向宋解释"文化大革命"之缘由。江青作为权倾一时的"第一夫人"，热衷于权力之争，是"四人帮"的核心成员。"文革"期间，她心狠手辣地迫害老干部，特别是迫害周恩来总理的行为让宋庆龄颇为气愤，甚至多次与亲近的人称江青为"泼妇"，甚至在写给好友的信中，称其为"那个无耻江青"。

1976 年对于中国人而言，是最为沉痛的一年。那一年，周总理、朱总司令、毛主席先后逝世，人民失去了靠山，里氏 7.8 级唐山大地震，造成 20 多万同胞遇难，山河共泣。

毛泽东逝世后，江青反革命集团开始加紧篡党夺权的阴谋活动。在这危急关头，以华国锋、叶剑英、李先念等为核心的中央政治局，采取果断措施，逮捕了"四人帮"成员江青、张春桥、姚文元、王洪文，"文革"大浩劫至此结束。

身在上海的宋庆龄听到"四人帮"被粉碎的消息后，多年紧皱的眉头终于舒展开来。宋庆龄返回北京后，后海的宋宅已经重新布置，百花争艳，一派生机。欢歌笑语代替了多年的清冷。邓小平夫人卓琳、彭真夫人张洁清以及国际友人、海外侨胞纷纷前往宋宅探望宋庆龄。

宋庆龄在接待外宾时，还风趣地用英文问客人："你们是否知道 four crabs（四只螃蟹）的故事？"这个故事说的是，在粉碎"四人帮"后，很多群众将"横行"的三只公螃蟹和一只母螃蟹拴在一起吊起来的故事，意在讽刺"四人帮"在"文革"期间的横行霸道行为。

1979 年，新中国成立 30 周年国庆前夕，宋庆龄发表了《人民的意志是不可战胜的》一文，历数了林彪、江青反革命集团的罪行，论述了粉碎"四人帮"的巨大意义。在文中，她还对台湾回归祖国的统一大业表示了极大的期望；而同一时期身在美国的宋美龄仍坚持反共复国的理论，还发表了"给廖承志的公开信"和"为劝告信服三民主义统一中国"公开信。

姐妹两人一直到老，都没有在政治上达成统一意见。

1981 年 5 月 29 日，宋庆龄因病在北京寓所逝世，享年 88 岁。遵照她的遗言，其骨灰安葬在上海外国公墓她的父母陵墓的东侧。

中国共产党、全国人大、国务院为她立碑铭文以表纪念：宋庆龄是爱国主义、民主主义、国际主义、共产主义的伟大战士。她为国家和人民所建树的丰功伟绩，将永载史册。

■ 邓小平、胡耀邦等向宋庆龄遗体致哀

宋庆龄去世后，华盛顿特区的中国大使馆曾向宋美龄发了讣闻，并希望她回大陆赴北京祭拜。然而，宋美龄在几经考量后拒绝了，姐妹两个至死都未能见上最后一面。

我们不知道年逾八十的宋美龄当时是如何想的，儿时亲密的一对姐妹花，如今却阴阳两隔，此种境遇，对于已逝的宋庆龄来说一定是一种莫大的遗憾，而之于宋美龄，她是否也曾感叹、后悔，已无从得知。

"失势女王"宋美龄：家族凋零，黯然淡出政坛

作为蒋介石的夫人，宋美龄在人们心中始终是一个传奇人物。这位跨越了三个世纪的女人，经历百年中国政治变迁，对近现代中国内政外交产生了重要影响。

她与蒋介石在 1927 年结合，并一直追随蒋介石，直至蒋于 1975 年去世。近半个世纪，在对外交往中都是以蒋介石为主角，宋美龄跟随其后。蒋介石去世后，宋美龄逐渐淡出台湾政坛，客居纽约，晚年仍关注台湾政局，反对"台独"。随着身边亲人一个个逝去，这位"失势女王"也于 2003 年走到了生命的尽头。

❖ 漂泊台美之间，心系台湾政坛

1949 年初，中国人民解放军乘胜追击国民党军队，经过三大战役，国民党被打得节节败退，北方大片土地回到人民军队手中，国民党军队退至长江南岸。

蒋介石见国民党军队如此不堪一击，想与共产党谈判，进行所谓的"划江而治"。蒋介石在南方整顿军队，准备守住长江天险。与此同时，他派夫人宋美龄赴美寻找"援助"。

宋美龄此次赴美的主要任务是向新上台的杜鲁门总统寻求帮助，希望他继续执行援华计划，具体事项有：第一，美国发表支持国民政府反共救国的

正式宣言；第二，美国派遣一个高级军事代表团来华主持反共战争的战略和供应的制定工作；第三，核准对华军事援助的三年计划，支付每年十亿美元的战备资金等。

宋美龄到达美国后，凭借出色的外交能力，参加了众多活动，希望不虚此行。但是时任美国总统的杜鲁门认为国民党大势已去，对美国已经没有多少利益可言，不再向蒋介石政权提供任何援助。宋美龄在美国屡屡碰壁，只好准备回国。然而，国内局势此时发生了重大改变，她也因此无法再重返中国大陆。

1949 年 1 月 21 日，蒋介石再次宣告下野，回到老家溪口操控大局，但当时大局已定，蒋介石已经无力回天。4 月 23 日，中国人民解放军冲破在沿江防御的国民党军队，攻占了国民政府首都南京，南京总统府上空的青天白日旗轰然倒下，蒋介石统治中国 22 年的历史正式宣告结束。

与此同时，蒋介石也已经做好了撤退准备，他之前早已在台湾岛开拓了一个所谓的"巩固台湾基地"。5 月初，南京政府高官、军人及家属先后分批次撤往台湾。8 月，蒋介石和蒋经国还特意从台湾飞抵成都，企图以西南地区作为"复兴的根据地"，但也只能算困兽之斗，不成气候。

■ 晚年蒋宋两人

12 月 10 日，蒋介石和蒋经国从成都飞往台湾，自此，蒋介石再也没有踏上大陆一步。宋美龄在美国一直住到 1950 年 1 月 10 日，才回到台湾与蒋介石会合，开始在这个陌生地方的全新生活。

当时美国人断言，在美国不出兵的情况下，台湾将在 1950 年被共产党占领。一时间，整个台湾人心惶惶，很多国民党党政要员争相逃往海外。

宋美龄见如此形势，急于替丈夫

分担一部分压力。到台湾之后，她积极投入到慰劳"海陆空三军"的工作中去。前线后方、军营眷区，到处可见她的身影。

宋美龄与蒋介石住在台北士林官邸，除了正常生活之外，宋美龄依然积极参加政治活动，在对共产党问题上，她也一直持反对态度。

1950年，宋美龄创办"中华民国"妇女反共联合会。1952年，圆山大饭店被以宋美龄为首组建的"财团法人台湾敦睦联谊会"接手经营。

■ 晚年的宋美龄和蒋介石
  在台湾

■ 1953年宋美龄在台湾阳
  明山接见遗族学校学生

1975 年 4 月 5 日，蒋介石在台北病逝，宋美龄认为，这"是自己一生最伤痛之事"。

蒋介石刚一去世，孔祥熙长子孔令侃就匆匆从美国返回台湾，准备与"夫人派"官员一起拥立宋美龄继任国民党总裁，此举遭到国民党中央秘书长张宝树的强烈反对。

4 月 28 日，国民党全体中央委员举行临时会议，修改党章，规定国民党最高领导人的称谓改为"主席"，党总裁的称谓永远为蒋介石保留，不再用于他人，会议推举蒋经国担任国民党主席兼中常委主席。这样一来，宋美龄的地位顿时变得十分尴尬。

蒋经国上台后，他与宋美龄之间早已存在的矛盾加深。失去了靠山的宋美龄，无力再与蒋经国抗衡，她孤独地在士林官邸生活了半年之后，于 1975 年 9 月离开台湾，飞赴美国疗养隐居。她或许没有想到，这一去就是11 年之久。

宋美龄在美国的寓所位于纽约长岛北岸的蝗虫谷，这是宋霭龄赴美后与其合资建造的。大姐去世之后，宋美龄便成为了寓所的主人，外甥女孔令伟只要在美国，大部分时间都会陪着她。

宋美龄的晚年生活恬淡自在，每天除了读书看报，就是练练书法，每周会去一次教堂做礼拜，偶尔接见来自台湾的访问团或美国友人，极少公开露面。

宋美龄赴美之前，姐夫孔祥熙（1967 年）、小弟宋子安（1969 年）、大哥宋子文（1971 年）、大姐宋霭龄（1973 年）先后去世，赴美之后，二姐宋庆龄也于 1981 年过世。

亲人的相继离世令宋美龄感到愈发悲痛与孤寂。但值得庆幸的是，虽然宋美龄膝下无嗣，但蒋孔两家的后辈们却时常会来看望她，如她的继子蒋纬国、外甥女孔令伟、外甥孔令杰、孙子蒋孝勇（蒋经国三子）等。

1976 年 4 月，台湾举办追念蒋介石逝世一周年活动，宋美龄乘专机返回台北参加，之后再度返美。1978 年 5 月，蒋经国正式接任"总统"，宋美龄没有回台参加蒋经国就职典礼。

宋美龄虽身居美国，但她对海峡两岸形势的关注度仍不减当年，与台湾有关人士亦保持密切联系，她在台湾政坛的影响力也没有完全消失。1986年，宋美龄以参加蒋介石百年冥寿纪念活动的名义返回台湾，重新住进士林官邸，这一次她选择了留下来。

❧ 回台参政，难以改变台湾政局

宋美龄再次回台湾长居，在台湾各界引发了巨大反响，人们纷纷猜测，她这次回来的目的究竟是什么。当时台湾的观察家分析："宋美龄返台，是因为蒋经国要表现台湾各方面的团结，调和与元老派、保守派之间的矛盾，商讨晚年接班大计。"

1986年10月31日，宋美龄发表了题为《我将再起》的文章，以此纪念蒋介石，当时便有人认为这是她"东山再起"的变相宣言。

蒋经国上台后进行了一系列改革，但是遭到了很多人的反对。为了支持蒋经国的政治革新，安抚国民党元老重臣，宋美龄陆续召集了台湾当局党政军高层人士，如国民党中枢决策核心成员俞国华、国民党新生代台籍政客骨干人物李登辉以及"行政院"各部会首长等。在宋美龄的组织与协调下，国民党当局高层领导间的关系有所缓和。

但是仍有人对宋美龄频频约见党政军高级首脑人物的做法感到不满意，他们认为这不符合台湾的政治体制，台湾著名的《雷声》周刊曾经评论说，宋美龄这种"不知自我节制的行为，实在有失进退之道，而且假如夫人的动机是出于企图展示政治实力，则又令人对政局发展感到忧心"。

1988年1月23日，蒋经国病逝，蒋家王朝在台湾的统治正式结束，台湾也由此进入了一个复杂、动荡的时代。台湾政局各阶层权力争斗火热，其中副总统李登辉的优势更加明显。宋美龄也认识到想要阻止李登辉继任总统已不可能，但为了避免台湾政坛出现权力过度集中、"总统"兼国民党"党主席"的局面，她不得不亲自出马协调组织，但是国民党中常会最后还是通过了由李登辉代理国民党主席的决定。

1988年7月7日，中国国民党举行十三大会议；8日，宋美龄亲临会场。由于身体不适，她请国民党中央委员会秘书长李焕代她宣读了题为《老干新枝》的讲话，部分内容如下：

> 目前正值紧要关头，老成引退，新血继之，譬如大树虽新叶丛生，而卓然置基于地者，则老根老干。于今党内白发苍苍，步履蹒跚者，不乏当年驰骋疆场之斗士或为劳苦功高之重臣，其对党国之贡献，丝毫不容抹杀，当思前人种树，后人乘凉。夫国之强，党之壮，赖有一定之原则，连续生存之轨迹，创新而不忘旧，前进而不忘本，当年国父如不建党立国则无今日之中华，台澎依旧日本殖民地，饮水思源发人深思。

这样富有政治意义的讲话被视为以宋美龄为首的"宫廷派"宣言，台湾各界对所谓的"老干新枝"论，并没有多少呼应，该论说的影响只延续了很短一段时间后便销声匿迹，并没有改变台湾政局结构。

宋美龄也认识到自己的话越来越没有分量了。接着，在她主持召开的国民党中央妇女工作干事会议上，她的亲信、国民党妇工会主席钱剑秋落选中常委，这意味着由她把持和控制了30多年的国民党妇工会也已彻底落入他人之手。

经过此番打击，宋美龄彻底淡出政坛，她再也不愿意过问台湾政局，但是在对美关系上，她还保持着一定的特殊影响力。

❀ 儿孙相继离世，令其悲痛不已

1991年9月21日，94岁高龄的宋美龄离开待了五年的台湾，再度回到美国"长期休养"。其实，宋美龄是不愿意离开台湾的，但是有诸多原因注定了她不能留在那里。

首先，当时台湾政局比较混乱，李登辉开始走"台独"路线，企图分裂"一个中国"，宋美龄坚决反对"台独"。她认为，台湾永远是中国的一部分，只不过在她眼里，这里的"中国"指的是"中华民国"。宋美龄虽然已经淡出政坛，但她依然坚持反对"台独"。

其次，宋美龄在台湾已经没有亲戚，蒋氏政权在台湾的统治也已经彻底成为过去。在台湾，她经历了"白发人送黑发人"的痛苦，1988年蒋经国病逝，1989年长孙蒋孝文去世，1991年孙子蒋孝武猝死，蒋氏在台湾政坛再也没有重新燃烧的希望。

再次，台湾的政治空气太过压抑，一连串的政治大武斗让宋美龄感到筋疲力尽，加之年事已高，身体状况本就不好，医疗条件相对发达的美国更适合她。

另外，很多人质疑宋美龄在台湾享有的特权，这是最直接的影响因素。在宋美龄回国之前，就有人提议要将闲置的士林官邸交公，她乘坐专机一事也被人指责，颇有诟病，因为蒋夫人已经没有任何公职，因而，离开台湾不失为宋美龄保全脸面的最佳选择。

1991年10月宋美龄赴美后，过起了平淡的暮年生活，亲情成为了她晚年最需要的东西。每逢重要节日，很多后辈们大都会聚集到纽约，同她一同欢度，如长住纽约的蒋纬国太太邱爱伦、孙女蒋孝章（蒋经国之女）一家、在美国工作的孙子蒋孝刚（蒋纬国之子）。在加拿大的孙子蒋孝勇（蒋经国幼子）几乎每年都前往纽约，拜见祖母一次，深得祖母喜爱。1993年，蒋孝勇一家从加拿大搬到旧金山，与宋美龄来往更加频繁。

另外，聪明伶俐的孔二小姐孔令伟从小就喜欢跟在姨妈宋美龄的身边，宋美龄将其视如己出，极为疼爱，两人亲如母女，宋在晚年也得到了孔令

■ 宋美龄与孔令侃（右）、孔令伟，1987年农历春节于士林官邸合影

伟的悉心照顾。性格古怪的孔令伟终生未嫁,她与宋美龄两人结伴,相依为命。

1992 年夏,宋美龄的外甥孔令侃辞世;1994 年,宋美龄视同亲生女儿的孔令伟去世;1996 年底,她心爱的孙子蒋孝勇病逝;1997 年 9 月,宋美龄的继子蒋纬国在台湾病逝。儿孙相继离世,令宋美龄悲痛不已。

1994 年孔令伟因直肠癌过世后,宋美龄为了就医和生活方便,搬到了纽约曼哈顿约克大道与 84 街交界处瑰喜广场的一个复式公寓。这里都是孔家在美国的房产,由孔令仪负责姨妈的生活起居。当时,虽然台湾当局也派有服务人员服侍宋美龄,但家务私事的处理权,宋美龄只交给孔令仪。任何有关宋美龄的拜会活动,也都要经过孔令仪这一关。

❧ 百岁寿宴,万人瞩目

1997 年 3 月 20 日,宋美龄迎来了她的百岁华诞。台湾当局和台北民众十分重视,除了在台湾岛内举行庆祝活动之外,还组织了"中华妇联会代表团"、华兴中学及育幼院组成的师生代表团、"中国国民党祝贺蒋夫人百岁华诞代表团"等三个代表团前往纽约宋美龄寓所祝寿。远在美国的宋美龄为这次庆祝活动定了这样一个原则:控制规模,不搞声张,外严内松。

■ 宋美龄百岁寿辰

3 月 17 日下午 6 时,"中国国民党祝贺蒋夫人百岁华诞代表团"一行 12 人,由副主席、"总统府资政"俞国华率领,飞赴纽约为宋美龄拜寿。18 日晨,代表团抵达纽约,在肯尼迪机场受到侨胞代表的热烈欢迎。

当天晚上,由国民党及纽约侨界共同主办祝寿餐会,由数十侨团代表共 800 多侨胞参加,由于参加人数太多,餐会分别在两个餐厅举行。据台湾随行记者刘元章报道:

纽约侨界为祝贺蒋夫人宋美龄女士百岁高寿，特于18日晚在华埠喜万年及喜运来酒楼举行祝寿晚宴，并招待中国国民党祝贺蒋夫人百秩华诞代表团人员，筵开80席，祝寿活动达于高潮，情况热烈。

　　为祝贺蒋夫人百岁生日，大纽约地区侨界人士及侨团除于17、18日纷纷前往设在纽约华夏文化中心的寿堂拜寿外，18日晚并举办祝寿晚宴，在纽约中华公所主导下，有数十侨团代表及个人共八百余人参加，并备有一个十层高的巨型蛋糕为蒋夫人祝寿。总之，整个餐会在充满喜气的热闹声中顺利进行。

　　这次随团前来的台北市华兴中学及育幼院，是由宋美龄当年亲手创办的。在宋美龄百岁华诞来临之际，华兴中小学及育幼院（前身为遗族学校）组成的师生代表团前往纽约祝寿。台湾《中央日报》记者黄以敬报道：

　　华兴中学及育幼院全体师生昨日（3月15日）上午举行蒋夫人百岁高寿祝寿典礼，数百位在校及退休或毕业师生难得齐聚一堂，向这位创校"母亲"表达敬意。

　　学生们高声朗读蒋夫人华诞颂词："敬爱的夫人，您用无比的仁心、无比的爱心看顾我们，您是慈祥的母亲，也是勇敢的斗士，更是自由的守护神……我们满心欢喜，愿上帝保佑您永远健康快乐、祝福您'福比东海深、寿比南山高'。"对于这些还在学校，已进入社会，但均接受过蒋夫人帮助的学生而言，无论是称"蒋妈妈"或是"蒋奶奶"，事实上，蒋夫人的恩惠及关心确实像南山般高、像东海般深，没有人稍或忘怀。

　　从这两则报道中可以看出这次生日聚会的场面之盛大，以及各界对宋美龄的尊重。宋美龄也享受到了晚年最大的快乐，以及此生最大的满足感。

　　3月23日，宋美龄的家人单独聚在一起为她举行百岁寿宴。宋美龄频频举杯致谢："恭备薄酒一杯，不言尽在酒中。"这位百岁老人雍容华贵、高雅慈祥的风姿丝毫不减当年。

■ 宋美龄在百岁生日时，
接受台湾当局的寿礼，
中为孔令仪

　　百岁生日之后的每年生日，社会各界都很关注，在惊叹这位神奇老人如此长寿的同时，台湾当局每年都会派人前往美国为宋美龄祝寿。

　　2003年3月20日是宋美龄106岁华诞，华兴中文学校早早就开始筹办庆祝活动，然而就在此时，从美国传来了宋美龄病重的消息，台湾"妇联会"临时决定打破惯例不去美国贺寿。于是，宋美龄在后辈亲人们的陪伴下，在美国纽约的寓所度过了她的106岁生日。

　　照顾姨妈宋美龄是孔令仪晚年最重要的事情之一。为了给姨妈最好的照顾，孔令仪很多年都没有离开过纽约。她还经常陪宋美龄外出散步、聊天，两人的关系特别亲近。可以说，宋美龄能活到100多岁的高龄，与孔令仪的精心照顾是分不开的。

　　美国东部时间2003年10月23日晚11点，弥留之际的宋美龄抬眼看到孔令仪就守在身边，才放心地闭上双眼，于睡梦中平静地离开了这个世界。

　　尽管宋美龄生前表示不希望葬在美国，但她却于十多年前在纽约北郊芬克里夫墓园选购了一处墓室。该墓室内有六个墓穴，她的墓室紧挨着大姐宋霭龄、姐夫孔祥熙的墓室。孔氏夫妇的子女孔令侃、孔令伟、孔令杰也都安放在那里。

❖ 辞世后，世界都在议论她

宋美龄逝世后，海内外各界对她进行了多方面的评价。这些评价有些来自官方，有些来自民间，还有的来自学术界和政界。世界各个媒体都在第一时间做出了相关报道。

在她晚年生活的美国，《纽约时报》、美联社、CNN、《时代》等主流媒体在显著位置报道了宋美龄逝世的消息。同时，欧洲和亚洲很多国家的报刊，也制作了宋美龄逝世的专题消息。

宋美龄逝世的消息传到台湾，出现了不同的声音。台湾东森电视台直播了"立法院"当天下午开会的实况。会议上，主持人提议全体起立，为宋美龄默哀一分钟，表示最深切的哀悼。但是刚刚结束默哀仪式，会场便出现了一些状况。

一名"立委"跑上讲台，问主持人："宋美龄对台湾经济建设和民主建设有何贡献？"主持人竟回答道："我也不知道。"接着又有三位"立委"提出类似的问题，主持人都无言以对，会场的人们开始骚动起来，导致直播中途停止。

蒋家人则对宋美龄的过世都很难过。当天，在国民党中央党部，蒋介石的孙媳妇蒋方智怡宣读《悼念声明》时，几度哽咽，并表示她将于第二天飞赴纽约处理后事。蒋经国的遗孀蒋方良也在家人的陪伴下，到蒋介石纪念堂临时设立的宋美龄灵堂处致哀。

同一时间，在美国洛杉矶访问的国民党主席连战得知宋美龄去世的消息后，立即赶赴纽约。台湾当局通过决议，台湾总统府决定连续三天降半旗以表哀悼，台湾当局"总统"陈水扁还致送"国旗"覆棺。据台湾传媒报道，陈水扁的这项"诚意"遭到宋美龄的孙媳蒋方智怡的拒绝。她看到这个"国旗"情绪非常激动，明确表示宋美龄女士一生信仰一个中国的思想，绝不能让不为宋美龄认同的人为其覆旗。在美国的连战也准备了国民党党旗，只是后来宋美龄已经入殓，覆棺仪式并未举行。

中共中央也第一时间做出了反应，时任全国政协主席的贾庆林发出唁电，高度评价宋美龄女士"曾致力于中国人民抗日战争，反对国家分裂，期盼海峡两岸和平统一、中华民族兴盛的历史功绩。"中央及地方各地报纸，都转发了这条消息。

海峡两岸关系协会会长汪道涵于 2003 年 10 月 25 日发唁电给宋美龄女士在纽约的亲属，并评价宋美龄说："宋女士一生历经世事沧桑。半个多世纪前，民族危亡存续之时，投身全民抗战。晚年萦怀两岸关系，期望国家统一、民族昌盛。"

民间也做出了反应，大多数民众对宋美龄的悼念都是相当真诚的。

在大多数历史学家看来，宋美龄对国家还是有一定贡献的。致力研究中华民国史的著名历史教授、历史学者陈谦平曾说："宋美龄的去世标志着一个时代的结束。"

大陆民众对宋美龄的看法褒贬不一。他们认为宋美龄的功绩应一分为二来看，抗日战争中争取美国援助，坚决反对李登辉"台独"，真心爱国等都是值得肯定的，但是抗日战争时期，孔、宋两大家族的财团势力大发国难财，欺压百姓，使广大百姓生活在水深火热之中，这些卑劣行径，是全中国人民无法忘怀的，历史也不会忘记。

宋美龄漫长的一生，有顺应历史潮流的，符合民族和人民的，也有阻碍历史前进，违背人民意愿的。不管怎样，她用一生书写了一段传奇历史，功过是非留予后人评说。

第六章

华章落幕，飘散在历史风中的爱恨纠葛

宋霭龄与三妹的姐妹情

在宋氏姐妹中，宋霭龄是最精明能干、最懂人情世故的一位。1914 年 9 月，她与孔祥熙结婚。婚后，她不再像之前那样锋芒毕露，而是想尽办法让丈夫尽快出人头地。她协助丈夫参与各项活动，成为一名"贤内助"。与此同时，还一直关注政治走向。

1916 年初，袁世凯称帝。这一倒行逆施的行为，引起了国人的强烈反对。宋霭龄想出了一条反对袁世凯行为的计谋，她与孔祥熙一起创作了篇幅很短却言辞犀利的《上袁世凯书》，随后这篇文章以孔祥熙的名义发表在报纸上，受到了众人的瞩目，也为他以后的发迹奠定了重要的基础。

宋霭龄在帮助丈夫树立良好政治形象的同时，还为孔家留下了四个子嗣，1915 年 9 月，孔祥熙的长女孔令仪出生；1916 年 12 月，长子孔令侃出生；1919 年，次女孔令伟出生；1921 年，次子孔令杰出生。由于宋霭龄与宋美龄的感情很好，因而她的子女与这位小姨的关系也十分亲密。

宋氏兄弟姐妹中，宋霭龄与宋美龄两人联系得最多，感情极好，也正是因为此，宋霭龄成了促成蒋宋联姻的超级红娘。为了宋霭龄，为了孔氏家族，宋美龄曾与蒋介发生过争吵，还负气出走过。

事情的起因是宋美龄看到了蒋介石在日记中写到了对孔祥熙的不满，而且提到希望行政院长一职由宋子文来担任，宋美龄当然希望这一职位由孔祥熙来担任，因此两人产生了分歧。

"委座之病，唯宋（美龄）可医；夫人之病，唯孔（霭龄）可医；孔之病（孔家贪腐）则无人可治。"这是蒋介石的侄孙蒋孝镇对戴笠说过的一句话。由此可见，宋霭龄对宋美龄的影响确实很大。

宋庆龄反蒋，而宋霭龄与宋美龄则是蒋介石派。宋美龄与宋霭龄的关系非常好，直接影响到了蒋介石与宋霭龄之间的关系。蒋介石在自己的日记中每每提起宋霭龄，都会表现出浓浓的亲情，他在日记中称宋霭龄为"大姐"，而将宋庆龄称为"孙夫人",可见对宋霭龄的尊重非同寻常,以至有人怀疑,在政治的问题上,蒋介石对宋霭龄的信任,甚于信任自己的妻子宋美龄。

1912年12月,蒋介石与宋美龄结婚后不久,曾与宋霭龄、宋子文就宋子文出任南京国民政府的职位问题进行商讨。此后蒋介石在日记中这样写道:"下午假眠后,访冯夫人……晚餐后访大姊,谈时局,彼甚以余游息为虑,且轻视之,其实不知鸿鹄之志也。"

由此可见在蒋介石的日记中,宋霭龄一直以一位有思想、善于决断且充满人情味的大姐身份出现。

1940年,宋美龄到香港疗养,她抵港后,宋霭龄马上将其接到了自己的住所。1942年前后,宋美龄与蒋介石的感情遇到前所未有的危机,宋美龄伤心之时,找的第一个人也是大姐宋霭龄。1947年,宋霭龄去美国之前,做的最后一件事情是拜访留在南京的三妹宋美龄。

国民党败退以后,宋美龄随蒋介石一起去了台湾。虽然人在台湾,却依然没有忘记远在美国的大姐,两人依然保持着联系。

这种姐妹情深还影响到了下一代,宋霭龄的次女,人称"孔二小姐"的孔令伟在任何人面前都桀骜不驯,唯独和自己的小姨宋美龄情同母女,后来还干脆认宋美龄做了干妈。

在宋霭龄的几个孩子中,宋美龄最疼爱的是次女孔令伟,最亲近的是长女孔令仪。1991年,宋美龄离开台湾,定居纽约。随后孔令仪便主动承担起了照顾小姨的责任,在平静的生活中,俩人常会一起散步,谈天说地,为照顾小姨,孔令仪一直没有离开过纽约。甚至可以说,宋美龄之所以能活到100多岁,与孔令仪无微不至的照顾是分不开的。

散播宋庆龄婚嫁谣言

在蒋介石与宋美龄的婚事上,宋庆龄始终持反对态度。但即便如此,蒋介石与宋美龄还是在1927年12月走进了婚姻的殿堂。当然亲情是割不断的，虽然政治上有分歧，但当宋庆龄听说蒋介石与宋美龄度蜜月时，身在苏联的宋庆龄还是暗自为妹妹祈祷，希望她能获得幸福。

就在这个时候，一支蓄谋已久的政治暗箭射向了远在苏联的宋庆龄。有人散布谣言，称她的苏联之行其实是为了与陈友仁结婚。这个谣言对宋庆龄的身心造成了很大伤害。

❀ 坚持孙中山三大政策，与国民党当局决裂

1925 年 3 月 12 日，孙中山去世，宋庆龄则成了"联俄、联共、扶助农工"三大政策的坚决奉行者和维护者。

1927 年 4 月 12 日，蒋介石下达密令："已光复的各省，一致实行清党"，并率先在上海发动政变。4 月 22 日，宋庆龄同董必武、毛泽东、恽代英、林伯渠、何香凝、经亨颐、吴玉章、彭泽民等 40 人联名发表了《讨蒋通电》，具体内容为：

> 凡我民众及我同志，尤其武装同志，如不认革命垂成之功，堕于蒋介石之手，唯有依照中央命令，去此总理之叛徒，本党之败类，民众之蟊贼。

在这一情况下，汪精卫从欧洲回国，并在 7 月 15 日举行的国民党中央常务委员会第 20 次会议上宣布"分共"决定。参加这次会议的人员中没有一位共产党人，宋庆龄也没有参加，她在 7 月 14 日公开发表了《为抗议违反孙中山的革命原则和政策的声明》：

> 本党若干执行委员对孙中山的原则和政策所作的解释，在我看来，是违背了孙中山的意思和理想的。因此，对于本党新政策的执行，我将不再参加。为了在中国革命中指导我们，孙中山把三民主义和三大政策交给我们。……当俄国还在沙皇铁蹄之下的时候，孙中山就已经倡导中国的土地革命了。难道他是外国阴谋的工具吗？

自此宋庆龄正式与当局决裂，并于 7 月 17 日离开武汉回到了上海的莫利哀路中山故居。

当时的蒋介石正在追求宋美龄，得知宋庆龄回到上海，蒋介石误以为她是来投靠自己的，于是一再发函邀请她加入南京国民政府，以提高自己的威望。

7 月 25 日，蒋介石委派何应钦去拜访宋庆龄，表达"欢迎其到宁之意"，遭到宋庆龄的拒绝。为了拉拢宋庆龄，蒋介石开始四处散布谣言，称宋庆龄准备加入南京国民政府。当记者向宋庆龄求证时，她坚定地说，只要国民党的政策一天不变，她就不会参加任何活动。

宋庆龄的话彻底激怒了蒋介石，令蒋介石产生了杀意，多亏宋美龄的及时劝阻，才避免了一场悲剧。但蒋介石虽放弃了对宋庆龄的暗杀，却令人对其进行严密监视。

就在蒋介石意图拉拢宋庆龄的时候，苏联最高当局也在积极争取宋庆龄，当时宋庆龄受到南京国民政府方面的迫害，知道自己难以在上海立足，便有了前往苏联的打算，而且孙中山在弥留之际也曾委托她去苏联拜访一下那里的革命同志。

8 月 22 日，宋庆龄发表了《赴莫斯科前的声明》：

> 由于三大政策使各种力量相互结合，国民党才能结束十年来广东的混乱局面，创建了并供应了革命军队，大举北伐，……虽然有些人已经投靠了反动势力与反革命，但是，还有许多人将继续忠于孙中山为指导与推进革命工作所制定的三大政策。因此，我要亲自到莫斯科说明这一点。

宋庆龄赴苏的行为遭到了宋氏家族的一致反对，宋氏姐妹兄弟及母亲倪桂珍都表示，他们支持宋庆龄到西方任何一个国家，但苏联除外。宋庆龄的态度十分坚决，表示自己除了苏联以外什么地方都不会去。

眼看谁都劝不了倔强的宋庆龄，无奈之下，宋子文只得偷偷对宋庆龄说："二姐，我不是阻止你，我只想告诉你，现在外面风声很紧。如果你真的要去苏联，最好及早离开，而且一定要保密。"宋子文离开之后，宋庆龄开始着手办理相关手续。

为了让自己的行动不外泄，宋庆龄委托好友雷娜·普罗美去帮自己办理出国的手续。时任《人民论坛报》主编的普罗美亲自到上海的苏联总领事馆，为宋庆龄安排了这趟苏联之旅。

除了宋庆龄与好友两人以外，赴苏的还有吴之椿、陈友仁及他的两个女儿。一般而言，如果要办理几个人的手续会遇到困难，但由于得到了苏联当局的允诺，因此办理手续的时候十分顺利。

❖ 拜访苏联，遭遇"桃色新闻"

1927 年 8 月 23 日凌晨，在雷娜的帮助下，宋庆龄顺利离开了莫利哀路中山故居，随后上了早已等候在法国公园附近的车，一行人在黄浦江登上一条小船，经过几个小时的航行，成功抵达吴淞口，转乘一艘苏联的货船。

9 月 6 日，宋庆龄抵达莫斯科。当时火车站的站台上早已挤满了人，到车站迎接她的是苏联外长李维诺夫、苏联驻中国大使加拉罕及中国侨民代表、共青团代表、莫斯科中山大学学生、工人、农庄庄员等，场面极为壮观。

作为苏联的国宾，宋庆龄被安排在俄国糖业巨子居住过的宅第——"糖宫"。宋庆龄在这里度过了一段美好的时光，却没想到关于她的婚嫁谣言正悄悄地向她逼近。

最早登出宋庆龄与陈友仁婚讯的是英国的《每日邮报》。9 月 28 日，美联社向全世界播发了一条电讯：

> 伦敦，9 月 28 日，在中国的国民革命运动中，爱情之神看来再一次把战争之神争取过来了。伦敦《每日邮报》驻里加记者援引一条据说是苏联官方的电讯说，"前国民党外交部长陈友仁和国民党之父孙中山的遗孀已在莫斯科结婚"。这家报纸报道说，这对新夫妇想要用发动一

场新革命的办法在中国度过他们的蜜月，还说第三共产国际将资助他们的活动。

随后，中国、美国、比利时等许多国家都将这条"桃色新闻"登在了报纸上。宋庆龄的好友普罗美从报纸上看到了这条新闻，没敢告诉宋庆龄，"桃色新闻"的主角之一陈友仁也叮嘱她一定不能让宋庆龄知道这件事情。

然而当宋庆龄从高加索旅行回来以后，很多信以为真的人却跑到宋庆龄面前，恭喜她有了新伴侣，此时宋庆龄才知道自己"被结婚了"。由于承受不了打击，宋庆龄一气之下晕了过去，身体健康也受到了影响。

这条"桃色新闻"，严重损害了宋庆龄个人的名誉，她平复了心情之后，马上清醒地意识到这是一场政治阴谋，阴谋背后的人想将她与孙中山的名字分裂开来，妄图以此削弱捍卫孙中山主义的战斗力量。

想到这里，宋庆龄立刻发电报到上海的宋宅，要求亲人让最早播发这条"桃色新闻"的英国《每日邮报》出面澄清事实，并表示如果《每日邮报》不能给她一个满意的答复，她就会采取法律手段。

当时上海的各主要报纸也刊登了类似的消息，大致内容是：日前出发去苏联的宋庆龄是为了与陈友仁私奔。宋子文看到这个消息后十分生气，为证明二姐的清白，他主动找来媒体记者进行辟谣，并同时做好了起诉的准备。

人们都知道，宋庆龄当时之所以能与孙中山结婚，是因为她私奔到了日本，现在又用"私奔"一词，可见制造谣言的人确实别有用心。

宋霭龄去看望宋美龄时，宋美龄正大骂制造谣言中伤二姐的人，她发现大姐的反应很奇怪，于是逼问宋霭龄是否知道制造谣言的人是谁。宋霭龄不置可否，但这个谣言就像一个祸根，为宋庆龄日后的生活埋下了隐患。

"文革"期间，谎言诬陷泛滥成灾，一些红卫兵更是大肆重复这个谣传，甚至还添油加醋一番。上海的红卫兵们将宋氏父母的墓地砸毁了，北京的造反派也曾冲击过宋庆龄的住所。幸好当时周恩来及时保护了当时已经74岁的宋庆龄，将她从困境中解救出来。

■ 沉稳严肃的陈友仁

❧ 宋庆龄与陈友仁，革命战友情谊重

作为"桃色新闻"中的男主角，陈友仁跟宋庆龄之间到底是什么关系呢？

陈友仁原是孙中山的部下，他十分尊重宋庆龄，甚至还担任过她的私人代表。1927年4月，宋庆龄和陈友仁等人联名发表了《讨蒋通电》，而7月15日举行的国民党中央常务委员会第20次会议上，宋庆龄并未出席，为表明自己坚决反对分共的态度，她让陈友仁代表自己在会议上作了发言。

同年8月，宋庆龄访问苏联，陈友仁一同随行。到达苏联以后，宋庆龄经常和陈友仁就中国革命的问题进行商讨，两人也因此成了莫逆之交。但是让人颇感遗憾的是，1931年陈友仁回国后，竟然与汪精卫、孙科等人走到了一起，还担任了广州国民政府委员兼外交部长的职务。

陈友仁的这种行为，与宋庆龄和国民党彻底决裂的态度明显相违背。1932年，宋庆龄在给陈友仁妻子张荔英写信时，表明了自己对陈友仁的态度，她在信上说："我可能有过的对他的任何幻想都破灭了。"自此两人断交。

宋庆龄与陈友仁断交以后，陈友仁给宋庆龄写了许多封信，在信中说自己并没有联蒋反共，依然坚持孙中山的三大政策，支持抗日统一战线。在陈友仁的多番解释之下，宋庆龄原谅了他，与陈友仁夫妇重新恢复了信函往来。

1938年，宋庆龄与陈友仁等人联名通电重庆国民政府，提出抗战四项原则。震惊中外的皖南事变发生后，宋庆龄与陈友仁等人再次联名致电蒋介石，对他的行为予以斥责。

由此看来，宋庆龄与陈友仁之间有的只是革命战友情谊，自从孙中山去世以后，宋庆龄一直以孙中山的遗孀的身份生活着，从未再议婚嫁，直到她离开这个世界。

❖ 宋庆龄拒与孙中山合葬的原因

1925年3月12日，孙中山病逝于北京，几个月后，孙中山的好友廖仲恺遇刺中弹身亡。廖仲恺和夫人何香凝均为最早的同盟会成员，同时也是孙中山的朋友与助手。孙中山临终前，曾将宋庆龄托付给何香凝照顾，宋庆龄和何香凝关系非常密切，何香凝的孩子一直用"叔婆"或者"安娣"（aunty）来称呼宋庆龄。

1972年9月1日，何香凝去世。临终之前，她希望能够与丈夫"生同寝，死同穴"。1981年5月29日，宋庆龄去世。许多人猜测，宋庆龄可能会像何香凝那样与丈夫合葬。然而令人意想不到的是，宋庆龄既没有选择与孙中山合葬，也没有选择葬在中山陵，而是选择安葬在万国公墓的宋氏墓园。

宋庆龄去世前几个月，照顾她长达53年之久的李燕娥因病去世。当时，宋庆龄给自己的私人秘书画了一张草图，图上标明宋庆龄与李燕娥的墓碑放在宋氏夫妇合葬墓的左右等距，由此可见她之所以葬在宋氏墓园完全出于自己的遗愿。

这件事让后人有了不少猜测，1922年"中山舰事件"前，宋庆龄与孙中山已结婚七八年之久，但国民党内的一些人士却一直没有承认宋庆龄"孙夫人"的身份，而是称她为"宋小姐"。虽然后来这种"称谓"没有了，但"名分"问题一直暗暗存在。

1949年，处于"政治弥留"之际的一些国民党当权派别有用心地四处宣扬，说孙中山的前妻卢慕贞才是真正的孙夫人，宋庆龄为此曾表示："他们可以说我不是孙夫人，但没有人能够否认我是父母亲的女儿。"也许，这是她决定在过世后与父母葬在一起的原因之一。

为悼念宋庆龄，廖承志曾在她逝世后的

■ 晚年气度雍容的宋庆龄

第三天写下了《我的吊唁》，文中这样写道：

> 她一生地位崇高，但她从未想过身后作什么特殊安排。台湾有些人说，她可能埋葬在南京紫金山中山陵，她想也不曾想过这些。中山陵的建造构思，她不曾参与过半句，也不愿中山陵因为她而稍作增添，更不想为此花费国家、人民的钱财。

或许廖承志所谈到的，正是宋庆龄拒与孙中山合葬的重要原因。

宋美龄与蒋介石的"情感红灯"

随着蒋介石官位的提高，他的妻子也在不断更替，从毛福梅、姚冶诚到陈洁如。再后来，为了在政途上走得更远，他又找到了能够助他一臂之力的宋美龄。在与宋美龄的这场政治联姻中，爱情其实未必有多少，因为在他们之间曾亮起过"情感红灯"。

❖ 蒋纬国引发了蒋宋之间的情感危机

1937 年 10 月 23 日，宋美龄在去上海前线视察的路上遇到空袭，被从车里甩了出来，摔断了肋骨。虽然后来肋骨接上了，但却落下顽疾，常常隐隐作痛。更不幸的是，她在治疗的过程中还患上了荨麻疹与失眠症。

1940 年，宋美龄赴港疗养身体。1940 年 9 月 21 日，蒋介石在日记里这样写道：

> 妻工作太猛，以致心神不安，脑痛目眩，继以背疼、牙病，数症并发，渝无良医，亦不愿远离重庆。以被敌机狂炸之中，如离渝他往，不能对人民，尤不愿余独居云。此三年来战争被炸之情形，其心身能持久不懈，实非其金枝玉叶之身所能受，不能不使余铭感更切也。

10 月 17 日，蒋介石派长子蒋经国赶赴香港，此次赴港蒋经国身负重任，一是探望宋美龄的病情，二是迎接即将留学回国的弟弟蒋纬国。蒋介石原本希望宋美龄能和两个儿子一起回到重庆，但宋美龄却说要在蒋介石阳历生日那天回渝。

蒋介石的阳历生日是 10 月 31 日，然而这天宋美龄并未如约回渝，也没有提前致电蒋介石，这让蒋介石焦躁不安，幸好两个儿子围绕在旁，冲淡了些许焦虑。直到 12 月 24 日，宋美龄依然没有回到重庆，对此蒋介石在日记里这样写道：

> 三年来圣诞前夜，以今日最为烦闷，家事不能团圆，是乃人生唯一之苦痛。幸纬儿得以回来陪伴，足慰孤寂，得闻家乡情形，聊以解愁。

自此以后，蒋介石在日记里记载的都是抑郁、愁闷与孤寂。1941 年 2 月 4 日，宋美龄将自己"不返渝"的消息告诉蒋介石，两人在婚后 14 年最终爆发了一场感情危机。

同年 2 月 9 日，蒋纬国去"党政训练班"学习，三天后宋美龄回到了重庆。这时蒋介石意识到，自己之前的婚姻一直是宋美龄心中的结，他在 2 月 25 日的日记中这样写道：

> 家中之事，不能与家中之人直道，同家亲人不得晤面，是为余一生最大之遗憾，然亦惟有勿忘勿助，以待其自觉。家事切不可强勉而行，自信修身无亏，上帝必加眷顾，终能使我家母子亲爱，家庭团圆耳。令纬儿离重庆赴赣。

3 月 27 日，蒋纬国从江西回到重庆。蒋介石在蒋纬国回来之前或许已经做好了宋美龄的心理工作，因而蒋纬国的拜母之礼进行得十分顺利，母子相谈甚欢。从此以后，每当蒋介石看到宋美龄与蒋纬国相处融洽的时候，就会十分高兴。

1943 年 11 月，宋美龄作为蒋介石的秘书和翻译陪他一起参加了开罗会议，会议结束后他们和蒋纬国在蓝溪相会，之后三人一起回国。12 月 1 日，蒋介石在日记里这样写道：

> 登机视纬儿犹熟睡，颇安。以彼于下午忽发疟疾，热度竟至百零二度以上，见母子谈话与母询问儿病，亲爱之情，引为余平生第一之乐事。

由此可知，宋美龄与蒋纬国母子关系曾是蒋介石的心病，而母子二人相亲相爱，则是他人生中最大的乐事。

❖ 宋美龄智赶蒋介石的秘密情人

引发蒋介石与宋美龄情感危机的不仅是蒋纬国的身世，还涉及一位名叫陈颖的女子。

蒋介石在与宋美龄结婚之前，经常在外拈花惹草，自从遇到年轻的宋美龄，就开始有所收敛。然而自从战役打响以后，蒋介石的势力越来越大，再加上此时宋美龄越来越老，所以蒋介石遇到年轻的小姑娘后，难免会多看几眼。

步入更年期以后，宋美龄的身体及心理都发生了很大变化，再加上她又得了麻疹，所以十分爱护自己形象的她十分排斥蒋介石的碰触，后来干脆住到了宋霭龄的家里。

一天，蒋介石在戴笠的陪同下到陈立夫家做客，俩人刚刚就座，一位皮肤白皙，身材修长的少女就为他们端来了茶水。看到这个亭亭玉立的少女，蒋介石马上着迷了。

一看蒋介石的神情，陈立夫赶紧为他们作了介绍，原来这个美丽的少女是陈立夫的侄女陈颖，刚刚从美国留学归来。蒋介石对陈颖十分满意，戴笠最会看人眼色，他知道蒋介石看上了陈颖，也知道最近宋美龄不在蒋介石身边，于是不失时机地建议道，由陈颖来担任蒋介石的英文秘书。

戴笠的建议说到蒋介石的心坎儿里去了，陈立夫也是个聪明人，知道这是一个巴结蒋介石的好机会，便立刻将陈颖叫到了蒋介石的身边，让蒋介石看看她是否能胜任秘书的职务。

陈颖自小出生在陈家，也是一个人精，自然看得懂蒋介石的眼神。对于担任蒋介石秘书一事，她一口答应下来。

这时的宋美龄并没有察觉蒋介石有外遇，她经常外出视察，慰问伤员，虽然有时也会和蒋介石一起

■ 擅长外交，聪慧精明的宋美龄

出席各种活动，但由于两人在一起的时间比较短，所以很难从蒋介石这样一个游戏花丛的高手身上看出端倪。

宋美龄没察觉，但大姐宋霭龄却看出了疑点。宋霭龄发现陈立夫最近春风满面，好像遇到了什么喜事，于是通过情报系统对此事进行了侦察，最后竟查到了蒋介石出轨。

宋霭龄暗想，陈颖背后的靠山是陈家，陈系的势力不容小觑，且陈立夫、陈果夫和孔祥熙一直积怨较深，陈颖不仅出过国留过学，还很有手段，如果她真的取代了宋美龄的位置，不仅宋美龄会痛苦，就连孔宋两家也会因此而失势。

一番思考之后，宋霭龄赶紧将此事告知了宋美龄，让她搬回家中。几天之后，宋美龄哭着来到宋霭龄家中，一会儿说要与蒋介石离婚，一会儿说要把蒋介石与陈颖的事公布于众。待宋美龄情绪平静下来后，宋霭龄开始分析利弊：

第一，一定要维护蒋介石在世人面前的形象，因为形象不仅仅属于他个人，同时还关系到整个宋氏家族；第二，不能破坏蒋宋联姻，因为这关系

到宋孔两家的利益；第三，陈颖背后有靠山，她与平民百姓或者烟花女子不同，因此应该善待。最后，拔草要除根，一定不能让陈颖有卷土重来的机会。

在大姐的开导下，宋美龄明白了应该怎么做。她在蒋介石离开陈颖的住处后，就找上了陈颖。陈颖吓坏了，生怕宋美龄会想办法治自己。没想到宋美龄不仅没有斥责她，反而像对后生晚辈那样开导起她来。陈颖为自己的行为感到羞愧，也被宋美龄的大度折服，她请求宋美龄为自己指明一条路。

宋美龄将自己的小坤包打开，将自己早已准备好的护照、机票以及一张50万美金的支票拿了出来，一并交给了陈颖。第二天早晨，陈颖收拾好行李后就离开了重庆。

蒋介石发现陈颖不见了，十分生气，但又不能闹得人尽皆知，尤其是在宋美龄面前，更是得小心翼翼。后来蒋介石从陈立夫那里得知陈颖去了华盛顿，深知想要陈颖再回到身边当秘书是不可能的，况且因为一个陈颖而影响自己与宋美龄之间的关系也不值得。就这样，一段露水情缘不了了之了。

❖ 蒋介石与陈洁如鸳梦重温

宋美龄终于将陈颖这个情敌赶走了，原本以为蒋介石会因为这件事而收心敛性。令她想不到的是，刚刚走了一个陈小姐，又来了一个陈小姐——蒋介石的前妻陈洁如。

陈洁如从 1921 年嫁给蒋介石，到 1927 年被迫离开，与蒋介石一同生活了七年。这个出生在浙江镇海的女人从遇到蒋介石到被蒋介石抛弃一直都深爱着蒋介石，她十分善良，对蒋介石的两个儿子蒋经国与蒋纬国视如己出，不仅得到了蒋氏兄弟的敬重，与蒋介石的感情也大大加深。嫁给蒋介石以后，陈洁如一直没有生育，后来收养了一名女婴，起名为"瑶光"。

1926 年底到 1927 年初，"汉口政府"与南昌的北伐军总司令部就"国民政府"迁都一事发生了冲突。蒋介石为了将设在汉口的国民党中央拖垮，争取宋氏家族财力上的支持，听从了宋霭龄与孔祥熙的建议，决定进行蒋宋联姻。

随后，蒋介石将自己与宋家的联姻计划告知了陈洁如，希望她能够牺牲小我，去美国留学。陈洁如看到蒋介石谋划许久，再无更改的可能，万般无奈之下，只好选择去留学。

■ 蒋介石与陈洁如的合影

1927年8月，陈洁如搭乘美国大来公司杰克逊总统号轮船起程去往美国。在航行的过程中，通过无线电，陈洁如听到了各大报纸所登载的《蒋中正家事启示》。在《启示》中，蒋介石称他与陈洁如并没有真正结婚。陈洁如这才知道蒋介石的真实意图，她绝望得几乎要跳海自尽，幸好被人拦了下来。

12月1日，蒋介石与宋美龄走进了婚姻的殿堂。实际上，在蒋宋联姻的时候，蒋介石并未与陈洁如离婚，在陈洁如去美国之前蒋也从未提过离婚的事。直到1928年春，蒋介石才向陈洁如正式提出离婚。陈洁如知道自己已经无法挽回这段婚姻，只得同意。

陈洁如去美国留学的时候，年仅21岁。经历一段失败的婚姻之后，陈洁如发誓终生不再嫁人。在美国的五年时间里，她将全部精力都用于深造上，最终获得了哥伦比亚大学教育学院的硕士学位。

1933年，陈洁如返回上海。在上海期间，她给蒋介石写过几封信，但蒋介石并未回信，只是派人给她送了几万块钱。1937年上海沦陷的时候，陈洁如住在法租界巴黎新村，由于情势危急，她一直深居简出。

1941年12月的一天，陈洁如走出住所时，碰巧遇到了汪精卫的妻子陈璧君。陈璧君认识陈洁如，也知道她与蒋介石之间婚事的内情，所以力劝陈洁如担任汪伪政府侨务委员会副主席一职，以此来报复蒋介石。但陈洁如委婉地拒绝了，并为了摆脱陈璧君无休止的纠缠，不得不离开上海，去了重庆。

到达重庆以后，陈洁如住在了离陆军大学蒋介石官邸不远的吴忠信公馆里。换作以前，蒋介石会将陈洁如秘密送走，但这一次情况不同。自从陈颖被宋美龄送走以后，宋美龄便开始与蒋介石分居，想通过冷战的方式，出一口恶气；而蒋介石则因为陈颖的离开与宋美龄赌气，所以陈洁如的到来使她成了蒋介石的"赌具"。

都说宋三小姐年轻貌美，事实上，陈洁如比宋美龄小九岁，而且陈洁如的相貌并不比宋美龄差。当初蒋介石抛弃陈洁如完全是出于政治的需要，并不是因为两人的感情危机，更不是因为陈洁如年老色衰。

蒋介石当年愧对于陈洁如，所以在陈洁如不在的几年里时常会想起她。这一次她的到来无疑给了蒋介石一个巨大的惊喜，为了补偿陈洁如，也为了报复宋美龄的霸道，蒋介石开始和陈洁如鸳梦重温。

这一次，他做得极为隐秘，宋美龄被蒙在了鼓里，甚至连宋霭龄也不知道此事。然而，宋霭龄的二女儿孔令伟却得到了信儿。

孔令伟是宋美龄的干女儿，两个人的感情一向很好，她自然舍不得干妈受一点儿委屈。当孔令伟知道蒋介石最近经常与一个女人见面的时候，就开始跟踪蒋介石。经过努力，孔令伟发现了蒋介石幽会的处所。

这位孔二小姐从来不会做吃力不讨好的事情，她并没有冲进去，而是马上通知了宋美龄，并让她设法避开蒋介石的耳目。这一次，宋美龄对陈洁如没有像上次对陈颖那样客气，她将最近一段时间的积怨全部撒在了陈洁如的身上。然而即使宋美龄再生气，她也不会拿出手枪对准陈洁如，但孔二小姐就不一样了，她一向专横霸道，如果不是宋美龄阻止，恐怕陈洁如早就被孔令伟一枪打死了。

如果陈洁如真的死了，那么世人都会知道蒋介石的这桩丑闻，宋美龄的形象及名誉也会毁于一旦。因此，宋美龄虽然很生气，却不能拿陈洁如怎么样。

蒋介石身边一再发生这样的事情，使宋美龄的心里蒙上了一层阴影。宋美龄有着极高的地位和荣誉，但不管发生什么事情，她都要以大局为重，作为女人，这也正是她的可悲之处。

■ 晚年蒋介石看夫人
宋美龄作画

宋氏姐妹的最后聚首

自从蒋介石叛变革命以后，宋庆龄与宋霭龄、宋美龄的联系一直不多。
抗战兴起以后，宋霭龄与宋美龄都走上了抗日之路，宋庆龄才恢复了与她们
之间的交往。宋氏姐妹的感情在并肩作战的过程中得以加深，1942 年中秋，
在宋美龄的极力撮合之下，宋氏兄弟姐妹六人终于聚到了一起。然而，这次
中秋晚宴竟成了他们人生中最后一次相聚。

❀ 皖南事变爆发，姐妹再生嫌隙

1941 年 1 月，皖南事变爆发。这次事变不仅对抗日民族统一战线产生
了极坏的影响，同时也大大影响了宋庆龄与宋美龄之间的感情。原本稍有缓
和的姐妹关系，因为这一事件再一次分化了。

宋美龄当时出国留学的时候，多亏了宋庆龄的照顾，她不想因为皖南
事变使姐妹再生嫌隙，1941 年春节前夕，她拨通了宋庆龄香港住处的电话，
先跟宋庆龄闲话家常，然后提到了春节聚会，没想到这一提议被宋庆龄断然

拒绝，当宋美龄追问原因时，宋庆龄却以广州来了长途为由挂断了电话。

宋美龄希望宋庆龄与他们团聚有两方面原因，一是为了拉拢二姐帮蒋介石；另一个原因则是为了难以割舍的姐妹情谊。她想到前段时间姐妹三人在重庆为抗日这一共同目标一起出现在公共场合，一起交流抗战观点的场景，对此次二姐的冷漠百思不得其解。

不久后，宋美龄看到宋庆龄与何香凝联名拍发的关于皖南事变的通电，才知道二姐拒绝自己的原因。

1941年12月7日凌晨，日本偷袭了美国在夏威夷群岛的海军基地珍珠港，太平洋战争由此爆发。至此，美国不再保持中立，开始对日宣战。加拿大、澳大利亚、英国、荷兰、南非联邦等国也纷纷对日宣战。12月9日，中华民国国民政府正式对日宣战。

从12月上旬开始，新加坡、马尼拉、关岛以及威克岛同时受到了日军的轰炸，香港的处境十分危险，直到日军逼近启德机场，宋庆龄才离开了香港。离港后，宋庆龄再次回到了重庆。

到了重庆之后，宋庆龄住在了教会学校求精中学里，这所学校与蒋介石的黄山官邸只有一墙之隔。太平洋战争全面爆发以后，美国、加拿大等国纷纷对日宣战，大大减少了中国抗战的压力，长沙第三次战役取得了胜利，蒋介石为此松了一口气，整个黄山官邸因而一片欢声笑语。

宋美龄打算亲自下厨，把所有的兄弟姐妹都叫来。宋美龄先拨通了宋霭龄的电话，对三妹的这个建议，宋霭龄自然同意。随后，宋美龄又打电话给宋庆龄，但当宋庆龄听说蒋介石也参加这次聚会的时候，再一次拒绝了三妹。

❀ 姐妹相聚，最后的中秋晚餐

到了重庆以后，宋庆龄尽量避免对政治方面的问题做评论，她之所以没有发表谴责蒋介石集团的言论，是因为想把所有的精力都用于争取抗战的胜利。可宋美龄却认为这是缓和姐妹关系的好机会，她邀请宋霭龄与宋庆龄一起去第五陆军医院进行视察，并对那家医院的伤员进行慰问。

■ 赴重庆陆军医院视察
的宋氏三姐妹

宋氏姐妹对第五陆军医院的视察工作取得了良好的社会效应，在视察的过程中，宋氏姐妹的感情也有所缓和。

1942 年以后，抗战情形有所好转，宋庆龄也不再像之前那样处处针对蒋介石。宋美龄看到这种情况十分高兴，在心里又产生了三姐妹同桌用餐的想法。1942 年夏天，宋美龄去新疆视察回来之后的第二天就去了宋庆龄的住所。她提到了在美国的求学生涯，勾起了宋庆龄的回忆。

看到二姐脸上愉快的笑容，宋美龄瞅准时机，马上提出中秋聚会的事情。当宋庆龄听说蒋介石不会参加中秋聚会时，便答应了下来。

从宋庆龄的住所回来，宋美龄分别给宋霭龄、宋子文、宋子安、宋子良打了电话，将宋庆龄参加中秋聚会的事情告诉他们，大家都感到十分高兴。

为了这次的中秋聚会，宋霭龄专门订购了一个六斤重的大月饼，象征着宋氏兄弟姐妹的大团圆；宋子文专门从昆明买回两条代表团圆的神龟鱼；宋子安与宋子良则请来了重庆饭店的大厨。

中秋佳节是家人团圆的日子，对宋氏这样一个声名显赫的家庭来说，一家人能团聚在一起更是十分难得。

太阳落山的时候，宋氏兄弟姐妹相继赶到了黄山官邸，除了他们以外，还有他们的家眷、侍卫官以及司机。宴会厅里足足摆了五大桌，每个餐桌上都是名菜，有眉州丸子海参、莼菜鸽蛋汤、油炸团圆神龟鱼、油淋安康鱼、生菜大虾、香酥鸡、网油蟹卷等，还有冰淇淋、水果和一些点心。

在中秋晚宴开始之前，宋美龄和宋霭龄就一致约定，这次家宴只是纯粹的家庭宴会，所有人禁谈国事，以避开一些不必要的冲突。

于是宴席上，宋家所有的兄弟姐妹暂时卸下了身上的职务，像普通的家人一样，开怀畅饮，尽情享受这难得的团圆时刻。

宋庆龄对此深有触动，自己已经很久没有感受到这样的快乐团圆时光，她不是不想跟家人聚在一起，只是在她的心中，国比天大，政治上的歧见始终是她们之间最大的障碍。这次宋氏一家人又重新聚到了一起，不得不说是件喜事。只是当时在座的人都没想到，这竟是他们的最后一次相聚。

宋氏姐妹均未出席宋子文葬礼

1971 年 4 月 25 日，宋子文卒于旧金山，而宋氏姐妹并没有出现在宋子文的葬礼上，她们失去了晚年最后一次相聚的机会。

对宋氏姐妹而言，时间没有冲淡她们昔日的恩怨，即使到了生命即将到达终点之时，她们依然没有跨过横亘在她们之间的政治鸿沟，这是一场为政治而牺牲亲情的悲剧，这场悲剧甚至还连累了宋氏家族的其他成员，包括宋子文。

❖ 革命战败，逃到美国当寓公

对于那些曾经为蒋介石集团誓死效力的人而言，1949 年是转折性的一年，因为他们在这一年遇到了人生最大的一次抉择。他们可以选择离开大陆，偏安于一隅；也可以选择投降共产党，进而将功赎罪，但不管是前者还是后者，都是一种艰难的选择。

1947 年 10 月，共产党发表了《中国人民解放军宣言》，宣告天下："没收蒋介石、宋子文、孔祥熙、陈立夫兄弟等四大家族和其他首要战犯的财产。"

第二年，中国共产党列出了43位战犯的名字，宋子文的名字赫然在列。他心里十分清楚，一旦共产党取得胜利，肯定不会轻易放过自己。摆在他面前的唯一一条出路就是逃离家园。是逃到美国，还是逃到台湾，宋子文游移不定，经过再三考虑，最终选择了美国。

宋子文先将自己全部的资产转移到了美国、加拿大、南美等地，随后在1949年1月底离开广州去

■ 民国财政部长，宋家长子宋子文

了香港。到达香港时，他胸前依然佩戴着国民政府颁发给他的勋章，因为他知道自己以后再也没有机会对外显示这些勋章了。1949年5月16日，宋子文举家赶赴法国，随后又前往美国，并住到了纽约曼哈顿的豪宅里。

其实，国民党尚未退到台湾的时候，蒋介石就已多次请逃往国外的"中央执监委员"、"国大代表"、"监察委员"、"立法委员"一起去台湾，只是没有几个人响应。对身处美国的宋子文，蒋介石也曾数次发出邀请，但每次都会被婉言谢绝。

1952年10月，国民党在台湾召开"七大"，此次会议通过了第六届中央委员"整肃案"，决定对党员采取"详订办法，严加考核，分别去取"的政策。这时身在国外的孔祥熙、宋子文依然没有对此作出回应。1953年，在蒋介石予以批准的开除国民党党籍的人员名单上，孔祥熙排在第一位，宋子文则排在第二位。

在美国当寓公的宋子文就这样彻底被政治遗弃了，这大大影响了他在大洋彼岸的交际圈。起初他十分不习惯受到这样的冷落，但时间一长就慢慢适应了。在美国期间，宋子文一直深居简出，偶尔和同在美国的几个旧相识聚在一起打牌，消磨一下闲散时光。

宋子文69岁的时候，也就是1963年，他应蒋介石的邀请去了一趟台

湾，这一次的台湾之行是他离开大陆以后的第一次赴台。此时蒋介石76岁，宋美龄也已经66岁了。对于他们这个年龄的人来说，过去的是非恩怨早已被时光冲淡了。

在台北小住的几天里，宋子文只是与妹妹、妹夫闲话家常，谁也没有谈及过去的那份荣耀，以及离开大陆之前的那份沉重。

离开台湾的时候，蒋介石交给宋子文一个任务，让他探询美国对台湾"反攻大陆"持什么态度，与此同时，蒋还希望宋能争取美国方面的帮助。20世纪40年代时，为了蒋介石，宋子文曾在美国朝野游说，以期得到美国的援助。而这一次宋子文回到美国后却并未像蒋介石希望的那样重视这件事。

1969年2月25日，宋子安病逝于香港。3月5日晚上，宋子文飞抵香港，并于6日参加了弟弟的安息礼拜仪式。但让宋子文没有想到的是，这一次的中国之行，是他一生中最后一次踏上中国的国土。

❀ 参加宴会，食物竟变"利器"

1971年4月24日晚，为了欢迎宋子文夫妇，爱德华·尤专门在自己寓所设宴款待他们。临行前，原本不想去参加宴会的张乐怡有一种不好的预感，担心会有什么事发生。宋子文发现妻子脸色不对，便劝她不要去了，但张乐怡又放心不下，还是决定陪丈夫一起赴宴。

坐在车上的张乐怡眼皮一直在跳，她预感即将有事发生，这让她联想起杜月笙对宋子文的那次暗杀，其实她也不知道这两件事情之间的关系，但是那团阴影就是一直在她的脑海中盘旋。离目的地越近，张乐怡的心就越慌，而丈夫却一脸的兴致勃勃。

张乐怡突然对司机大喊："停车！"宋子文看着妻子，以为发生了什么事情。其实，就连张乐怡自己也不清楚刚刚说了什么，但车子既然停了，她只得说自己忘带东西，需要回去拿，而且这样东西她必须带着。

宋子文向来都很守时，眼看约定的时间快到了，而妻子竟然无理取闹，宋子文有些生气，呵斥了妻子几句，就命司机继续开车了。张乐怡心知自己劝不了丈夫，只得不再说话。

下车后，爱德华·尤及其他人早已在寓所等候，看到宋子文来后，爱德华·尤马上过去给了他一个热情的拥抱。

这时张乐怡终于平静下来，因为来到爱德华·尤的家里以后她的眼皮不跳了，心也不再慌了。爱德华·尤的妻子十分热情，拉着张乐怡说个不停。张乐怡看了一眼与朋友正谈得高兴的宋子文，觉得自己刚刚在车上的行为十分可笑。

为了这次宴会，爱德华·尤专门请了唐人街中国餐馆的厨师，这一席菜都是宋子文的家乡菜——粤菜，再加上是朋友聚会，宋子文不禁胃口大开，吃了很多。就在爱德华·尤为宋子文倒酒的时候，宋子文突然打了一个饱嗝。起初，众人并没有发现宋子文的反常，认为他只是因为吃得快而打嗝。但打完嗝以后宋子文一句话也不说，众人这才意识到问题的严重性。

张乐怡看到丈夫的脸憋得又红又紫，眼睛向上翻，头也跟着偏向了左侧，心顿时慌了起来。她赶紧起身去扶丈夫，然而当她刚将宋子文的身体扶正时，却发现丈夫的头也跟着耷拉了下来，她顿时惊慌失措。

爱德华·尤马上给医院打了电话，半个小时以后，医生赶到爱德华·尤的寓所，对宋子文做了检查。医生告诉哭倒在一旁的张乐怡，宋子文吃饭时过度兴奋，一小块食物堵在了他的气管里，导致呼吸不畅，从而毙命。

1971 年 4 月 24 日晚，宋子文卒于旧金山，谁也没有想到，导致宋子文死亡的，竟是一小块食物。

✿ 宋子文葬礼上，宋氏姐妹均未现身

1971 年 4 月 25 日，宋子文的灵柩自旧金山运抵纽约。当时中美正在力求改善两国之间的关系，美国总统尼克松想要利用宋氏姐妹赴美奔丧的机会，推进两国之间的建交。在尼克松看来，不管宋氏姐妹在意识形态及政治观点上存在哪一种歧见，都会赴美参加宋子文的葬礼。

然而让尼克松预料不到的是，在宋子文的葬礼上，竟然一个宋家姐妹也没有出现，这到底是怎么回事呢？

1947 年，宋霭龄定居美国，自此再也没有回国。1967 年，孔祥熙去世，让原本处于隐居状态的宋霭龄更不问世事了。尽管她与宋子文都在美国，但由于弟弟与丈夫间的矛盾，两家几乎没有什么往来。孔祥熙去世的时候，宋子文并未前去参加葬礼，宋霭龄对此一直耿耿于怀。

由于宋庆龄的政治观点与其他的兄弟姐妹不一样，所以早在国民政府时期就与他们联系不多。当国民党退居台湾以后，宋庆龄选择留在大陆，中国共产党给予了她极高的荣誉和地位。宋子文去世的时候，宋庆龄正在北京。听说宋子文去世的消息以后，宋庆龄表示自己会去美国参加宋子文的葬礼，但由于中美尚未正式建交，不能从北京直接飞往美国，只能租包机。

在举行葬礼的前一天，尼克松收到了消息，宋庆龄由于没能租到包机，因而不能前往美国参加宋子文的葬礼。于是，尼克松立即通知宋美龄与宋霭龄，希望她们能前来奔丧。对尼克松来说，宋庆龄不能来到美国确实是一件憾事，但如果宋美龄与宋霭龄能够前来的话，不管是从个人还是从国家的角度而言，也不失为一件好事。

为促进美国与台湾之间的关系，尼克松亲自发了一封唁电给宋美龄。唁电这样写道：

台北宋美龄女士：

惊悉宋子文先生在旧金山不幸猝逝，不胜哀悼。他的病逝使我们失去一位好朋友。他在美国的朋友将长久地怀念他为自己的国家服务的辉煌的一生，特别是他和我们在第二次世界大战期间并肩战斗的伟大事迹。我们同你们一样痛惜他逝世所造成的损失。

美利坚合众国总统
理查德·尼克松
1971 年 4 月 26 日

收到尼克松的唁电以后，宋美龄感到受宠若惊，这让她前往美国奔丧的心情更加迫切了。这一次，宋美龄带着孔祥熙的女儿孔令伟登上了"美龄号"飞机。然而就在飞到半路的时候，蒋介石的电报来了。蒋介石在电报中称中共打算派宋庆龄前往美国，为避免进入中共统战的圈套，他希望宋美龄暂停去往纽约的计划。进退两难之下，宋美龄只好选择降落在夏威夷，静观形势。

在夏威夷滞留的宋美龄与蒋介石进行了商议，最后仍然决定不出席宋子文的葬礼，因为他们并不排除仍有政治圈套的可能。4 月 30 日，也就是举行葬礼的当天，"美龄号"起飞了，只不过它的目的地不是纽约，而是台湾。

身居美国的宋霭龄，对是否出席宋子文的葬礼一直犹豫不决，直到 4 月 30 日上午，依然没有做出决定。

宋庆龄与宋美龄不能前来已成事实，而最后一位可能前来的亲属就是宋霭龄了。为了等待宋霭龄，葬礼特意改在了下午举行。可是，一直到葬礼的最后一刻，宋霭龄仍然没有现身。那一天，除了宋子文的妻子张乐怡和他们的女儿以外，来参加葬礼的只有宋子良及其他的一些朋友，连尼克松见到此景都发出了感慨，表示无法理解"你们中国人"。

宋子文的葬礼为宋氏姐妹的相聚提供了机会，但宋氏姐妹却因为各种原因均未出席。就这样，她们失去了最后一次相聚的机会。

1973 年 10 月 19 日，宋霭龄在美国纽约去世，宋美龄赴美吊唁。1980 年 12 月，病重中的宋庆龄让廖承志代笔写信给美国的宋美龄。宋庆龄在信中说：

> 自己重病在身，希望宋美龄能回大陆一行，使在有生之年姐妹相见。如果不成，也希望宋美龄将保存的孙中山遗物归还。

但是宋美龄只是托人简单地答复了一句话："信收到了。"

1981 年 5 月，宋庆龄病情恶化，她的亲属发电报到纽约，将这一情况通知宋美龄。几天后，宋美龄回复电报："把姐姐送到纽约治病。家。"5 月 29 日，宋庆龄去世，治丧委员会向在台湾和美国的包括宋美龄在内的亲属发出邀请，希望他们来北京参加葬礼。

由于台湾当局当时正在实行海峡两岸"不接触、不谈判、不妥协"的"三不政策",因此台湾电报局拒收这份电报。

宋美龄虽身在美国,但也受到了多方面的限制和压力,难以回应。据香港《百姓》半月刊报道:

> 接近宋美龄的人士透露,宋美龄在当年5月下旬得知二姐病危及逝世消息时,曾多次流泪,并为其向上帝祷告,以寄托心中的绵绵怀念。

据美国女作家、宋庆龄好友埃米莉·哈恩(项美丽)的回忆录记载,在后来和宋美龄的谈话中,她了解到:

> 宋美龄绝不是不想和自己的胞姐见最后一面,她是担心自己当真去了北京,那就等于背叛了在九泉之下的亡夫。

晚年的宋美龄,反对李登辉搞"台独",期盼国家统一。2003年10月24日,宋美龄安静地在美国纽约寓所里辞世。她生前很想去上海万国公墓祭扫父母双亲,曾表示希望自己死后能够陪伴在父母身边,但由于种种原因,她被安葬在纽约芬克里夫墓园里的孔宋家族墓地。

宋氏三姐妹在中国可谓闻名遐迩,她们三人都曾是非常闪耀的政治明星。然而政见的不同以及意识形态上的差异,让三个女人始终不能仅以姐妹情谊聚在一起,甚至使她们至死难团圆,实在令人感慨万分。

宋家后代们今生飘浮何处

在宋氏姐妹中,只有大姐宋霭龄育有儿女,而"国母"宋庆龄与"民国第一夫人"宋美龄均无子嗣。一提起宋氏家庭,人们提得最多的就是宋氏姐妹,经常会忽略宋氏兄弟,其实构成宋家后代成员的主要是宋氏兄弟的子孙，他们绝大部分都定居美国，平时做人行事都十分低调。宋家后代人数虽多，但没有一人步入政界。

✿ 宋霭龄的儿女们

宋霭龄与孔祥熙共育有四位儿女，他们分别是孔令仪、孔令侃、孔令伟、孔令杰。

长女孔令仪 1915 年 12 月生于山西太谷，卒于 2008 年 8 月 22 日，人称"孔大小姐"。可能因为在所有的子女中，孔令仪不仅长得最像孔祥熙，而且与父亲性格最为相似，所以是孔家最受宠爱的孩子。

孔令仪高中毕业以后，并未选择出国留学，而是直接进入沪江大学。尽管她出生于一个官宦家庭，但她对政治并不感兴趣，而是对吃穿住行十分讲究。她的早餐里不仅要有燕窝，还要有各种高级点心，午餐最起码要六菜二汤，衣服要一天一换，用的化妆品必须是国外的。

宋美龄十分喜欢这个外甥女，她发现蒋介石有一名属下叫胡宗南，觉得他与孔令仪十分相配，然而却遭到孔令仪的拒绝，理由是胡宗南只是一介武夫。1941 年，有人将年龄稍大一些的卫立煌介绍给孔令仪，孔大小姐依然没有看上眼，理由是对方年龄太大。

宋霭龄与丈夫这才看明白女儿的意思，原来她是想找一位青年才俊。就在这个时候，孙桐岗出现了。孔祥熙十分赏识这个年轻有为的小伙子，孙桐岗也希望自己能成为当朝权贵孔祥熙的女婿，可惜的是，优秀的孙桐岗依然没能打动孔令仪的芳心。

当孔令仪对爱情不抱希望的时候，她遇到了陈纪恩。两人认识的时候，陈纪恩刚刚从圣约翰大学毕业，他之前也曾出国留学，只是家境很差。

宋霭龄与丈夫极力反对，但一向乖巧的孔令仪却为了能与陈纪恩在一起，不惜与父母发生争吵。在孔令仪的坚持之下，宋霭龄与丈夫只得同意女儿的婚事。考虑到家族的面子，宋霭龄与丈夫想出一个万全之策，即委任陈纪恩担任国民党中央银行业务局的副局长。不久之后，陈纪恩被派到美国，后孔令仪也去了美国，在那里与陈纪恩结成了夫妻。只是很遗憾，因为种种原因，这段婚姻并没有走到最后。

孔令仪离婚后，遇到了毕业于清华大学，曾任蒋介石官邸侍卫的黄雄盛。20世纪60年代初的时候，黄雄盛被派驻华盛顿担任驻美空军武官，俩人正是在此时相遇，婚后他们一直住在美国。

步入晚年之后，孔令仪成了孔氏家庭名副其实的"大家长"，家庭的主要事务都是由她来掌管。孔令仪去世后，被葬在了纽约上州芬克里夫墓园。

除了这位"大家长"，我们不得不提宋霭龄与孔祥熙的长子孔令侃，他生于1916年12月10日，卒于1992年，在家中排行老二。

1933年，孔令侃进入圣约翰大学。在学校里，他享有许多特权，可以住单间，想做什么就做什么，学校的规章制度对他来说就是摆设。其他学生必须吃大食堂，孔令侃则吃小灶，甚至让家人到宾馆订餐，然后把饭送到学校。

孔令侃从小家教很严，进入大学以后不必每天都看父母的脸色，而且围绕在他身边的人对他百般奉承，这让他充分获得了自由。在这样的环境下，他变得越发盛气凌人。在学校期间，他创立了"南尖社"，离开学校后，"南尖社"不仅没有消失，反而壮大了，这与孔氏家族的特殊地位有着很大关系。

大学毕业以后，孔令侃在南京政府担任"特务秘书"，这是专门为他而设的一个岗位。在父亲的安排下，他成为了孔府办事处的主任。当他已经积累了一些政治经验后，孔祥熙有意让他向商界发展。经过各方面的活动，孔令侃进入中央信托局，并成了那里的实际掌权人。

孔令侃狂妄自大，专横跋扈，对自己的舅舅宋子文都毫不客气，直呼他为"TV"（宋子文英文名的缩写）。当他听说美国市场猪鬃紧俏的时候，便派属下收购猪鬃，因为当时宋子文也在收购猪鬃，于是孔令侃拨通了宋子文的电话，让他给自己留点好处。宋子文没同意，孔令侃竟然跑到宋子文的办公室大闹了一场。

孔家人每天晚上都会打麻将，邀请的主要是宋霭龄及孔家的其他朋友，其中就有清末官僚资本家盛宣怀的儿子盛升颐及他的妻子。盛升颐的妻子人称"白兰花"，虽然当时已年近四十，但保养得非常好。孔令侃喜欢上了这个大自己十几岁的有夫之妇，并与她厮混在一起。

盛升颐曾派人跟踪过妻子"白兰花"，发现她红杏出墙后，马上与她离了婚。宋霭龄与孔祥熙得知儿子竟然与"白兰花"厮混在一起，十分生气，断然拒绝了他们结婚的要求。

在"白兰花"之前，孔令侃曾喜欢过张乐怡的妹妹，并告诉家人自己要娶她。然而，孔祥熙夫妇以及宋子文夫妇觉得这件事太过荒唐，并未答应两人的婚事。

孔令侃向来想要做什么就一定要做什么，没有娶成张乐怡的妹妹就已经很不甘心，所以这一次他无论如何都要娶了"白兰花"。但由于他羽翼未满，如果离开宋霭龄与孔祥熙的庇护，他还不能独自一人闯天下。就在这时，日军占领了武汉，孔令侃被任命为中央信托局的代行理事长，被派去了香港。

在香港，孔令侃为了及时与重庆取得联系，擅自设立了一部电台，结果被港英当局查获，把孔令侃当成了间谍。碍于孔令侃的身份，港英当局表示可以不追究他的责任，但一定不能再在香港逗留。宋霭龄知道这件事情后，唯恐儿子成为众矢之的，想办法将他送到美国留学去了。

孔令侃知道母亲的计划后，立即通知"白兰花"来港，之后随他一起去美国。当客轮行至马尼拉的时候，孔令侃做了一个决定，马上和"白兰花"结婚。等到宋霭龄知道儿子结婚一事时，一切都于事无补了。

孔令侃在美国的时候，第二次世界大战正处于转折时期，在这样的背景下，他利用孔宋两家的势力到处走动，将美国许多公司在中国产品的经销权都抢到自己手中。这所有的一切，为他今后的发展奠定了基础。他回国后很快就创立了扬子公司，成为当时上海滩上一股不可忽视的势力。

在做生意上，孔令侃很有一手，他炒外币美金，从中获取利润，还在汽车领域狠赚了一笔。在用人方面，他同样拿手，德国战败后他弄来了三个德国战俘，并且委以重任。事实证明，孔令侃的决定是明智的。正是这三个德国人，使他填补了中国颜料市场的空白。

国民党退居台湾以后，孔令侃与父母一起到了美国，直到晚年都在为实业奔走。从出生一直到离开这个世界，孔令侃从来没有缺少过财富。

另外一个需要关注的人物，是孔家最具有争议的女儿孔令伟。孔令伟原名孔令俊，出生于1919年，卒于1994年，她是宋霭龄与孔祥熙的次女，被称为"孔二小姐"。

孔令伟可以说是家族中的一个另类，她在学校的时候，经常挑拨打架斗殴，自己却在一旁袖手旁观。孔令伟10岁时学会射击，13岁时学会开车。她从不穿女装，总是留着一个大背头，有时作商人打扮，手中拿一把折扇，有时则身着西装，完全不像女孩。虽然孔令伟如此特立独行，却十分招宋美龄喜欢，两个人情同母女。

孔令伟的爱好有很多，唯独没有读书一项，宋霭龄为此感到十分着急。1942年，宋霭龄通过关系让孔令伟进入了圣约翰大学，而后她又找了几位曾出国留学的博士担任女儿的补习老师，才让孔二小姐拿到了圣约翰大学的文凭。

孔令伟在外面行事极为霸道，就是在父亲面前也敢指手画脚，所以就连孔祥熙本人都不知道该如何教育自己的这个女儿。孔令伟的胆量还不止如此，她甚至敢与蒋介石抢路。一次，蒋介石在重庆轮渡过江，孔令伟不仅不退让，还要抢先过江。宪兵知道蒋介石即将过江，于是拦截孔令伟，却遭到了孔令伟的掌掴。蒋介石来到后没拿她怎么样，只是装装样子训了她几句，随后带她一起过了江。

不管孔令伟如何野蛮，她终究是个女人，始终需要嫁人。1938年，陈立夫将胡宗南介绍给了孔令伟。胡宗南不知道这份姻缘是好是坏，于是就找到了戴笠。戴笠所属的军统与陈立夫所属的中统向来不和，因此陈立夫支持的，戴笠当然要反对。在胡宗南面前，戴笠将孔令伟形容得如同一个魔鬼，这让胡宗南打起了退堂鼓。

胡宗南为了给孔令伟留下一个坏印象，想到一个好办法。他约孔令伟出去玩儿，他们步行观光，大概走了几个小时的路，孔令伟疲惫不堪，脚上磨起了水泡，而胡宗南却装作没看到，只顾着欣赏眼前的美景，一点绅士风度都没有。孔令伟发誓此生绝不嫁给胡宗南这样的人，陈立夫极力撮合的一场政治联姻就这样结束了。

自此以后，孔令伟的行事作风变得更加怪异，到处拈花惹草，像男人一样拥有"三妻四妾"。在重庆的时候，孔令伟曾公开与一名军官夫人同居。在孔令伟的公司里，下属称她为总经理，称那位官夫人为"太太"。

或许在外人看来，这样的孔令伟只知道胡闹，其实不然，她很有经济头脑，善于利用自己的身份大发国难财。

抗战即将爆发的时候，蒋介石曾发起一场运动，动员民众献金购买飞机，这些飞机的具体经手者就是孔令伟。她在与美国制造商讨价还价的时候，硬是将一架 10 万美元的飞机压到一架 8 万美元，这样一来，2 万美元的差价就落入到了孔令伟的口袋里，而美国的那些制造商也没有吃亏，他们将飞机发动机的功率从 1000 马力降到了 800 马力。

孔令伟通过各种手段，赚了不少真金白银，但具体的数额，却没有人知道。1994 年，她因直肠癌逝世于台北，2006 年，国税局宣布，孔令伟唯一的财产继承人孔令仪需要补缴 1.5 亿元（新台币）遗产税。由此揣测，孔令伟不是一般的富有。

孔家的幼子孔令杰一向新闻不多，行动也很神秘。他生于 1921 年 5 月 30 日，1997 年于美国休斯顿病逝。

孔令杰曾就读于英国军官学校，后进入中国陆军大学。1949 年，孔令杰被蒋介石政府任命为驻联合国和美国外交官。1950 年，孔令杰为支持尼克松竞选美国总统，曾捐出百万元的竞选活动费用。1960 年，孔令杰走出政坛，专门经营石油，成为当时旅美军人中的大亨。

孔令杰的婚事曾在美国引起了轰动，他与饰演《大神秘》和《折箭为盟》的好莱坞电影女明星黛布拉·佩吉特结婚，并育有一子，名叫孔德基。1980 年，孔令杰与佩吉特离婚。

孔令杰一直过着奢侈的生活，他拥有 1 辆装甲车，4 架飞机，还在路易斯安那州租下了一所大猎场。美国一家杂志社曾对他的私人财产进行研究，发现他的财产居然超过了 1 亿美元。

🎴 海外出生的宋家第三、四代

宋子文与妻子张乐怡共育有三女，分别是宋琼颐、宋曼颐和宋瑞颐。

1928年，宋琼颐出生于上海。由于当时发生过小孩被绑架的事件，出于安全考虑，宋子文一直让宋琼颐与妹妹们在家读书，上午学英文，下午学中文，不管去什么地方，即使在自己家的园子里玩儿，都会有侍卫跟着。

1937年，宋琼颐先是到达香港，随后又赴美国留学。从此以后，她经常将自己国外的生活与学习情况，通过写信的方式告诉家人。宋琼颐有个很有代表性的口头禅"有趣"，因为有过出国留学的经历，她在说话的时候经常是上海话中夹杂着英语，中外结合，听来也非常"有趣"。

1952年，宋琼颐嫁给了宋家的世交之子冯彦达，自此以后，人们便称她为冯宋琼颐。冯彦达的父亲冯执是宋子文的朋友，曾担任过多国领事和大使。冯彦达先是就读于加州大学伯克莱分校，取得了该校的经济学学士学位，随后又取得了斯坦福大学商业管理硕士学位。宋子文去世以后，美国三藩市的广东银行业务便由冯彦达和宋子安一起打理。

■ 20世纪50年代初，宋子文夫妇与女儿、大女婿合照。前排左起：小女儿瑞颐、大女婿冯彦达、大女儿琼颐、二女儿曼颐

宋子文的第二个女儿宋曼颐嫁给了一名做中药起家，同时拥有百货公司的新加坡华裔余经鹏，三女儿宋瑞颐则嫁给了菲律宾华侨杨成竹。

宋家的三朵姐妹花共生了九名子女。长女宋琼颐生了两个儿子，分别是冯英翰和冯英祥；次女宋曼颐生了一个儿子和两个女儿；三女宋瑞颐则生了两个儿子和两个女儿。

冯英翰曾在乔治·华盛顿大

学学习新闻专业，并立志成为一名记者。1975年大学毕业后，他就读于美利坚大学，并在1977年取得了该校的硕士学位。毕业后，他进入《明星记事报》工作，七年之后，进入了《华盛顿邮报》，并担任该媒体集团的经理。

冯英翰在1997年与林向阳结婚后，与之育有一子一女，儿子叫冯永浩，女儿叫冯永宁。虽然宋子文的外孙（女）自小生活在国外，但每个周末都会去美国的中文学校学习中文。

1975年，宋琼颐的次子冯英祥进入宾州大学读书，当时宋子文已经去世。冯英祥对外祖父的一生极感兴趣，因此在选择专业的时候，报考了政治学；选择行业的时候，从事了与银行相关的理财投资规划，并凭借自己的努力成为瑞士信贷集团美国私人银行部的执行长。

冯英祥在宾州大学读书的时候遇到了妻子陈慧儿，他们育有两个儿子，分别叫冯永康、冯永健。出于对外祖父的崇敬与缅怀，冯英祥于2006年带着两个儿子专程赶到上海，参加了由复旦大学与美国斯坦福大学胡佛研究院两大学术机构共同举办的"宋子文与战时中国"学术研讨会。

❖ 不靠祖荫，自力更生

在宋氏兄弟中，宋子文与妻子共育有三女，宋子良与妻子席曼英育有一女宋庆怡，宋子安与妻子吴其英共育有两个儿子宋伯熊与宋仲虎。

宋子安的长子宋伯熊一直住在美国纽约，从事财经管理方面的工作，他与妻子生育了一个女儿。

宋仲虎刚从哈佛大学MBA毕业，他的父亲宋子安就去世了。按理说，出生在大家族里的孩子，身上难免会有一些纨绔子弟的影子，但宋仲虎身上却一点也没有这个陋习。因为他深知，所有的一切都得靠自己的努力与奋斗，正因为此他获得了妻子曹琍璇的芳心。

祖籍湖南的曹琍璇从小生活在台湾，她的父亲是一名军人。她就读的是一所台湾大学，主修土地资源。大学毕业以后，曹琍璇留学美国，并获得企业管理硕士学位。随后，她到一家假日旅馆实习，就是在这个时候，她遇到了宋仲虎。一天晚上，曹琍璇值班，进来一个卖水的小伙子，他便是宋仲虎。宋仲虎对曹琍璇一见钟情，他后来对曹琍璇说："从我第一眼看到你，就知道你将来会成为我的妻子。"当时宋仲虎做矿泉水生意已经七年。

不得不说，宋仲虎很有经济头脑。当时美国没人喝瓶装水，所有人都饮用自来水，但宋仲虎觉得在未来世界水会被污染，到时大家都需要瓶装水，于是做起了矿泉水的生意。事实证明，宋仲虎的选择是正确的，由他所创立的 Crystal Geyser Water Company，后来成了美国矿泉水界的元老，并在加州西岸有高达 75% 的市场占有率。

宋仲虎做事不仅有远见，还很低调。他是蒋介石与宋美龄的外甥，但他从不拿这个身份来炫耀自己。宋仲虎与曹琍璇谈恋爱时，从没向曹琍璇提起过宋美龄，一直到他向曹琍璇求婚，曹琍璇希望他与自己一起回台湾见父母的时候，宋仲虎才告诉她，自己的姑妈就是昔日"第一夫人"宋美龄。

曹琍璇的父母知道嫁进大家族后压力会很大，所以当他们知道女儿的男朋友是宋家人时便极力反对。但两个相爱的人并没有因为家人的反对而退缩，而是努力争取，并最终走到了一起。

1982 年，宋仲虎与曹琍璇结婚。两人婚后生育了一男四女。宋曹琍璇自从生了孩子以后，便没有再出去工作，专门在家照顾孩子。她在孩子们的学校里做义工，回到家后还要教养孩子，有时会与宋仲虎一起出去应酬。

宋仲虎的孩子从小就知道自己是宋家的后代，但宋曹琍璇告诉他们，他们与其他的孩子并没有什么不同。宋曹琍璇认为，宋家长辈所得的荣耀是长辈自己的，靠着宋家的名去享受某些特权就是虚荣，如果想要得到荣耀就要靠自己的努力。

宋曹琍璇对孩子们没有特别的期盼，只是希望他们能够快乐，成为有责任心的人。她并不要求自己的孩子一定要进入美国名校，由于几个孩子都是在美国长大，所以中国在他们的眼里一直都很遥远。因此宋曹琍璇一直都告诉孩子，他们是中国人，为了不让孩子们忘本，不管他们是否喜欢中文，每个周末都会带他们去当地的中文学校学习中文。

宋美龄尚未离世的时候，蒋家、宋家与孔家经常会聚在一起；自从宋美龄去世以后，家族性的聚会越来越少，家庭成员之间的关系也越来越疏远。宋仲虎与宋曹琍璇已经荣升为长辈，而他们的后辈正在成长。宋曹琍璇认为，一家人应该经常走动，彼此之间相亲相爱。但是每个人都有自己的喜好，至于后辈们的意愿，谁也不能勉强。

一代显赫家族就此留迹于历史，而他们的后辈，却正按自己的方式，书写着另一段属于个人的精彩篇章。

附录：宋氏家族族谱

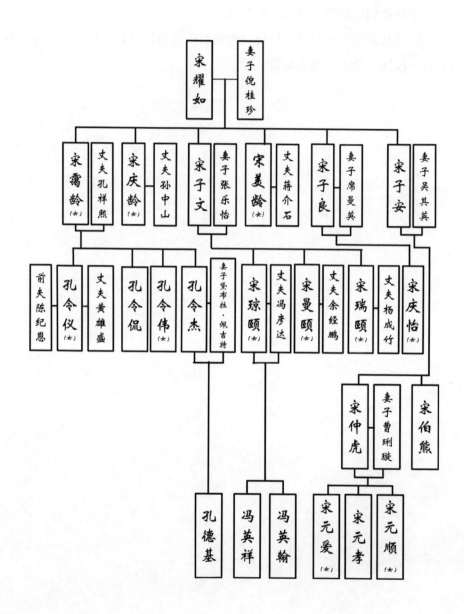

后　记

交稿付梓出版的那刻，就如负重爬山，终于爬上山头可以坐下来喘口气了！拭去汗水，回头遥望上山的路，其幽长险峻的路途中，多亏各位同行和老师的帮扶，否则本人很有可能还在路上跋涉，也可能永远都爬不上来，本书与读者朋友们的相见之日也就遥遥无期了。

在此，向他们致以诚挚的谢意：张振华、贺辉、于建君、王四新、刘显宾、王秀香、黄新丽、徐显义、徐杰、徐雪莲、刘竹筠、徐连斗、王素云、徐会芝、刘元俭等。

本书在编写过程中，参考了大量的文献和资料，借鉴了他人的智慧精华，本人才得以完成本书的修行之路。在此谨向各位专家、学者致以真挚的谢忱！

另外，因为编者的水平所限，书中不足之处在所难免，诚请广大读者朋友批评指正。

图书在版编目（CIP）数据

宋氏三姐妹之间的恩怨纠葛 / 杨雪编著. — 2版.
—北京：中国文史出版社，2023.3
ISBN 978-7-5034-9292-1

Ⅰ.①宋… Ⅱ.①杨… Ⅲ.①宋霭龄（1889—1973）
–生平事迹②宋庆龄（1893—1981）–生平事迹③宋美龄
（1897—2003）–生平事迹 Ⅳ.①K827=7

中国国家版本馆CIP数据核字(2023)第022441号

责任编辑：徐玉霞

出版发行：中国文史出版社
网　　址：www.chinawenshi.net
社　　址：北京市海淀区西八里庄路69号院　邮编：100142
电　　话：010-81136606　81136602　81136603（发行部）
传　　真：010-81136655
印　　装：廊坊市海涛印刷有限公司
经　　销：全国新华书店
开　　本：16 开
印　　张：18.25
字　　数：300千字
版　　次：2023年4月第2版
印　　次：2023年4月第3次印刷
定　　价：59.00元

文史版图书，版权所有，侵权必究。
文史版图书，印装错误可与发行部联系退换。